山东管理学院学术著作出版基金资助

山东省社会科学规划研究专项（18CCXJ04）资助

棉花价格波动影响因素及其传递效应研究

—— 以 新 疆 棉 区 为 例

Research on the Influencing Factors of Cotton
Price Fluctuation and Its Transmission Effect:

Take Xinjiang cotton area as an example

岳 会 著

中国社会科学出版社

图书在版编目（CIP）数据

棉花价格波动影响因素及其传递效应研究：以新疆棉区为例/
岳会著．—北京：中国社会科学出版社，2021.6
ISBN 978 - 7 - 5203 - 8512 - 1

Ⅰ.①棉… Ⅱ.①岳… Ⅲ.①棉花—物价波动—影响因素—
研究—新疆 Ⅳ.①F724.722

中国版本图书馆 CIP 数据核字（2021）第 111093 号

出 版 人	赵剑英	
责任编辑	刘晓红	
责任校对	师敏革	
责任印制	戴 宽	

出　　版	中国社会科学出版社	
社　　址	北京鼓楼西大街甲 158 号	
邮　　编	100720	
网　　址	http：//www.csspw.cn	
发 行 部	010 - 84083685	
门 市 部	010 - 84029450	
经　　销	新华书店及其他书店	

印　　刷	北京君升印刷有限公司	
装　　订	廊坊市广阳区广增装订厂	
版　　次	2021 年 6 月第 1 版	
印　　次	2021 年 6 月第 1 次印刷	

开　　本	710 × 1000　1/16	
印　　张	15.5	
插　　页	2	
字　　数	216 千字	
定　　价	88.00 元	

凡购买中国社会科学出版社图书，如有质量问题请与本社营销中心联系调换
电话：010 - 84083683

序

随着 1999 年中国棉花流通体制改革、2001 年中国加入 WTO、2004 年 6 月中国棉花期货市场建立等，新疆棉区棉花产业步入了一个快速发展的时期。新疆棉区是中国最大的商品棉生产基地，也是世界最大的产棉区之一。棉花是新疆最具规模优势的经济作物之一，对新疆社会经济发展和农牧民增收至关重要。但是近几年棉花市场异常波动、棉花价格急剧震荡，使新疆棉区棉花长期以来没有实现资源优势转化为经济优势，这给新疆棉区棉花和棉农带来了沉重打击。由于新疆棉区特殊的地理位置及自然环境，棉花价格的稳定对新疆棉区农业结构调整和农民增收具有重要影响，对新疆棉区棉花市场体系的发展和完善具有重要意义。

本书综合运用农业经济学、产业经济学、区域经济学等学科的理论及研究方法，结合新疆棉区棉花价格波动剧烈的特殊区情，从新疆棉区棉花产、供、销分析入手，对新疆棉区棉花生产状况、购销状况、生产购销问题进行梳理，对新疆棉区棉花种植成本、购销现状、流通制度等进行深入分析，从而厘清棉花产业链各环节与价格波动关系；对新疆棉区及国内其他棉区价格波动总体趋势、新疆棉区棉花价格波动特征、原因进行分析，运用 ARCH 类模型对新疆棉区棉花价格波动特征进行实证分析，得出新疆棉区棉花价格波动的特征。在此基础上，利用调查问卷收集得到的影响因素评价数据，总结新疆棉区棉花价格波动影响因素，从国际—国内—新疆棉区棉花之间的横向价格波动传递、棉花生产者—加工企业—购销企业之间的纵向价格波动传递两个传递路径分析价格波动传递效应，以明确新疆棉区棉花价格波动的关联性与波动效应。从宏观、微观两方面，对新疆棉区现行棉花政策效应与作用机制进行分析，提出稳定新疆棉区棉花价格波动的调控政策。

本书研究具有多处创新性分析。从新疆棉区国内、国际竞争视角研究，从国际—国内—新疆棉区横向、生产—加工—销售纵向两个路径分析新疆棉区棉花价格波动及传递效应。通过新疆棉区棉花经济研究中心、中国棉花网、棉花信息网、中国棉花协会、《中国棉花年鉴》、中国知网、研究测算结果等途径获取了研究所需的数据资料，研究结论可信，具有一定理论和实践价值。

本书是有关农产品价格研究的阶段性成果，在"一带一路"倡议、乡村振兴、新旧动能转换、国际贸易政策不确定下农产品价格的相关研究还有进一步深入的空间。希望岳会博士能以此为起点，就中国农业供给侧改革下相关农产品价格理论及实践继续进行深入研究，早日发表新的研究成果。

石河子大学经济与管理学院教授 祝宏辉

2020 年 8 月

摘　要

棉花价格波动是指棉花的绝对价格或相对价格在持续不断的运动中所表现的形态，这种形态通过一定的渠道或者途径与其他价格产生共同作用，引起物价水平的总体变动，为棉花价格波动产生了传递效应。随着1999年中国棉花流通体制改革、2001年中国加入WTO、2004年6月中国棉花期货市场建立等，棉花产业步入了一个快速发展的时期，但是近几年棉花市场异常波动、棉花价格变化剧烈，使棉花长期以来没有实现资源优势转化为经济优势，这给棉农带来了很大的打击。由于新疆棉区特殊的地理位置及自然环境，棉花价格的稳定对新疆棉区的农业结构调整和农民增收具有重要影响，对新疆棉区棉花市场体系的发展和完善具有重要意义。

本书综合运用农业经济学、产业经济学、区域经济学等学科的理论及研究方法，以新疆棉区棉花为例，结合新疆棉区棉花价格波动剧烈的特殊区情，从新疆棉区棉花价格波动影响因素及传递效应分析如何稳定新疆棉区棉花价格，从以下几个章节展开了详细讨论。绪论，先对研究背景、问题及研究意义进行论述，然后通过对文献的研究及梳理总结其对相关问题的研究方法、结论，在此基础上找出自己的研究方法及视角，安排文章的逻辑结构、行文思路、研究内容，最后总结文章对相关问题的贡献。第一章，概念界定和理论基础。先对经济波动、价格波动、经济周期、棉花价格、价格传递、价格弹性的概念进行界定，然后对本书的理论基础货币理论、价格理论、均衡价格理论、需求理论、价格传导理论等展开论述。第二章，新疆棉区棉花生产与购销状况分析。对新疆棉区棉花生产状况、购销状况、生产购销问题进行梳理，对新疆棉区棉花种植、成本、购销现状、流通制度等进行深入分析，从而厘清棉花产业链各环节与价格波动的关系。第三章，新疆棉区棉花价格波动特征分析。对新疆棉区及国内其他棉区价格波动总体趋势、新疆棉区棉花价格波动特征、原因进行分析，运用 ARCH 类模型对新疆棉区棉花价格波动特征进行实证分析，得出新疆棉区棉花价格波动的特征。第四章，新疆棉区棉花价格波动机理分析。从流通体制改革中的政策演变、棉花产业链各环节对价格波动的影响、宏微观棉花市场与价格波动关系等的研究明确新疆棉区棉花价格波动的机理。第五章，新疆棉区棉花价格波动影响因素分析。利用调查问卷收集得到的影响因素评价数据，总结新疆棉区棉花价格波动影响因素，并进行理论分析，在此基础上运用格兰杰因果关系检验法（Granger Causality Tests）分析棉花价格与影响因素间的因果关系，作为进一步分析的依据。第六章，新疆棉区棉花价格波动传递效应分析。对国际—国内—新疆棉区棉花之间的横向价格波动传递、棉花生产者—加工企业—购销企业之间的纵向价格波动传递进行分析，以明确新疆棉区棉花价格波动的关联性与波动效应。第七章，从宏观、微观两个方面，对新疆棉区现行棉花政策效应与作用机制进行分析。在此基础之上，提出稳定新疆棉区棉花价格的调控政策，为新疆棉区棉花产业稳定发展提供政策依据。

通过全面的理论和实证分析之后，本书主要得到以下结论。

第一，纵观中华人民共和国成立以来新疆棉区棉花生产历程，新疆棉区作为中国棉花主产区，经历了从无到有、从小规模种植到大规模种植的阶段。回顾新疆棉区60年的植棉史和棉花产业的发展历程，我们可将其大致分为四个阶段。第一阶段：1954—1980 年，是新疆棉区棉花少量生产阶段。第二阶段：1981—1990 年，是新疆棉区棉花产业初步发展阶段。第三阶段：1991—2000 年，是新疆棉区棉花产业全面快速发展阶段。第四阶段：2001 年至今，是新疆棉区棉花产业步入市场化竞争发展的新阶段。进入 21 世纪后，随着国家产业布局调整和新疆产业结构调整的需要，新疆棉区棉花种植规模和水平不断提升的同时，纺织产业发展也开始引起人们的重视，并提出了"东锭西移"的纺织产业发展思路。2018 年，新疆棉区棉花产量占国内棉花产量的 83.8%，占全球棉花产量的 19.6%。这种快速发展也决定了新疆棉区在我国棉花产业中占有举足轻重的地位，新疆棉区作为我国最大的商品棉生产基地，也是世界最大的产棉区之一。政府对新疆棉区棉花产业的政策历史上发生过多次变迁，政府对棉花实行的政策由计划管理，到逐步建立起在国家宏观调控下，主要依靠市场机制实现棉花资源合理配置的新体制。相应的，政府对棉花市场的管理从计划性干预改为政策性调控，流通市场基本实现了市场化。这样的政策变迁决定了新疆棉区棉花收购价格、销售价格主要由市场决定，政府不再作统一规定，收购价格由收购企业与农民协商确定，2010 年以来为了稳定棉花市场及价格采取国家收储政策（2010—2013 年）、目标价格政策（2014 年）、棉花抛储政策（2015—2017 年）。面对这样的变化，新疆棉区棉花产业要有自己的准备去应对政策及市场的变化。

第二，改革开放以来新疆棉区棉花价格波动表现出自己应有的特征。近期新疆棉区棉花价格呈现巨大的波动性，"卖棉难"与"买棉难"现象交替发生，新疆棉区棉花生产陷入了一种"短缺"与"过剩"剧烈变化的循环波动之中，与其他农作物（如粮食）相比，棉花价格的波动已经成为新疆棉区棉花产业的主要特征，也影响了棉农的收益，更对新疆经济发展产生了一定影响。总结新疆棉区棉花价格波动规律，表现出以下特征：棉花价格整体波动上涨，波动幅度加大，且有加剧趋势；棉花价格具有明显的长短波动周期，长期周期峰值波动剧烈；随政策变动，棉花价格波动出现波峰与波谷。研究时间内出现的棉花价格上涨、下跌大致原因归结如下：相关政策频变是棉花价格波动剧烈的原因；生产成本持续上涨是棉花价格波动上涨的原因；产量是影响棉花价格波动表现蛛网特征的主要原因；天气情况使棉花价格波动剧烈；棉花期货交易不完善，投机动机加大棉花价格的波动。

第三，价格是棉花生产、流通、加工等一系列自然和社会活动的集中体现。新疆棉区棉花价格的形成与波动既受国内外市场因素的影响，也受到新疆棉区各方面因素的影响。棉花价格的波动是在中国棉花流通体制的大背景下形成的。根据棉花波动的状况和政府参与棉花价格形成的干预，新疆棉区棉花价格波动与中国棉花价格波动趋势大体相同，随着棉花流通体制的改革及国际贸易的发展，新疆棉区棉花在世界棉花产业中的地位越来越重要。新疆棉区棉花价格受政策、产量、消费量、进出口量、替代品、国际市场等影响，实证分析国际棉花价格、生产成本、产量、库存、进口对新疆棉区棉花价格的影响得出如下结论：当保持其他因素不变，上述某一因素变化1%时，则当年新疆棉区棉花价格依次变化0.53%、0.1558%、-0.094%、-2.92%、-0.0323%。

第四，价格波动首先沿着国际市场—国内市场的空间传导路径进行传导，进入国内市场后主要按照生产原料价格或进口价格—批发价格—零售价格的产业链价格进行传导。中国加入WTO后，棉花国际贸易量迅速增加，新疆棉区棉花价格与国内、国际棉花价格的相互影响越来越大，且影响是基于价格差异基础上的，新疆棉花与国内、国际棉花价格差异度，不仅表明不同棉花市场发展程度的差异，影响棉花种植地区经济发展水平，更大的差异会影响整个棉花产业的长远发展。棉花进口贸易比例较大，开放度较高，因此新疆棉区棉花价格受国际价格影响也越大。国际价格对新疆棉区棉花价格变动的贡献度不断增加，但仍处于较低水平。新疆棉区棉花生产价格指数波动向零售价格指数的传导存在滞后性，且存在一定阻力，传导顺畅度不高。

关键词：新疆棉区棉花生产；价格波动；特征；传递效应

Abstract

Cotton price volatility refers to the absolute price or relative price of cotton in constant motion in the performance of forms generate work together with other price this form through certain channels or pathways, causing changes in the overall price level, and called cotton prices fluctuations effect the transfer. Cotton in Xinjiang Cotton Region with cotton circulation system reform in China in 1999, in 2001, China's accession to the WTO, China's cotton futures market set up in June 2004, and entered into a period of rapid development, But in the past few years, the cotton market fluctuations in abnormal fluctuations in cotton prices, so that the Cotton in Xinjiang Cotton Region has not achieved long term resource advantages into economic advantages, this has brought a heavy blow to the cotton and cotton farmers in Xinjiang. Due to the special geographical position and natural environment in Xinjiang, the cotton price stability of Xinjiang agricultural structure adjustment and increasing farmers' income has the important influence, in Cotton in Xinjiang Cotton Region market system is of great significance for the development and perfection.

This paper uses theory and research methods of agricultural economics, industrial economics, regional economics and other disciplines, combined with severe Cotton in Xinjiang Cotton Region price fluctuations special regional situation, the cotton price volatility factors and analyze how stable transfer effect from cotton prices the following chapters discuss in detail started: introduction, Firstly, the importance of the research background, research questions are discussed, through the study of existing literature and summarizes the existing literature on the carding issues related research methods, conclusions, find their own research methods and perspective on this basis, arrange the logical structure of the article, the wording ideas, research content and, finally, the contribution of articles on related issues. The first chapter, Firstly, the definition of the concept of economic fluctuation, economic cycle, price fluctuation, cotton price, price transmission and price elasticity is defined. Then, the theoretical basis of this study, price theory, equilibrium price theory, demand theory, price theory, etc. The second chapter, Analysis on the situation of cotton production and purchase and sale in Xinjiang. In this chapter, cotton production status, purchase and sale, production and sales of cotton in Xinjiang province were analyzed, and the cotton planting, cost, purchase and sale status, distribution system and so on, which make clear the relationship between the cotton industry chain and price fluctuation. The third chapter: Characteristic analysis of cotton price fluctuation in Xinjiang. Xinjiang and other domestic cotton price fluctuations in the overall trend, the cotton price fluctuations of Xinjiang, the reasons were analyzed using ARCH class models Cotton in Xinjiang Cotton Region price volatility characteristics of the empirical analysis, which pointed out that cotton price volatility characteristics. Chapter cotton price fluctuations influencing factors. The fourth Chapter, Analysis of cotton price fluctuation mechanism in Xinjiang cotton area. From the policy evolution in the reform of the circulation system, the impact of each link in the cotton industry chain on price fluctuations, and the relationship between the macro and micro cotton markets and price fluctuations, the mechanism of cotton price fluctuations in Xinjiang's cotton area has been clarified. The fifth chapter: Cotton in Xinjiang Cotton Region price fluctuations influencing factors. Using questionnaire collected data, the influence factors of evaluation conclusion Cotton in Xinjiang Cotton Region price fluctuation influence factors, through theoretical analysis, and on this basis, using Granger Causality test (Granger Causality Tests) can help us to analysis the cotton price and the causal relationship between influencing factors, as the basis of further a-nalysis. The sixth chapter: Cotton in Xinjiang Cotton Region price volatili-ty transmission effect analysis. The vertical price fluctuation between the international and domestic - Cotton in Xinjiang Cotton Region, cotton pro-ducers - processing enterprises - Purchasing and selling enterprises is transferred in order to make clear the correlation and fluctuation effect of the fluctuation of cotton price in Xinjiang. The seventh chapter: from the macro and micro two aspects, the current cotton policy effect and mecha-nism of Xinjiang. On the basis of the above, it puts forward the regulation policy of stabilizing the price fluctuation of cotton in Xinjiang, and pro-vides the policy basis for the stable development of cotton industry in Xin-jiang.

Through a comprehensive theoretical and empirical analysis, this pa-per get the following main conclusions:

Firstly, in Cotton in Xinjiang Cotton Region production process, since the founding of the Cotton in Xinjiang Cotton Region production areas in China, has experienced from scratch, from small scale planting to large - scale cultivation stage. Reviewing 60 years history of cotton in Xinjiang and the development of cotton industry, we can be roughly divided into four historical stages: the first stage: 1954 - 1980, is a small amount of Cot-ton in Xinjiang Cotton Region production phase. The second stage: 1981 - 1990, Xinjiang's cotton industry is a preliminary stage of develop-ment. The third stage: 1991 - 2000, Xinjiang's cotton industry is com-prehensive and rapid development stage. The fourth stage: since 2001, Xinjiang's cotton industry is entering a new stage of development of market competition. After entering the new century, with the national industrial layout adjustment and the needs of the industrial structure adjustment in Xinjiang, the Cotton in Xinjiang Cotton Region planting scale and level of rising at the same time, the development of textile industry began with its people's attention, and put forward the "east ingot westering" textile industry development. In 2018, cotton production in Xinjiang cotton area accounted for 83.8% of domestic cotton production and 19.6% of global cotton production. This rapid development also determines a significant role in the Cotton in Xinjiang Cotton Region industry in our country, as China's largest production base of commodity cotton in Xinjiang, it is also one of a cotton – producing area in the world's largest. The government's policy of Cotton in Xinjiang Cotton Region industry happened many times in the history of change. The government's policy of cotton implement by program management, to gradually set up under the national macro – control, rely mainly on market mechanism to realize the cotton resources rational allocation of the new system. The corresponding government management of cotton market from the planned intervention to the policy adjustment, the market has basically realized the market. Such a policy change decided to Cotton in Xinjiang Cotton Region purchase price, sales price formed mainly by the market, government no longer made the unification stipulation, the acquisition price by corporate takeovers in consultation with farmers identified, in order to stabilize cotton market and the price to take the State purchasing and storage plan in 2010. In the face of such a change in the cotton industry in Xinjiang to have their own ready to respond to changes in the market.

Secondly, since the reform and opening up, Cotton in Xinjiang Cotton Region price fluctuations show their own characteristics. Recent cotton prices present a huge volatility in Xinjiang, "difficult to sell cotton" and "difficult to buy cotton" phenomenon occur alternately, cotton production in Xinjiang into a "shortage" and "surplus" drastic change the cycle of volatile, compared with other crops, such as food, the fluctuation of the price of cotton has become the main characteristic of Cotton in Xinjiang Cotton Region, also affected the income of farmers, more to Xinjiang economic development has played a certain influence. Cotton in Xinjiang Cotton Region price fluctuations, the performance of the following characteristics: Cotton prices rose overall volatility, fluctuations increase, and there is a tendency to aggravate; cotton price has obvious length fluctuation cycle, long cycle peak volatility; with the policy changes, cotton price fluctuations appear peaks and troughs. Study period of cotton prices fell roughly attributed as follows: the relevant policy change, is the cause of the cotton price volatility; Production costs continue to rise is the cause of the fluctuation of cotton prices; Production is performed web features of the main causes of the cotton price fluctuations; The weather conditions make the cotton price volatility; Cotton futures trading is not perfect, speculative motive increases the fluctuations of cotton prices.

Thirdly, price is a series of natural and social activities of cotton production, circulation, processing and so on. The formation and fluctuation of cotton price in Xinjiang is influenced by both domestic and international market factors, and it is also influenced by the factors of Xinjiang. The fluctuation of the price of cotton is cotton in our country under the background of formation of the circulation system. According to the situation of cotton fluctuations and government involvement in cotton prices form of intervention, the Cotton in Xinjiang Cotton Region price fluctuations to be about equal to the cotton price fluctuation trend in China, as the cotton circulation system reform and the development of international trade, the status of Cotton in Xinjiang Cotton Region cotton industry in the world more and more important. Cotton in Xinjiang Cotton Region prices by policy, the production, consumption, exports, alternatives, such as the international market, the influence of the empirical analysis of the international cotton prices, production cost, output, inventories, imports of Cotton in Xinjiang Cotton Region prices that when other factors remain unchanged, the influence of the above 1%, one factor changes, the Cotton in Xinjiang Cotton Region prices, in turn, change 0.53%, 0.1558%, -0.094%, -2.92%, -0.0323%.

Fourthly, the price fluctuation is first spread along the path of the international market and the domestic market, after entering the domestic market mainly in accordance with the production of raw material prices or import price - wholesale price - the price of the retail price of the industry chain conduction, after China's accession to the WTO, international trade cotton increased rapidly, the Cotton in Xinjiang Cotton Region prices and domestic and international cotton prices influence each other more and more big. And the impact is based on the price difference, the difference between the cotton and domestic and international cotton price difference, not only shows that the difference of the degree of development of different cotton market, the impact of the level of economic development in Xinjiang Province, but also affect the long - term development of the cotton industry. A higher percentage of cotton import trade, openness is higher, so the price is influenced by international prices in Xinjiang. International prices for growing contribution of changes in prices of cotton in Xinjiang, but still in a lower level. Cotton in Xinjiang Cotton Region producer price index fluctuation to the conduction of retail price index is lag, and there is a certain resistance, smooth conduction degree is not high.

Keywords: Cotton production in Cotton in Xinjiang Cotton Region Area; Price Fluctuations; Features; Transfer effect

目　　录

绪　论 ……………………………………………………………… 1

第一章　概念界定与理论基础 …………………………………… 28

第一节　相关概念界定 …………………………………………… 28

第二节　理论基础 ………………………………………………… 34

第二章　新疆棉区棉花生产与购销状况分析 …………………… 42

第一节　新疆棉区棉花生产状况分析 …………………………… 42

第二节　新疆棉区棉花购销分析 ………………………………… 69

第三章　新疆棉区棉花价格波动特征分析 ……………………… 79

第一节　新疆棉区棉花价格波动分析 …………………………… 80

第二节　新疆棉区棉花价格波动特征实证分析 ………………… 89

第四章　新疆棉区棉花价格波动机理分析 ……………………… 94

第一节　流通体制改革中的政策演变及其对新疆棉区
　　　　棉花价格波动的影响 ………………………………… 94

第二节　新疆棉区棉花产业链各环节对棉花价格
　　　　波动的影响 …………………………………………… 99

第三节　宏、微观棉花市场与价格波动的关系 ……………… 104

第五章 新疆棉区棉花价格波动影响因素分析 ················· 114

第一节 新疆棉区棉花价格波动影响因素理论分析 ········· 114

第二节 新疆棉区棉花价格波动影响因素的选择 ········· 130

第三节 新疆棉区棉花价格波动影响因素实证分析 ········· 135

第六章 新疆棉区棉花价格波动传递效应分析 ················· 140

第一节 新疆棉区棉花价格波动横向传递效应 ········· 142

第二节 新疆棉区棉花价格波动纵向传递效应 ········· 157

第七章 研究结论与政策建议 ················· 172

第一节 研究结论 ················· 172

第二节 政策建议 ················· 175

附　录 ················· 197

参考文献 ················· 216

后　记 ················· 231

绪　论

一　研究背景及意义

（一）研究背景

中华人民共和国成立七十多年来，中国棉花流通体制大体经历了自由购销（1949—1953 年）、统购统销（1954—1984 年）、准统购统销阶段（1984—1998 年）、流通体制改革阶段（1999—2001 年）、经营市场化和市场准入（2001 年至今）等几个阶段。[①] 这种购销体制的演变是随着不同历史阶段的经济发展需要而形成的。2001 年 7 月 31 日，国务院发布了《关于进一步深化棉花流通体制改革的意见》，将棉花市场彻底放开，而此时距中国加入世贸组织仅有半年。棉花政策的反复变化是不是棉花生产波动的主要原因[②]，其对放开后的棉花市场有何借鉴意义，这些都是需要深刻探讨的问题。

随着 1999 年中国棉花流通体制改革、2001 年中国加入 WTO、2004 年 6 月中国棉花期货市场建立等，新疆棉花产业步入了一个快速发展的时期[③]。2018 年新疆棉区棉花产量占国内棉花产量的83.80%，占全球棉花产量的 19.60%[④]。这种快速发展也决定了新

---

① 谭砚文：《中国棉花生产波动研究》，博士学位论文，华中农业大学，2004 年。

② 马瑛等：《政府政策对棉农生产及环境变化的影响——以新疆南疆为例》，《技术经济与管理研究》2012 年第 1 期。

③ 石晶、李林：《我国棉花主产区全要素生产率测算及收敛性分析》，《统计与决策》2014 年第 4 期。

④ 李付广：《中国棉花产业现状与提质增效》，2019 年中国农业展望大会，https: // aocm. agri‑outlook. cn/2019/zh/index. html。

疆在我国棉花产业中占有举足轻重的地位，新疆作为我国最大的商品棉生产基地，也是世界最大的产棉区之一，棉花是新疆最具规模优势的经济作物之一，对新疆社会经济发展和农牧民增收至关重要①。但是近几年棉花市场异常波动、棉花价格变动急剧，使新疆棉花长期以来没有实现资源优势转化为经济优势。这给新疆棉花生产和棉农带来了很大的打击。由于新疆特殊的地理位置及自然环境，棉花价格的稳定对新疆地区的农业结构调整和农民增收具有重要影响，对新疆棉花市场体系的发展和完善具有重要意义。

政府对新疆棉区棉花产业的政策发生过多次变迁②。政府对棉花实行的政策由计划管理，到逐步建立起在国家宏观调控下，主要依靠市场机制实现棉花资源合理配置的新体制③。相应的，政府对棉花市场的管理从计划性干预改为政策性调控，流通市场基本实现了市场化。这样的政策变迁决定新疆棉花收购价格、销售价格主要由市场形成，政府不再作统一规定，收购价格由收购企业与农民协商确定，2011 年，为了稳定棉花市场及价格采取国家收储计划。面对这样的变化，新疆棉花产业要有自己的准备去应对市场的变化。由于棉花产业联系着农业和涉棉工业，连接着新疆棉区、国内和国际市场，受各个国家政府政策的影响很深④。世界各国为了保持本国的棉花价格稳定及供应安全，均以国际市场为蓄水池，通过各种棉花产业保护机制，把供求的变动因素转嫁给国际市场。因此，棉花的世界范围供求平衡非常脆弱，棉花价格波动剧烈。新疆棉区棉花能否在激烈的竞争中充分发挥自己的比较优势，取决于能否充分

---

① 孙良斌：《新疆棉花现货与期货市场价格动态关系的实证分析》，《安徽农业科学》2011 年第 8 期。

② 吴亚琼：《加入 WTO 后中国棉花市场的价格和贸易波动关系研究》，博士学位论文，南京农业大学，2007 年。

③ 中国农业经济学会课题组：《农产品价格波动、机理分析与市场调控》，《农业技术经济》2012 年第 10 期。

④ 王孝松、谢申祥：《国际农产品价格如何影响了中国农产品价格》，《经济研究》2012 年第 3 期。

把握各个市场的运行规律和变化趋势，取决于新疆棉花价格波动特征及各个影响因素的正确分析。此外，新疆棉花价格波动的传递效应对于涉棉产业来说更是至关重要。因此，认真研究新疆棉区市场棉花产销、价格的波动性、影响因素、传递效应等是一项十分重要的基础性工作，具有重要的理论价值和实际意义。

（二）研究意义

1. 理论意义

本书将在一定程度上补充和丰富农产品价格波动理论。从新疆棉区棉花的重要性以及新疆棉区有别于其他棉区的生产技术特点，以新疆棉区棉花作为研究主体分析其产供销、价格波动的趋势及特征，研究新疆棉区棉花价格影响因素及传递效应，对提高新疆棉区棉花国际竞争力意义重大。国内外竞争加剧背景下的棉花产业可持续发展，不能简单地学习和套用国内外现成的棉花生产发展方式转变理论，必须在研究新疆棉区棉花生产方式、影响因素、价格波动特征基本理论成果与经验的基础上，探索符合新疆棉区棉花发展的方式，从而丰富现有对棉花价格波动的研究方法、一般理论。此外，本书立足新疆棉区实际情况，研究新疆棉区棉花在国内及国际市场价格波动、新疆棉区棉花生产—加工—销售棉花价格波动的传递效应，也将为稳定新疆棉区棉花价格整体水平提供参考生产—加工—流通范式，促进新疆棉区棉农增收，保障棉花产业稳定发展，提升新疆棉区棉花国内、国际竞争力，为生产者和市场调控政策提出相应的对策建议，从而以一个新的视角与细致的方法提升新疆棉区棉花市场问题的研究水平，[1] 丰富和完善了新疆棉区棉花市场问题研究的理论内容。

2. 实践意义

一是有利于促进新疆棉区棉花价格稳定。本书在探讨新疆棉区

---

① 王川：《我国粮食期货市场与现货市场价格关系的研究》，博士学位论文，中国农业科学院，2009 年。

棉花价格波动问题及其成因,分析新形势下新疆棉区棉花价格波动影响因素对价格波动作用方向及力度的基础上,结合新疆棉区特殊区情特点,对新疆棉区棉花价格波动特征进行深入分析,总结出新疆棉区棉花价格整体波动上涨、波动幅度加大、波动加剧,具有明显的长短波动周期、长期峰值波动剧烈、随政策变动波动出现波峰与波谷等特征,并指出了使新疆棉花价格波动表现出上述特征的原因,对提出稳定新疆棉花价格的生产方式,实现新疆棉花价格稳定具有重要实践意义。

二是有利于促进新疆棉区棉农增收。本书以新疆棉花生产购销为切入点,对新疆棉花价格波动性进行分析,探寻新疆市场棉花价格的特征;对新疆棉花价格波动及传递效应的研究,保障棉花产业稳定发展;棉花生产状况分析及棉花产供销分析表明新疆棉花生产是波动的,棉花产业链上各因素的波动引起新疆棉花价格的波动,使新疆棉花价格波动表现出自己应有的特征[1]。尤其是改革开放以来,新疆棉花价格呈现巨大的波动性,"卖棉难"与"买棉难"现象交替发生[2]。新疆棉花生产陷入了一种"短缺"与"过剩"剧烈变化的循环波动之中,与其他农作物(比如粮食)相比,棉花价格的波动已经成为新疆棉花的主要特征[3][4],也影响了棉农的收益,更对新疆经济发展产生了一定影响,对新疆棉花价格波动特征、影响因素、传递效应的研究,可以稳定棉花价格从而实现稳定新疆棉农的收入,对缩小新疆与发达地区经济发展差距,实现边疆长治久安具有深远的意义[5]。

---

[1] 温厉、温铁军:《中国粮食供给周期与价格比较分析》,《管理世界》1997 年第 7 期。

[2] 温铁军:《粮食涨价并不是粮食生产的问题——中国粮食的生产周期和供给周期分析》,《改革》1996 年第 2 期。

[3] 温铁军:《中国 50 年来 6 次粮食供求波动分析》,《山东省农业管理干部学院学报》2001 年第 2 期。

[4] 戴瑞玉、于建芝:《如何走出棉花价格跌宕起伏的怪圈》,《中国棉花加工》2012 年第 4 期。

[5] 谭砚文等:《棉花储备在市场风险管理中的作用及中国的棉花储备问题》,《农业技术经济》2006 年第 1 期。

三是有助于政策建议的实证参考。棉花价格是新疆及我国政府重点关注的问题之一，也是政府宏观调控的主要对象。多年来，不断变换价格政策，用以调整不同情形下的棉花市场，以保障棉花市场稳定①。本书通过深入分析政府政策对棉花价格的影响，揭示出政府直接进行价格干预政策的利与弊，并以此为基础提出政府今后加强棉花市场管理的调控策略，为管理部门制定利于稳定棉花生产、保障农民收入的切实有效措施，提供决策参考依据。本书通过对新疆市场棉花现货价格波动性与棉花价格的传递效应的实证分析，全面展示了目前新疆棉花价格波动性与价格传递机制，为管理部门进一步完善和建设新疆棉区棉花市场提供实证参考。

二　国外及国内研究动态

（一）国外研究动态

国外学者对农产品价格波动的研究较多，但关于农产品价格波动的原因、农产品价格波动影响因素的探讨，以及如何稳定价格，理论和政策分析存在较大差别，但是国外相关研究能够为新疆棉花价格稳定实践提供理论指导。

1. 关于农业波动的研究

国外关于农业波动问题的研究起源于 20 世纪初英国经济学家杰文斯父子（W. S. Jevons and H. S. Jevons）及美国经济学家穆尔（H. L. Moore）提出的太阳黑子理论（Sun－spot Theory）②。该理论是用气候变化引起农业收成变动解释经济周期，认为农业生产中存在的周期性波动是由于气候等外生因素的冲击造成的。美国经济学家狄莫辛科（V. P. Timoshenko）认为"一战"前农业波动是经济波动的发动者，农业收获物产量周期引起收获价格的周期，比价（指农产品价格比工业品价格）变动导致资源配置的相应调整，引起经济波动。哈德森（D. Hudson）、埃瑟里奇（D. Ethridge）等则认为农业

---

① 王川：《我国粮食期货市场与现货市场价格关系的研究》，博士学位论文，中国农业科学院，2009 年。
② 谭砚文：《中国棉花生产波动研究》，博士学位论文，华中农业大学，2004 年。

价格的周期性波动并不能用产量波动来解释，也不能用对农产品的需求缺乏弹性来说明，只能用产业波动引起整个农产品需求曲线的移动，以及由此所引起的作为农产品购买者的工业的吸收能力来解释①。19 世纪末 20 世纪初以后，西方发达国家工业化程度不断提高，农业产值特别是农业人口比重不断下降，农业波动对国民经济波动的影响作用越来越低，尤其像美国、欧盟等已经处于工业化后期或者是后工业化阶段的国家和地区，农业人口及农业产值的比重降至极低。美国农业劳动力人口仅占农业人口总量的 3%，农业产值仅占 GDP 总量的 2%，因此，农业波动对其国民经济的波动几乎不产生影响，再加上农业在发达国家是受高度保护和支持的产业，一系列保护性政策的实施基本避免了谷贱伤农现象的发生，也避免了农产品价格的剧烈波动。在这种情形下，波动问题已不再是其农业经济研究的重点内容。

2. 关于农产品价格波动的研究

国外农产品价格波动的研究对象与内容主要侧重于市场经济条件下农产品价格的形成过程。最先开始价格波动及其原因研究的是亚当·斯密②③，他认为价格问题的研究涉及两个方面：一是研究价格波动所围绕的中心，二是研究价格波动本身；同时他认为导致价格波动的主要原因是市场供求关系的变动。李嘉图是亚当·斯密价格理论的继承者和发展者，他明确指出供求关系是影响价格的重要因素，但却不是决定性因素④。李嘉图在肯定供求关系影响价格运动的同时，坚持反对供求价格论，并且正确说明了货币价值对价格

---

① Darren Hudson, Don Ethridge, Jeff Brown, *Producer Prices in Cotton Markets: Evaluation of Reported Price Information Accuracy*, Agribusiness, 1996, pp. 353 – 362.

② ［英］亚当·斯密：《国富论》（下卷），杨敬年译，陕西人民出版社 2001 年版，第 496—498 页。

③ 刘俊杰：《我国粮食价格波动研究——以小麦为例》，博士学位论文，南京农业大学，2011 年。

④ ［英］大卫·李嘉图：《政治经济学及赋税原理》，周洁译，华夏出版社 2005 年版，第 1—41 页。

的影响作用，认为价格是由商品价值、货币价值这两者的比例关系共同决定的[①]。此后，对价格波动有进一步研究的是马克思，他在研究经济周期的基础上，提出价格波动具有一定的周期性和规律性[②]，且这种价格波动的周期是与经济波动周期相关联的[③]。许多研究周期的西方经济学家也注意到，各工业化国家价格水平的变动都存在周期性波动特征，并且对这种周期性波动做出了实证分析[④]。

20世纪初，亨利·L. 穆尔利用获得的美国农业部关于农业价格和生产的资料对农产品的价格进行实证研究，其著作《经济周期》（1914年）和《棉花收益和价格的预测》（1917年）直接推动了20世纪20年代美国关于农业供给、需求和价格方面的研究[⑤]。1971年，安德森（Alderson）利用不同国家约50个地方1590—1869年的年度小麦价格的平均值，绘制出经典的贝弗里奇小麦价格指数时间序列。格兰杰[⑥]和休斯在此研究的基础上经过分析，证明了其中明显地存在一个周期约为133年的重要循环。另外，20世纪50年代，美国的舒尔茨、荷兰的丁伯根、意大利的里西等分别提出动态供需均衡理论模型，即蛛网理论与模型，该模型成为研究农产品价格形成的主要理论与模型之一[⑦]。后来，英国的卡尔多和美国的伊齐基尔将这一理论加以扩展，用以解释价格、供给与需求之间

---

① 王天义：《马克思的价格理论及其现实意义》，《河南大学学报》（哲学社会科学版）1990年第6期。

② 《马克思恩格斯全集》第3卷，人民出版社1960年版，第24页。

③ 《马克思恩格斯全集》第23卷，人民出版社1972年版，第494—495页。

④ 马凯、潘焕学：《我国农业生产资料价格波动特征及影响因素的分析》，《价格理论与实践》2013年第10期。

⑤ 鲁靖：《中国粮食市场运行与政府宏观调控政策耦合研究》，博士学位论文，华中农业大学，2003年。

⑥ Rachel L. Granger, et al. , "Gene, Stimulus and Cell – type Specific Regulation of Activator Protein – 1 in Mesangial Cells by Lipopolysaccharide and Cytokines", *Biochimica Et Biophysica Acta Gene Structure & Expression*, 2000（7）：100 – 107.

⑦ 王倩：《期货大宗商品价格波动的差异性研究——以大豆、铜和原油为例》，博士学位论文，中国农业大学，2015年。

的变动关系①②。

一直到 20 世纪 70 年代，不断有经济学家从农户的预期角度，运用适应性预期、合理预期等理论对"蛛网模型"进行持续的评价与发展。20 世纪 80 年代后，一些学者的研究视角转向农产品价格转移和价格传递，认为大宗商品价格变动能够灵敏地反映经济变化③（Garner，1989；Johnson and Song，1999；Keidel，2007；Trostle，2010；M. Nerlove，1958）开始研究农产品，特别是畜产品农产价格、整体批发价格和零售价格之间的价格传递等，另外一些学者则更为关注农业生产对区域生态环境的影响（Zhang，1995；Willett，1997）。20 世纪 90 年代，国外关于农产品市场的研究主要集中在农业生产环境上，体现在两个方面。一是如何根据本国农业生产经营环境的变化为农场主、农业中介组织提供各种援助及政策。如美国为了确保农业生产者的收入而采用的"目标价格"和"差额补偿"，为了避免土地生产力的下降而采取的"休耕"政策等。二是农户如何根据经营活动的实际和各自偏好选择适用的营销策略和手段。这些手段包括"抗风险的投入""多样化的经营""经营性的储备""远期和约"等（Stasko，1997）。日本学者小林康平④在《体制转换中的农产品流通体系——批发市场机制的国际对比研究》一书中则侧重于园艺农产品（蔬菜、水果、花卉和观赏植物）的流通研究，着重分析园艺农产品流通的效率以及政府的决策和作用，并对日本批发市场和欧美批发市场交易方法的不同进行了分析。以上学者从不同角度，对农产品批发市场和农产品价格进行了深入研究并取得了较大成果。

---

① 董玲：《我国猪肉价格波动研究》，博士学位论文，内蒙古农业大学，2010 年。

② 张小栓等：《农业信息价值实现的限制因子分析》，《中国农业大学学报》（社会科学版）2000 年第 2 期。

③ M. Nerlove，"Adaptive Expectations And Cobweb Phenomena"，*Quarterly Journal of Economic*，1958（2）：356 – 365.

④ ［日］小林康平等著：《体制转换中的农产品流通体系——批发市场机制的国际对比研究》，菅沼圭辅、王志刚、周燕译，中国农业出版社 1998 年版，第 100—103 页。

一些学者对美国棉花价格信息的准确性、棉花期货价格应用、棉花市场价格传递等问题进行了研究①②③；更多的研究则关注棉花主产国家的棉花贸易政策和行为④⑤⑥⑦⑧；还有一些学者和机构则关注棉花生产与环境资源的关系、转基因棉技术推广和经济效应⑨⑩。

目前对农产品价格的定量研究大致存在两种思路：一是以一定时期农产品价格的时间序列为研究对象，以回归异方差模型（Autoregressive Conditional Heteroskedasticity，ACH）、自回归移动平均模型（Autoregressive Moving Average Model，ARMA）等为理论基础，以当前价格是历史价格的延续为分析前提，或者对历史价格数据预先进行贝叶斯调整，构建计量方程进行回归分析；二是以瓦尔拉斯一般均衡理论为基础，突出市场均衡和投入产出特点，根据市场均

① Darren Hudson, Don Ethridge, Jeff Brown, "Producer Prices in Cotton Markets: Evaluation of Reported Price Information Accuracy", *Agribusiness*, 1996, No. 4, pp. 353 – 362.

② Hudson D., Coble K., "Harvest Contract Price Volatility for Cotton", *Futures Markets*, 1999, 19 (6).

③ Coleman, J., Thigpen M. E., "An Econometric Model of the World Cotton and Non – cellulosic Fibers Markets", World Bank Staff Commodity Working Paper, 1991, 24.

④ Masters W. A., Alex Winterkmelson, "Measuring the Comparative Advantage of Agricultural Activities: Domestic Resource Costs and the Social Cost ‖enefit Ratio", *American Journal of Agricultural Economics*, 1995, 77 (2).

⑤ Talvi E., Carlos A. Végh, "Tax Base Variability and Procyclical Fiscal Policy", *Journal of Development Economics*, 2000, 78 (1): 156 – 190.

⑥ Minot N., Daniels L., "Impact of Global Cotton Markets on Rural Poverty in Benin", *MTID Discussion Papers*, 2002, 33 (Supplement s3): 453 – 466.

⑦ Mark, G., Teese, et al., "Corrigendum to 'Gene Identification and Proteomic Analysis of the Esterases of the Cotton Bollworm, Helicoverpa Armigera' [Insect Biochem. Mol. Biol. 40 (2010) 1 – 16]", *Insect Biochemistry and Molecular Biology*, 2010.

⑧ Mohamadou L. Fadiga, Samarendu Mohanty, and Suwen Pan, "The Impacts of U. S. Cotton Programs on the West and Central African Countries Cotton Export Earnings", *Agricultural Economics Review*, 2005, 6 (2): 50 – 61.

⑨ Huang, J., R. Hu, S. Rozelle, F. Qiao, and C. E. Pray, "Transgenic Varieties and Productivity of Smallholder Cotton Farmers in China", *Australian Journal of Agricultural and Resource economics*, 2002, Vol. 46, pp. 367 – 387.

⑩ Accession and Bt Cotton Adoption on the Chinese and U. S. Cotton Sectors, Center for Agricultural and Rural Development Iowa State University, Working Paper03 – WP – 322, 2003. [2012 – 2 – 2], http://www.card.iastate.edu.

衡理论，构建单一商品的市场均衡模型或者建立更为复杂的可计算的一般均衡模型（Computable General Equilibrium Model，CGE）的分析方法[①]。

对农产品价格进行实证研究的方法有：差分法、"蛛网模型"、递延模型［More（穆尔）、Schultz（舒尔茨）、Tinbergen（丁伯根）、Ricci（里西）、Kaldor（卡尔多）、Ezekiel（以西结）］等。目前农产品价格形成模型的构建有三种主要类型，一是以瓦尔拉斯一般均衡模型为基础，突出市场均衡和投入产出特点的模型分析方法，构建单一商品市场均衡模型（Single Commodity Equilibrium Model，SCEM）或者建立可计算的一般均衡模型（Computable General Equilibrium Model，CGE）同时考虑价格变动的影响；二是以一定时期农产品价格的时间序列为研究对象，以回归异方差模型、自回归移动平均模型为理论基础，以价格包含市场信息、当前价格是以历史价格的延续为假设前提，构建单一方程进行回归分析；三是以空间均衡模型（Spatial Equilibrium Model，SEM）为基础决定一种竞争性市场的均衡价格，该种均衡价格存在于商品流动的多个市场中，是一种由生产者为尽可能生产高价商品而消费者为尽可能得到低价商品而寻租和相互博弈的均衡。

（二）国内研究动态

国内对农产品价格波动影响因素及传递效应研究较多，但对于特定农产品价格波动研究较少，但是梳理以往关于国内对农产品价格波动的研究文献和近年来关于对价格传递效应相关研究，可以掌握已有研究的最新进展及不足。

1. 关于农业波动的研究

在国内，由于农业和粮食问题的特殊重要性，农业波动的研究在农业经济研究领域一直占有十分重要的地位。国内经济学家们对

---

① 王兆阳、辛贤：《大国开放条件下棉花市场价格决定研究》，《中国农村观察》2004 年第 3 期。

农业波动的研究起步于 20 世纪 80 年代中期，栗树和等[①]、唐丽[②]等认为中国的农业波动是引起经济波动的基础和动因。林毅夫[③]、李秉龙等[④]、綦颖[⑤]等也在其研究中提出制度因素和政策因素是导致农业经济波动的重要原因。温铁军[⑥]认为农业波动与国民经济宏观波动存在高度的相关性。

此后相关研究多集中于对粮食波动问题的研究，刘中一[⑦]、谭砚文和温思美[⑧]认为粮食市场价格波动问题中更多的是流通结构、消费结构的变动问题，而非资源总量短缺问题。王济光[⑨]认为粮食周期性波动的原因在于粮食贸易政策中缺乏有利的激励机制、配套的流通体制基础。巫国兴[⑩]认为农副产品价格运动的演变与宏观经济因素的变动紧密相连。李国祥等[⑪]详细分析了 1949—1997 年我国粮食生产的循环波动，指出粮食总产量波动主要是因粮食单产波动引起的，而粮食的技术创新是影响粮食单产波动的决定性因素。李岳云等[⑫]、蒋乃华[⑬]分析了我国粮食生产波动的结构特征，指出我国

① 栗树和等：《经济增长、货币供应与价格水平——建国以来我国物价总水平变动分析》，《管理世界》1988 年第 1 期。

② 唐丽：《防范房地产开发风险的几点建议》，《财务与会计》2008 年第 7 期。

③ 林毅夫：《中国农业：当前问题和政策抉择》，《中国粮食经济》1996 年第 1 期。

④ 李秉龙、何秋红：《中国猪肉价格短期波动及其原因分析》，《农业经济问题》2007 年第 10 期。

⑤ 綦颖：《中国生猪市场价格波动研究》，博士学位论文，沈阳农业大学，2008 年。

⑥ 温铁军：《粮食涨价并不是粮食生产的问题——中国粮食的生产周期和供给周期分析》，《改革》1996 年第 2 期。

⑦ 刘中一：《关于粮食问题及其发展战略》，《计划经济研究》1989 年第 6 期。

⑧ 谭砚文、温思美：《中国棉花价格波动分析》，《价格理论与实践》2004 年第 10 期。

⑨ 王济光：《中国粮食问题：国内贸易政策协调与流通体制改革》，《经济研究》1997 年第 3 期。

⑩ 巫国兴：《我国农产品价格波动研究》，《农业经济问题》1997 年第 6 期。

⑪ 李国祥、陈劲松：《粮食减产与粮食安全》，《中国农村经济》2001 年第 4 期。

⑫ 李岳云等：《我国农产品贸易逆差成因及诱发因素分析》，《国际贸易问题》2005 年第 11 期。

⑬ 蒋乃华：《中国粮食生产与价格波动研究》，博士学位论文，南京农业大学，1998 年。

的粮食生产波动强度是世界上最低的，而且是稳定的，这种稳定性的形成与我国长期实行的计划经济体制、政府超强干预、劳动密集型的农业耕作制度以及辽阔的国土面积有密切关系。鉴于我国目前仍处于工业化的初级阶段，农业人口和农业产值在国民经济中的比重仍然较高，因此，农业波动问题的研究仍将是我国农业经济研究的热点之一。

2. 关于农产品价格波动的研究

国内农产品价格研究起步较晚，目前农产品价格研究主要集中在价格波动领域，包括波动程度的测定与描述、波动形成原因及影响因素、波动对生产的影响、波动预测等。国内学者对农产品价格波动的研究主要包括波动程度的测定与描述、波动形成原因及影响因素，波动对生产的影响等涉及的农产品价格波动研究主要包括以下三个方面：一是粮食价格，包括小麦、稻米等的研究；二是棉花等重要农产品的价格波动研究；三是畜禽产品价格波动及价格决定研究①。国内对粮食价格波动的研究始于20世纪80年代，对禽蛋价格波动及其形成原因的研究发现，在市场经济条件下，禽蛋价格是由供需双方共同作用决定的，禽蛋价格的波动一般是由一定范围内供需波动及供求不一致引起的。总结国内学者对农产品价格研究，一般采用统计方法和差分法。在研究非季节性波动周期时采用剩余法、季节指数调整法、长期趋势分离法、计量模型、"剔除趋势法"、ADF 单位根检验、Johansen 协整检验、格兰杰因果关系检验法、B－P滤波、H－P滤波、谱分析方法、ARCH 族模型法等②③④⑤对农产品价格波动特点、影响因素等进行分析。

---

① 刘俊杰：《我国粮食价格波动研究——以小麦为例》，博士学位论文，南京农业大学，2011 年。

② 辛贤：《生猪和猪肉价格形成研究》，博士学位论文，中国农业大学，1999 年。

③ 武拉平：《农产品地区差价和地区间价格波动规律研究——以小麦、玉米和生猪市场为例》，《农业经济问题》2000 年第 10 期。

④ 曙光、乔光华：《猪肉价格波动周期实证分析》，《北方经济》2008 年第 2 期。

⑤ 冯云：《中国粮食价格波动的实证分析》，《价格月刊》2008 年第 2 期。

3. 关于对棉花及棉花价格波动研究

对棉花等重要农产品价格波动方面的研究表明，长期以来，我国棉花的生产和流通一直处于波动状态，棉花生产大起大落，棉花价格忽高忽低，卖棉难和买棉难现象交替出现。进一步分析发现，棉花价格调节机制、决策机制、利益调控机制、市场干预机制、进出口调节机制等均成为棉花价格产生周期性波动的深层次原因。研究还指出棉花价格、产量、供求关系的巨大波动，不利于我国棉花和纺织业生产的稳定发展①。王玉霞、高维全②统计了自 2009 年 12 月以来棉花的价格指数，分析了影响棉花价格波动的因素，并针对促进棉花产业的稳定提出了相关对策建议。王明利、王济民③对我国棉花价格上涨原因进行了分析指出供给减少、需求增加、国际棉价上涨等是近期导致我国棉花价格上涨的主要原因。

国家宏观调控政策相继出台、国际市场美元大涨、棉价走低等则是导致我国棉花价格下降的主要原因。周曙东着重研究了我国棉花供求波动的周期性规律、后果，探讨产生周期性波动的深层次原因，即价格调节机制、决策机制、利益调控机制、市场干预机制、进出口调节机制等④。张雯丽、李秉龙比较分析了中国棉花市场放开以来与国际棉花市场价格波动的特征差异，探讨了中国和国际市场价格波动的周期性特征，结果显示，美国棉花市场价格与代表国际市场价格的 Cotlook A 价格无论是价格的基本走势还是价格波动的周期循环特征都高度相似，而我国与两种国际市场价格波动则存在较为明显的差异，分别表现在价格基本走势、价格差幅、价格波动

---

① 周曙东：《中国棉花长期波动的规律及深层次原因》，《农业经济问题》2001 年第 6 期。

② 王玉霞、高维全：《影响我国棉花价格波动的因素及对策分析》，《价格理论与实践》2010 年第 11 期。

③ 王明利、王济民：《本轮生猪市场波动暴露的问题及启示》，《中国畜牧杂志》2007 年第 22 期。

④ 周曙东：《中国棉花长期波动的规律及深层次原因》，《农业经济问题》2001 年第 6 期。

程度和顺序先后以及价格波动周期的划分。对三种市场价格的长期趋势分析显示，世界和中国棉花价格均呈现波幅减缓、波动频率增加的趋势[1]。王利荣、周曙东运用协整检验、误差修正模型及脉冲响应函数等方法，分析了我国加入世贸组织后国内棉花价格与国际棉花价格之间的动态关系[2]。结果表明国内棉价与国际棉价具有长期均衡关系，其中国际棉价波动对国内棉价有较强的冲击，对国内市场起引导作用；而国内棉价波动对国际市场影响较小，并在此基础上提出了政策建议。王军、樊亚利研究得出棉花期货价格与现货价格之间存在长期均衡的关系，期货价格引导现货价格的形成[3]。因此建议应引导新疆棉农利用期货价格信息取消阻碍涉棉企业利用期货市场的有关规定，利用期货价格走势来制定新疆棉花产业保护政策[4]。

张雯丽、李秉龙采用 ARCH 模型对我国短期棉花价格波动的影响因素进行了研究[5]。结果显示棉花流通体制改革和市场宏观调控政策对棉花价格波动分别表现为正向影响和负向影响；棉花当期价格受一期和八期滞后价格影响，这显示出市场主体预期对市场变动趋势具有一定影响；国内持续上涨的需求对棉花市场价格波动的影响相对不显著，而供需缺口的变动是影响国内棉花价格波动的重要因素；棉花进口量的增加有利于减小国内棉花价格波动；国际市场棉花价格波动对国内价格波动存在显著的正向影响。[6] 短期内棉花

① 张雯丽、李秉龙：《我国棉花短期价格波动研究——基于时间序列》，《技术经济》2009 年第 4 期。

② 王利荣、周曙东：《国内外棉花市场价格的动态关系分析——基于 VECM 模型》，《国际贸易问题》2009 年第 11 期。

③ 王军、樊亚利：《棉花期货价格与现货价格关系的实证检验》，《农业经济》2009 年第 5 期。

④ 方燕、李欣欣：《我国棉花期货与现货市场价格传导机制研究》，《价格理论与实践》2013 年第 7 期。

⑤ 张雯丽、李秉龙：《我国棉花短期价格波动研究——基于时间序列》，《技术经济》2009 年第 4 期。

⑥ 肖端等：《中国棉花进口量受价格冲击分析》，《农业技术经济》2017 年第 10 期。

价格呈现出明显的季节特征，这种季节特征与市场预期、供需变化有较大关联，棉花种植者的价格预期行为及其决策上符合传统的蛛网模型，导致棉花播种生产面积和价格波动频繁。王兆阳、辛贤借助 GAMS 分析工具对 2003 年度棉花价格水平进行了实证预测[①]。

　　国内对棉花的研究则主要集中在四个方面。一是关于国内外棉花贸易竞争、调控政策的研究。通过对主要产棉国家的棉花政策进行比较分析，并重点研究我国各项棉花政策对棉花生产贸易的影响[②③]；对主要产棉国家的生产、贸易竞争进行比较分析，并提出增强我国棉花产业竞争力的主要措施[④⑤]；对国内棉花主产区竞争力及生产趋势进行分析，并提出中国棉花生产区域格局的优化措施[⑥⑦]。二是关于中国棉花价格波动、影响因素与趋势分析研究。对中国棉花周期波动、影响因素及国内外棉花价格关系进行分析，提出减少棉花价格波动的相应措施[⑧⑨]；对我国棉花价格传递和供给反应进行了研究[⑩]。三是关于棉花生产技术效率和成本收益的研究。对中国

　　① 王兆阳、辛贤：《大国开放条件下棉花市场价格决定研究》，《中国农村观察》2004 年第 3 期。

　　② 田彩云、郭心义：《巴西与中西非国家的棉花市场及政策》，《世界农业》2005 年第 9 期。

　　③ 马瑛等：《政府政策对棉农生产及环境变化的影响——以新疆南疆为例》，《技术经济与管理研究》2012 年第 1 期。

　　④ 谭砚文、李崇光：《中美棉花生产成本与收益的比较分析》，《中国农村经济》2003 年第 11 期。

　　⑤ 张淑荣等：《棉花主产国贸易竞争力分析——基于中国、美国和印度的实证分析》，《生产力研究》2012 年第 8 期。

　　⑥ 钟甫宁、胡雪梅：《中国棉农棉花播种面积决策的经济学分析》，《中国农村经济》2008 年第 6 期。

　　⑦ 张淑荣、刘朝敏：《我国棉花主产区区域竞争力及生产趋势分析》，《中国棉花》2011 年第 11 期。

　　⑧ 张雯丽、李秉龙：《我国棉花短期价格波动研究——基于时间序列》，《技术经济》2009 第 4 期。

　　⑨ 张立杰、彭利：《中国棉花价格波动特征及趋势分析》，《中国棉花》2012 年第 9 期。

　　⑩ 王莉、杜珉：《我国棉花生产的价格反应研究》，《中国棉花》2009 年第 6 期。

棉花生产技术效率及其影响因素进行分析评价[1]；对转基因棉、膜下滴灌等棉花新技术应用推广效率进行评价[2]；对我国棉花生产的成本收益进行比较分析[3]。四是关于棉花生产对区域生态环境影响的研究。分析了棉花生产对新疆棉区的水资源、耕地质量、景观生态的影响，提出棉花生产应规模适度等调控措施[4]。

4. 关于价格传导效应的研究

刘芳等（2012）以 1950—2009 年的年度数据为样本，运用基于 VAR 模型的广义脉冲响应函数法与方差分解法进行实证分析。结果表明，果蔬零售价格指数的上涨对生产价格指数的传导路径顺畅，但生产价格指数对零售价格指数的传导存在 1 期滞后，且产地的农产品市场价格对销售地市场的零售价格传递效应随着时间的推移越来越大，效果却微乎其微；而销地市场零售价格对产地市场生产价格的影响逐渐减少，但影响较为显著。价格传导率研究表明，近期上游生产者价格对下游消费者价格呈现扩张性传导的态势[5][6][7]。

刘俊杰、周应恒对我国小麦主产区、销售区市场价格波动特征和传导关系进行了分析。研究结果表明我国各地区小麦市场价格波动幅度差距不大，各地区市场价格之间存在长期整合关系，且长期整合关系制约着短期价格波动，小麦主产区价格在传导过程中起主导作用。因此，应该重视小麦主产区市场的调控政策取向，同时考

---

① 续竞秦、杨永恒：《中国棉花生产技术效率及其影响因素分析》，《技术经济与管理研究》2012 年第 7 期。

② 黄季焜等：《现代农业生物技术对中国未来经济和全球贸易的影响》，《中国科学基金》2002 年第 6 期。

③ 田国强等：《棉花生产要素变化和经济效益分析》，《中国棉花》2012 年第 5 期。

④ 马瑛等：《新疆南疆棉农生产与土地退化关系的机理分析》，《生态经济》2011 年第 3 期。

⑤ 刘芳等：《果蔬产品产销间价格传导机制研究》，《农业技术经济》2012 年第 1 期。

⑥ 祁春节等：《我国农产品产销价格的联动性实证分析》，《华中农业大学学报》（社会科学版）2013 年第 1 期。

⑦ 刘芳等：《我国生猪市场价格预警体系研究》，《农业技术经济》2013 年第 5 期。

虑不同地区市场的作用，采取有针对性的调控政策和手段①。

王丽娜、陆迁运用误差修正模型和 VAR 模型对国际玉米价格波动和国内玉米价格波动的互动关系及传导效应进行了实证分析。结论显示，长期内国际玉米价格的变动对国内玉米价格影响较为显著。短期内，滞后一期的国际玉米价格对国内玉米价格存在较显著的正向影响。脉冲响应函数和方差分解分析表明，国际玉米期货价格的信息反映机制对国内玉米价格波动的影响更为重要②。

李哲敏等认为禽蛋产业链价格传导涉及生产、流通、消费各个环节，以禽蛋的主要产品鸡蛋为研究对象，从上、中、下游整个产业链角度动态分析禽蛋产业链短期市场价格间的传导机制，以便能够适时监测及预警禽蛋产品的短期价格波动，减少短期价格波动的频繁发生③。研究运用协整检验、向量误差修正模型（VEC）分析鸡蛋产业链中的商品蛋用雏鸡价格（简称雏鸡价）、蛋用配合饲料价格（简称饲料价）、鸡蛋批发市场价格（简称批发价）和鸡蛋零售市场价格（简称零售价）的价格传导关系，并应用方差分解、脉冲响应函数和格兰杰因果关系检验确定价格间的传导路径及强度。结果表明鸡蛋产业链各环节短期市场价格间存在协整关系，雏鸡价、饲料价、批发价分别变动 1%，将会引起零售价变动 0.23%、−0.09% 和 1.04%；鸡蛋产业链价格系统的长期均衡关系制约着短期价格波动，误差修正项的系数为负，其修正强度达 17%，符合反向修正机制；鸡蛋产业链短期市场价格间的传导并不通畅，在某些环节存在阻滞现象。其中，下游零售价到上游饲料价、上游饲料价到中游批发价、上游雏鸡价到饲料价、下游零售价到上游雏鸡价、

① 刘俊杰、周应恒：《我国小麦供给反应研究——基于小麦主产省的实证》，《农业技术经济》2011 年第 12 期。

② 王丽娜、陆迁：《国内外玉米市场价格的动态关系及传导效应》，《国际贸易问题》2011 年第 12 期。

③ 李哲敏等：《中国禽蛋产业链短期市场价格传导机制》，《中国农业科学》2010 年第 23 期；周荣柱、秦富：《蛋鸡生产与鸡蛋价格动态变化关系》，《中国农业大学学报》2016 年第 10 期。

上游雏鸡价到中游批发价、下游零售价到中游批发价的价格传导均存在 1 个月时滞。中国鸡蛋产业链各短期市场价格之间存在长期均衡关系，这种长期均衡关系制约着短期价格波动，以自动减弱价格之间的偏离，促使各种价格走向均衡。鸡蛋价格传导机制主要表现为成本推进型，即由上游产品价格变化引起中游和下游产品价格变化。鸡蛋产业链各价格传导并非通畅，在一些环节存在阻滞现象，需要相关政府部门制定相应措施，保证价格传导的顺畅，提高价格传导的效率。

罗锋、牛宝俊运用协整检验和 VAR 模型对国际农产品价格波动影响国内农产品价格的传递效应进行了实证分析。结果表明长期而言，国内农产品价格与国际农产品价格存在协整关系，国际农产品价格的变动对国内农产品价格影响较为显著;[1] 脉冲响应函数分析表明，进口价格对国内农产品价格影响的作用时滞为 3 个月，国际期货市场价格对国内价格的影响不存在时滞，且在第 15 个月影响达到最大；方差分解结果显示，与进口价格传递相比，国际期货价格的信息反应机制对国内农产品价格波动的影响更大。因此，对我国而言，当务之急是要加强对国际农产品期货市场的研究，不断完善我国期货市场，以期货价格引导农民生产，推动国内农业健康稳定发展[2]。

国内外研究价格传递的文献多集中在汇率传递效应、农产品价格传递效应、进出口价格传递效应上。对于农产品及具体的物品价格的传递效应研究较少。本书研究棉花这种具体的农产品价格传递效应，对于相关研究也是一种理论及实证的补充。

5. 关于新疆棉花价格影响因素及其传递效应的相关研究

（1）关于对新疆棉花现货与期货市场价格关系的研究。

孙良斌为探讨新疆棉花期货上市以来棉花期货价格与现货市场

---

① 罗锋、牛宝俊：《国际农产品价格波动对国内农产品价格的传递效应——基于 VAR 模型的实证研究》，《国际贸易问题》2009 年第 6 期。

② 许世卫等：《中国农产品在产销间价格传导机制研究》，《资源科学》2010 年第 11 期。

价格的相互引导关系，采用 ADF 检验、协整分析和格兰杰因果检验等计量经济学方法，分析了新疆棉花现货和期货市场价格走势和影响的因果关系。结果表明，新疆棉花现货市场价格与期货市场价格短期波动明显，长期趋向均衡；棉花期货市场对新疆棉花现货市场价格有明显的引导作用，而新疆棉花现货市场价格对期货市场价格影响不大。政府应继续完善新疆棉花期货市场建设，使其价格发现功能和套期保值功能得以发挥，以促进新疆棉花产业的发展[①]。

（2）关于对新疆棉花市场的研究。

关于棉花市场，国内学者从不同的角度进行了大量研究，发表的成果也很多，棉花价格的起伏波动不仅关系到农业增效、农民增收、农村发展，更关系着国计民生乃至国家安全。新疆棉花产量占中国棉花市场的 83.80%，新疆棉花价格的波动特点则成为国内许多学者重点关注的热点问题，一些学者从棉花市场价格变动的内部机理剖析了新疆棉花价格波动的原因。

徐春华、李辉研究指出，在缺乏有效交易手段的市场环境下，新疆棉花的资源优势难以转化成现实经济优势，棉花价格信息的滞后性导致棉花生产脱离市场需求，造成棉花供求失衡和棉价剧烈波动，使新疆棉花生产处于"无所适从"的境地。并且，新疆棉花的流通体制也较为混乱，常出现丰收时期恐慌抛售、需求旺盛时期哄抬棉价的混乱局面，而众多分散的中小私营业主粗加工、低价销售棉花在一定程度也扰乱了棉花市场正常的流通秩序。为此，提出最小方差套期保值法不仅可以降低风险，还能减少资金的占用量，让涉棉企业参与套期保值时，更合理、灵活地安排资金[②][③]。段玲玲[④]

①　孙良斌：《新疆棉花现货与期货市场价格动态关系的实证分析》，《安徽农业科学》2011 年第 8 期。

②　徐春华、李辉：《基于"订单农业 + 期货"模型发展新疆棉花产业分析》，《科技和产业》2010 年第 4 期。

③　徐春华、李辉：《新疆棉花期货套期保值的有效性实证分析》，《新疆农垦经济》2010 年第 5 期。

④　段玲玲：《影响新疆棉花市场因素分析》，《中国棉花加工》2010 年第 3 期。

通过对影响新疆棉花市场的因素进行分析，指出新疆特殊的地理位置及其他原因，新疆棉花市场与全国乃至全世界棉花市场变化并不相同，新疆棉花市场及其价格主要受国际国内形势与政策、国内外棉花市场供需、新疆特殊的地理位置及其自然条件等因素的影响。唐海荣[①]在棉花价格影响因素分析中指出，国内棉花市场供求结构依然是影响新疆棉花价格波动的最主要因素，其中棉花种植面积和总产量的变动对棉价波动的影响更为明显，同时由于价格和产量之间的相互影响，导致市场最终受到的影响表现出持续性。

（3）关于新疆棉花价格波动的研究。

阿依米沙·吾布力、单小红[②]提出由于主观因素和客观因素的影响，棉花价格每年都在发生波动。就新疆棉花市场调查分析其价格影响因素，指出进口比例、国际市场价格、替代产品、纺织产品出口量、运输费用、投资、农资价格、种植规模等对新疆棉花价格有影响。另外还总结出人民币升值、棉纺企业倒闭速度的加快等因素也与棉花价格的升降有直接关系。新疆棉花企业贷款比重很大，所以也会受央行的存贷款基准利率影响，这也是新疆棉花企业成本变化的原因之一。程云洁[③]在分析新疆棉花国际竞争力时指出降低经营成本，提高棉花价格是增强其国际竞争力的一个重要方面。黄训芳等指出新疆棉花价格关系到棉产业的一体化利益，发展棉产业要照顾各产业主体的利益，并使之协调[④]。考察新疆 1980—2000 年对棉农棉花收购价格成本与利益的变化过程可明显看出：1990—2000 年，由于棉花收购价大起大落，两年次造成棉农植棉收益倒挂，即 1992 年、1999 年。当棉花收购价大起年份，如 1995—1997 年，又造成纺织厂进棉成本升高，工厂加工棉纱利润倒挂。再加上

① 唐海荣：《棉花价格波动影响因素的分析》，硕士学位论文，北京交通大学，2010 年。

② 阿依米沙·吾布力、单小红：《新疆棉花价格影响因素及调控对策分析》，《新疆农业科技》2008 年第 6 期。

③ 程云洁：《新疆棉花国际竞争力发展研究》，《当代经理人》2006 年第 1 期。

④ 黄训芳等：《谈新疆棉产业可持续发展问题》，《新疆农业科学》2003 年第 S2 期。

2010 年棉花价格大幅上涨，出现了一系列问题等。可见，新疆棉产业利益在过去一直未能解决一体化问题。所以新疆棉产业发展的动力就是利益，如政策的制定不全面考虑棉产业的利益协调关系，便会阻碍棉产业的发展，政府在制定棉产业宏观调控政策时应制定兼顾棉产业各主体的利益关系，所以，新疆棉产业的利益一体化问题，即棉农、棉麻公司、工厂、政府、税收、银行贷款等都应合理分配利益、照顾一体化的利益关系。在此应特别提出政府应在棉产业利益一体中主动制定规范的政策制度，使棉产业各利益主体得到公平、公正与合理的利益。倪天麒等将新疆与国内和世界主要植棉区植棉条件进行了对比，阐述了新疆棉花生产的优势所在及其在国内外的地位；通过对市场供求分析和棉花价格预测、植棉生态与流通体制问题的分析，以及对棉纺工业发展问题的探讨，提出了棉花生产的适度规模、宏观布局与流通体制改革的调控对策，以及棉花产业化的构想与模式。最后，提出了新疆棉花可持续发展的正确方向与合理途径是发展棉花产业附加值、稳定棉花价格、建立棉花交易市场等[①]。

（三）国内外研究动态评述

国内外关于价格的研究起步较早，除在金融股价波动领域研究广泛外，在农产品领域，不少研究学者均对农产品价格做过有意义的深入研究，涉及粮食、棉花和蔬菜等多种农产品价格的波动，研究技术比较成熟和完善，有众多的研究方法可以借鉴。

国内外学者围绕棉花产业，就棉花贸易政策与行为、棉花价格、棉花生产技术与效率、棉花经济溢出（生态、福利）等内容进行了深入研究，研究方法较为成熟和完善，研究结论明确可信，将为本书的研究提供良好的借鉴。在既有研究文献中，多数研究是以国家为经济体，研究棉花生产购销、价格波动、棉花价格传递效应，对

---

① 倪天麒等：《新疆棉花生产中的重大问题与可持续发展对策》，《干旱区研究》2002 年第 3 期。

特定区域考察新疆棉花价格波动及其传递效应的研究相对较少；同时，关于棉花价格波动的研究主要集中在宏观政策及效应方面，国内外对于价格传递的文献多集中在汇率传递效应、农产品价格传递效应、进出口价格传递效应上。对于具体的农产品及棉花价格传递效应进行全面、系统的研究也不多见。本书研究棉花这种具体的农产品价格传递效应，对于相关研究也是一种理论及实证的补充。

三　研究思路与内容

（一）研究思路

本书首先对国内外农产品价格波动的前沿文献进行收集整理，为全书研究提供理论和文献支撑，立足新疆特殊区情特点，在梳理现有关于棉花价格波动相关研究基础上，首先明晰本书相关概念和新疆棉花价格波动的理论基础，对新疆棉区棉花生产、销售情况展开调研，在此基础之上，利用统计数据和实际调查数据把握新疆棉区棉花生产现状和市场动态，然后梳理中华人民共和国成立以来新疆棉区棉花生产历史及其种植状况，并分析新形势下新疆棉区棉花价格波动存在的特征，从而总体上厘清新疆棉区棉花价格波动现状；接着对新疆棉区棉花价格的波动特征进行描述，将其波动特征与其他作物、其他国家棉花价格波动特征进行比较；然后运用经济计量模型分析新疆棉区棉花价格波动的形成机制以及各因素对棉花价格波动的影响；随后进一步对各影响因素，诸如面积、产量、成本、政策、进口等有关变量展开深入研究，以期分析新疆棉区棉花价格波动的深层次原因和探究新疆棉区棉花价格波动的内在规律。其次，通过对新疆棉区棉花价格波动特征进行实证分析，运用ARCH族模型分析新疆棉区棉花价格波动特征，指出新疆棉区棉花价格波动特征及表现出这些特征的原因；之后利用调查问卷收集得到的影响因素评价数据，运用因果关系模型探寻得到当前新疆棉花价格关键性影响因素，为下文找准新疆棉花价格影响因素实证分析提供有力依据；接下来对新疆棉区—国内—国际棉花横向价格传递、生产—加工—销售纵向价格传递进行分析，结合中国加入WTO后处于经济全球化背景下的棉花市场的发展趋势，以及在预测新疆棉花价格波动趋势基础上，提出稳定发展新疆棉区棉花产业、抑制新疆棉花生产剧烈波动，为明确下文提出稳定新疆棉区棉花价格制定调控政策提供有益启示，为制定符合新疆棉区棉花可持续发展建言献策。

（二）研究内容

本书基于农业经济相关理论，在分析新疆棉区棉花生产、流通、销售状况基础上，分析新疆棉区棉花价格波动整体水平，探究新疆棉区棉花价格波动影响因素，对新疆棉区—国内—国际横向价格传递、新疆棉区棉花生产—加工—销售纵向价格传递效应进行分析，最后提出稳定新疆棉区棉花价格调控政策，除绪论和结论外，主要包括以下六大部分。

第一部分：概念界定与理论基础。首先，界定经济波动、经济周期、产业链、棉花产业链、价格波动、棉花价格、棉花价格弹性的内涵；其次，阐述作为论文理论基础的货币理论、价格理论、需求理论、价格传导理论。

第二部分：新疆棉区棉花生产与购销状况分析。首先，梳理新疆棉区棉花生产状况，了解新疆棉区棉花种植业发展历程、种植面积、种植规模、种植布局、棉花产量、棉花成本构成、收益、棉花生产效率；其次，分析新疆棉区棉花购销状况，了解新疆棉区棉花购销主体、购销环境、棉花流通制度、棉花生产及购销问题；最后，在上述分析的基础上对新形势下新疆棉区棉花产业链各环节与价格波动关系进行分析，指出产前环节、产中环节、产后环节与价格波动存在内在关系。

第三部分：新疆棉区棉花价格波动特征分析。首先，对新疆棉区棉花价格波动进行分析，通过新疆棉区及内地其他棉花主产区价格波动总体趋势比较总结新疆棉区棉花价格波动规律与特征；其次，分析新疆棉区棉花价格波动的主要原因；最后，运用 ARCH 族模型对新疆棉区棉花价格波动特征进行实证分析，验证上述理论分析与经济事实是否相符。

第四部分：新疆棉区棉花价格波动机理分析。从流通体制改革中的政策演变、棉花产业链各环节对价格波动的影响、宏微观棉花市场与价格波动关系等的研究明确新疆棉区棉花价格波动的机理。

第五部分：新疆棉区棉花价格波动影响因素分析。首先，对可能影响新疆棉区棉花价格波动的众多因素进行理论分析与甄选，探究各因素影响新疆棉区棉花价格波动的作用机理；其次，采用调查分析方法分析各因素对新疆棉区棉花价格波动的影响程度，作出理论判断；最后，基于调查数据运用格兰杰因果关系检验法实证分析当前新疆棉区棉花价格波动影响因素的作用方向和力度大小。

第六部分：新疆棉区棉花价格波动传递效应分析。首先，指出新疆棉区棉花价格传递的三种途径；其次，对新疆棉区棉花价格波动横向价格传递效应分析，主要从国际—国内—新疆棉区路径研究，对新疆棉区棉花价格波动纵向价格传递效应分析，主要从生产—加工—销售路径研究；最后，通过向量自回归模型、脉冲响应函数等分析上述新疆棉区棉花价格横向、纵向价格传递效应。

四 研究方法与技术路线

（一）研究方法

本书根据理论和实证研究的需要，采用了以下研究方法。

一是实证分析与规范分析相结合。本书在对新疆棉区棉花生产与购销状况、转变波动特征以及影响因素分析时以实证分析方法为主，规范分析方法为辅，皆在客观展现当前新疆棉区棉花价格波动现状、新疆棉区棉花价格波动特征，以及新疆棉区棉花价格波动关键性影响因素，在上述分析基础上对新疆棉区棉花价格传递效应进行实证分析。在探讨新疆棉区稳定其棉花价格保障措施加快其棉花产业发展时，基于实证分析结果，主要运用规范分析方法明确了新疆棉区棉花价格波动影响因素及作用方向，并提出了适合新疆棉区棉花生产发展方式的调控措施。

二是定量分析与定性分析相结合。本书在研究过程中以定量分析为主，定性分析为辅。在分析棉花价格波动相关概念和新疆棉区棉花价格波动影响因素的作用机理及理论分析时以定性分析为主。定量分析主要用于对新疆棉区棉花价格波动特征、波动影响因素、波动传递效应实践效果的分析；对新疆棉区影响因素作用、传递效应量化以及对新疆棉区影响因素的因果关系模型回归分析也属于定量分析方法。

三是系统分析与比较分析相结合。本书运用系统分析方法全面考察不同时期新疆棉区棉花生产历程、生产规模、制度、流通方式等内容，同时对新疆棉区棉花价格波动原因进行系统分析。比较分析方法的运用主要表现在新疆棉区棉花价格与内地其他棉区价格的比较上，通过横向价格传递效应与纵向价格传递效应的比较，总结得出稳定新疆棉区棉花价格的调控政策。

具体方法为：对新疆棉区棉花产购销、价格波动、传递效应的研究主要借助 Eviews 6.0、Spss 17.0 软件，利用 ARCH 族模型、协整检验、脉冲响应与方差分解、对数线性均衡模型、Nerlove 模型进行分析。

（二）技术路线

根据上述内容及方法相关的技术路线如图 0-1 所示。

（三）创新点

本书的创新点主要体现在以下几个方面。

第一，研究视角的创新性。本书不仅着眼于新疆棉区市场与国内市场的竞争，而且还从新疆棉区市场与国际市场竞争视角研究，着重从横向价格传递路径与纵向价格传递路径分析新疆棉区棉花价格传递效应。为此在分析新疆棉区棉花价格波动及传递效应内涵、探讨新疆棉区棉花价格波动特征、波动影响因素、传递效应时将研究视角既关注与生产流通领域又扩展考察棉花贸易领域，从棉花产业链视角分析问题，研究视角具有一定新意。

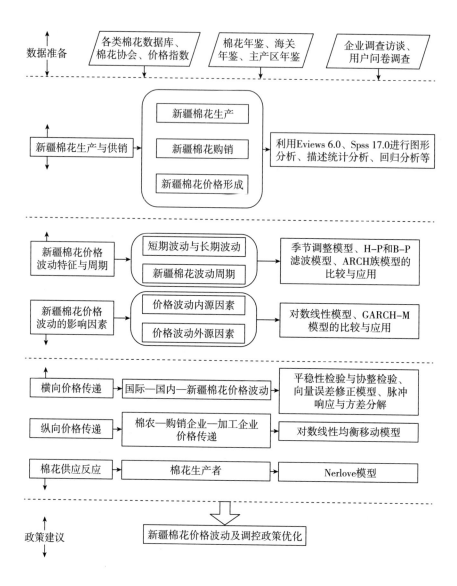

图 0 - 1 新疆棉区棉花价格波动影响因素及其传递效应技术路线

第二,研究方法的创新性。一是为科学合理分析新疆棉区棉花价格波动特征采用 ARCH 族模型进行实证分析。二是在实证分析新疆棉区棉花价格影响因素时,利用问卷调查数据,运用格兰杰因果关系检验法对新疆棉区棉花价格波动影响因素进行统计与计量分析。三是在分析新疆棉区棉花价格波动传递效应时从价格波动的长期传导效应研究采用加权最小二乘法对新疆棉区棉花生产价格指数与零售价格指数进行分布滞后动态模型模拟。短期传导效应的研究只关注各变量的短期波动关系，即产地农产品生产价格波动的冲击怎样引起销售地农产品零售价格的波动，本书采用脉冲响应函数（Impulse Response Function，IRF）和方差分解（Variance Decomposition）进行分析。

第一章

概念界定与理论基础

第一节　相关概念界定

一　棉花价格

根据不同的标准，棉花价格的分类不同。根据棉花价格的形成特点把棉花价格分为棉花集市价格、批发价格和期货价格等①。棉花集市价格是在集贸市场交易过程中，棉花的买卖双方通过讨价还价、自由协商所形成的价格。在集贸市场一般是以当地棉花作为交易对象，交易方式主要是零售的形式。在新疆棉区，棉花集贸市场具有很大的地方特色，但是其市场辐射范围往往很小。在集贸市场中，每笔交易成交量小、成交数量多。集市价格随棉花市场供求关系的变化而发生价格波动。同时，集市价格也可以用于指导棉花集市供求调节。理性的棉花生产者为追求利润最大化，会根据集市价格的波动调整棉花的生产经营决策②。

棉花批发价格是批发市场功能的体现。棉花批发市场在社会经

---

① 胡东林：《1978 年以来中国棉价波动与市场避险途径选择研究》，硕士学位论文，北京工商大学，2006 年。

② 罗永恒：《基于 ARMA 模型的中国农产品价格的分析与预警》，《经济数学》2013年第 1 期。

济中是一个普遍存在的市场。棉花批发市场是提供批量交易的场所，具有相对完善的交易设施和较好的交易服务。棉花批发市场是一种有组织性、有交易场所、有交易时间、有交易规则规范的交易场所。在这个市场上，同场竞争，通过比较按质论价，能相对真实地反映棉花的价值和市场供求关系①。

棉花期货价格是在棉花期货市场上形成的价格。棉花期货市场中买卖的不是棉花本身，而是棉花期货合约。在棉花期货合约中，棉花的品质、数量、规模、交货时间和地点是事先确定好的，但是其价格是根据市场情况变化发生变化的。棉花期货市场交易制度比较完善，有利于形成公正的棉花市场价格。

根据棉花价格定价主体的不同，把棉花价格分为市场价格和政策价格②。棉花的市场价格是指通过市场机制所形成的价格。市场机制其实是指一系列相关制度的总称。棉花的市场价格由一系列的棉花价格体系构成，如批发市场价格、集贸市场价格和期货市场价格等。棉花市场价格受到供求关系的影响，市场价格的形成是供给和需求双方博弈的结果。

但是由于棉花生产的季节性特点，所以可能在短期内出现供给和需求不均衡的现象③。在这种情形下，导致棉花价格呈现季节性剧烈波动的特征。棉花政策价格一般指根据经济稳定增长的要求需要，政府制定的对棉花市场进行干预的一种价格。由于棉花市场价格的缺陷，通过政策价格才能更好地实现生产要素资源的优化配置和生产结构的优化，这正是棉花政策价格的目的和意义所在。新疆棉区在农业经济发展中也广泛应用棉花政策价格来稳定棉花价格市场，根据政策价格的制定目的可分为稳定价格和支持价格。稳定价

---

① 付莲莲、邓群钊：《农产品价格波动影响因素的通径分析——基于2000—2013年月度数据》，《经济经纬》2014年第6期。

② 贾肖月等：《基于BP神经网络模型的中国棉花产业风险预警研究》，《中国棉花》2017年第10期。

③ 唐海荣：《棉花价格波动的影响因素的分析》，硕士学位论文，北京交通大学，2010年。

格是以稳定市场价格为目的，在具体操作中通过设立价格平准基金，同时制定合理的价格上下限。平准实物制度属于农产品稳定价格政策范畴，通过制定合理的价格波动范围、棉花的抛售或收购来进行价格调节。当棉花价格过高时，政府出售储备的棉花，把棉花价格降下来，并将其能调整到低于棉花目标价格上限水平；反之，当棉花价格过低时，利用平准基金在棉花市场上收购棉花，提高棉花价格水平，使棉花价格回升到高于目标价格下限水平。棉花支持价格是政府为了支持棉花生产而规定的棉花最低价格，是针对生产者的保护价格。支持价格在制度设计上偏重于对价格下限的保护，具体包括价差补贴、保护价收购制度等措施。

二 棉花价格构成

棉花价格一般是指棉花生产者价格，由生产成本、税金以及纯收益构成。在 2006 年 1 月 1 日国家废除农业税后，棉花生产者价格则由生产成本和纯收益构成①。即棉花的价格由三个部分构成：生产过程中生产棉花所消耗的生产资料的价值、生产者生产棉花所需要的社会必要劳动时间、生产者利用剩余劳动时间所创造的剩余价值②。前两者的价值构成棉花价格的生产成本，代表棉花生产过程中的物质和人工费用，是棉花生产价格的主要构成部分，最后一部分构成棉花价格的利润。

三 棉花价格弹性

价格弹性，是指一种商品的变量对其价格变动的反应程度。价格弹性反映的是商品价格的变化对供求变化的影响程度。市场上商品供需的变动受到很多因素的影响，例如消费习惯、收入、个人爱好等，价格弹性是指在这些因素一定的条件下，供需的波动仅受价格波动的影响。本书棉花价格弹性主要取决于棉花的可替代商品的

---

① 黄文彪、徐学荣：《我国农资价格变化成因的通径分析》，《福建农林大学学报》（哲学社会科学版）2012 年第 2 期。

② 王玉霞、高维全：《影响我国棉花价格波动的因素及对策分析》，《价格理论与实践》2010 年第 11 期。

供给量、棉花的作用及可替代的程度。可分为预期价格弹性、供给价格弹性、需求价格弹性、交叉价格弹性等类型，这里主要阐述的是供给的价格弹性和需求价格弹性。

（一）棉花需求价格弹性

需求价格弹性是需求变动率与引起其变动的价格变动率的比率，价格变化 1% 引起需求量变化的百分比。通常用需求量变动的百分数与价格变动的百分数的比率来表示，其表达式为：需求的价格弹性系数 = 需求量变动率/价格变动率，假定需求函数为 $Q = f(p)$，ΔQ、ΔP 分别表示需求量的变动量和价格变动量，以 e_d 表示需求的价格弹性系数，需求价格弹性表达式为：

$$e_d = -\frac{\Delta Q/Q}{\Delta P/P} = -\frac{\Delta Q}{\Delta P} \cdot \frac{P}{Q} \qquad\qquad (1-1)$$

棉花的需求与价格变化是反方向的，所以 $\frac{\Delta Q}{\Delta P}$ 小于零，因此，式（1-1）中加入了负号，这样 e_d 为正。

（二）棉花供给价格弹性

供给价格弹性是供给变动率与引起其变动的价格变动率的比率，阐述的是价格与总供给量间的关系，说明在价格上升或下降的时候市场上棉花供给总量的变动程度，通常用供给量变动百分数与价格变动百分数的比率衡量；供给价格弹性用 e_s 表示，供给价格弹性的公式和类型与需求价格弹性类似，在这里就不具体说明了[①]。

四 价格波动

价格波动是指商品的绝对价格或相对价格在持续不断的运动中所表现的形态。由于商品价格是由多种因素构成的，而各种因素又处于不断变化中，必然导致价格也随之发生变化。因此，价格波动是必然的。

农产品的市场价格是供给和需求双方力量决定的结果，是指通

---

① 陆松福：《物流供给的弹性分析》，《中国市场》2007 年第 2 期。

过有形或无形的市场交易形成的价格，包括农产品现货市场价格和期货市场价格，其中现货市场价格主要指集贸市场价格和批发市场价格，它是由众多的买方和卖方通过自由竞价形成的价格①。本书所研究的棉花价格也具有上述概念中描述的特征。

五　经济波动

波动原本是物理学上的名词。"波动"意指振动传播的过程，是能量传递的一种形式。当波动借用到经济学上，它的含义存在着差异。我们说经济波动是一种广泛的概念，它是指经济运行中的一种振荡行为，它不是一个时间意义上的概念。经济波动的概念要比经济周期广泛，波动可以呈现出周期性，也可以不呈现出周期性，经济波动包括经济周期，经济周期只是经济波动的一种表现形式。②为了对"经济波动"做出更为合理的解释，现代宏观经济学家一般不再试图将波动解释为确定性的不同的周期组合，他们认为努力去识别规则的基钦周期、朱格拉周期、库兹涅茨周期、康德拉季耶夫周期是徒劳无益的；相反，"现代主流经济学的观点是，经济不断受到随机的不同类型和大小各异的扰动因素的影响，而这些扰动会传播整个经济"。

经济波动是在一定的经济冲击作用下，使经济系统原有的运行状态受到影响，引起了同其均衡状态的偏离，从而形成了经济波动。经济波动是许多经济部门和国家普遍存在的经济现象。最为公认的是把经济波动分为四种形态，分别为：长期趋势、循环波动、季节波动和随机波动。长期趋势是指某一非常长的时期内，某种社会经济现象发展的一个基本趋势和方向；可能某一个特定时间点上每个经济变量的实际变化一般偏离了长期趋势，但基本上偏离的方差之和是零。循环波动是指在一个较长的时期内，社会经济现象从

---

① 刘晶等：《我国农产品价格风险及其防范研究》，《农业现代化研究》2004 年第 6 期。

② 徐迎新：《我国改革开放后宏观经济波动特征分析》，《现代经济信息》2012 年第 16 期。

繁荣走向萧条，又从萧条恢复繁荣的周期式的波动。季节波动，是指受到一些因素的影响，例如自然因素以及生产条件等，某些社会经济现象在一年之中随着季节的更替，出现了稳定并有规律的周期性的变动①。随机波动也称不规则波动，有两种情况：一种是纯粹的由许多原因综合导致的随机上下波动，另一种是由某些偶然性因素（战争等突发性事件）带来的影响。按照时间序列的长短，经济波动又可分为长期波动和短期波动。短期波动（Short – term Fluctuation）是经济实际观察值相对其长期趋势的偏离，偏离的幅度越远，经济波动的幅度就越大，经济运行的稳定性就越低，反之稳定性就越高。长期波动（Long – term Fluctuation）是指经济变量在一段较长时期内所表现出的总体波动水平及特征，其含义和增长的不稳定性（Instability of Growth）或增长的变异性（Variability）大致相同。长期波动的强度一般用变异系数来进行衡量②。

本书第三章借助于经济波动理论，运用 ARCH 模型族来讨论棉花价格波动的周期特征，考察价格的波动幅度、波动频率、上升期等特征。

六　经济周期

经济周期亦称"资本主义再生产周期"，是指随着时间发展，经济变量经常表现出上下波动的循环往复，表现为实体经济重复经历扩张与紧缩阶段③。经济周期在经济的运行中周而复始地反复出现，一般由复苏、繁荣、衰退和萧条四个阶段构成，在这个过程中随着产量、就业、物价水平、利率等的波动，受其影响，棉花价格也产生相应的波动。在对棉花价格进行分析时，经济周期是重要的宏观分析因素之一。

---

① 张立杰、彭利：《中国棉花价格波动特征及趋势分析》，《中国棉花》2012 年第9 期。

② 谭砚文等：《中国棉花国际贸易对国际市场棉花价格影响的实证分析——对中国棉花"贱卖贵买"现象的质疑》，《中国农村经济》2005 年第1 期。

③ 张仲秋：《试论唯物史观的创立与旧的社会历史观的联系（提纲）》，《齐齐哈尔师范学院学报》（哲学社会科学版）1990 年第3 期。

周期原本是物理学上的名词。"周期"是指物体或物理量完成一次振动或振荡所需的时间，或物体再度回到某一相对位置或恢复同一状态所需的时间，又泛指在事物运动变化过程中某些特征重复出现时，其连续两次出现所经过的时间。可见周期主要是一个时间概念。经济周期主要强调一个循环过程，美国经济学家奥利维尔·琼·布兰查德（O. J. Blanchard, 1998）和斯坦利·费希尔（Fischer, 1998）曾对经济周期概念作过详细的解释："根据传统，我们使用'经济周期'来表示产出与就业的总量波动。但是，我们并不墨守这一思想，有时在使用术语'经济周期'时，隐含着所有瞬时偏离确定性趋势的波动。"普雷斯科特（Prescott, 1986）认为不应该将"经济周期"作为名词使用，而应该将其作为形容词使用，如"经济周期现象"，意指不同的经济时间序列的易变性。而通常意义上的经济周期——人们所观察到的经济变量所具有的一定规则性，则被认为是不同总量时间序列之间的共变（comovements）。由此看来，"经济波动"概念正日益替代"经济周期概念"。这里需要说明的是，虽然主流经济学逐渐摒弃了经济周期概念，但是对于比较各种经济体系在一定时期内的波动特征来讲，"周期"概念仍然是有效的。本书研究的是新疆棉区棉花价格波动，在研究过程中，新疆棉区棉花价格的波动也对其"周期波动"进行分析，而对于棉花价格波动周期的划分仍然采用传统上对经济周期的划分方法。

第二节　理论基础

一　马克思劳动价值理论

马克思的劳动价值论，是一个完整的、科学的理论体系，包括诸多范畴，例如商品的二重性、劳动的二重性、价值的本质、价值实体、价值量、价值载体、价值形式、价值构成、价值转型、价值规律、国际价值等。如果只把其中的一两个方面视为马克思的劳动价值论，将陷入片面性①。本书在马克思劳动价值论基础上研究新疆棉区棉花价格形成本质。

二　货币理论与价格理论

实证经济学内部主要有货币理论和价格理论两种理论。货币理论主要研究一般价格水平、总产量与总就业的周期波动及其他波动等。价格理论研究的是资源在不同用途中的配置问题，即一种产品相对于另一种产品的价格②。

现在的专业术语已将货币理论指定为宏观经济学，把价格理论指定为微观经济学。这种做法是不适宜的，因为它容易让人产生错误的印象，即认为货币理论与"大事"（宏观）有关，价格理论与"小事"（微观）有关。实际上，这两个理论分支关注的都是大事。例如，货币理论研究的是"一般价格水平"；价格理论研究的是小麦或铜的"相对价格水平"。这两个分支也同样研究"小事"，以便深化对"大事"的理解。例如，货币理论所研究的是单个货币持有者对现金余额的需求；价格理论所研究的是单个家庭对面包或咖啡用具的需求。

本书综合研究货币理论与价格理论。

本书从两个方面研究相关经济理论：一是语言总结的系统，二是大量经验命题。价格决定于供给和需求的相互作用这一结论，在这个结论中任何影响价格的力量都可以被容易地归结到"供给"或"需求"之下。

三　价值规律理论

价值规律是商品生产和商品交换的基本经济规律，商品的价值量取决于社会必要的劳动时间，商品按照价值对等的原则互相交

①　张明龙：《中国经济学的创新和发展问题思索》，《天府新论》2008 年第 3 期；李铁映：《关于劳动价值论的读书笔记》，《改革》2010 年第 8 期。
②　夏业良：《当代西方金融理论的演变与发展》，《学术界》2001 年第 3 期。

换。价格围绕价值上下波动是价值规律的表现形式①。一般情况下，影响价格变动的最主要因素是商品的供求关系。在市场上，当某种商品供不应求时，其价格就可能上涨而超过价值；而当商品供过于求时，其价格就会下降而低于价值。同时，价格的变化会反过来调整市场的供求关系，使价格不断围绕着价值上下波动②。

斯密是第一个对价值规律做出比较系统论述的资产阶级古典政治经济学的创立者。他在《国民财富的性质和原因的研究》一书中第一篇第七章"论商品的自然价格和市场价格"中，论述了市场价格与自然价格之间的关系，指出市场价格会受供求影响而上下波动，但自然价格起着"中心价格"的作用③。大卫·李嘉图完善了资产阶级古典政治经济学，对斯密的二元价值论进行了批判，并进一步发展了劳动价值论："商品的价值或这个商品能交换的其他商品的量，取决于生产这个商品所花费的必要的相对劳动量，而不取决于付给这一劳动的报酬。"马克思批判、继承和发展了斯密和李嘉图的劳动价值论和价值规律理论④，并创立了劳动二重性学说，论证了价值是凝结在商品中的抽象劳动，价格围绕价值上下波动是价值规律的表现形式。

四 均衡价格理论

（一）静态均衡理论

商品的价格由价值决定，同时受到市场供给和需求的影响⑤。

---

① 刘隆亨、孙健波：《坚持物价依法放开坚决管制通货膨胀》，《北京联合大学学报》（人文社会科学版）2011 年第 1 期。

② 柯炳生：《我国粮食市场上的价格信号问题》，《中国农村经济》1991 年第 6 期；付莲莲：《国内农产品价格波动影响因素的结构及动态演变机制》，博士学位论文，南昌大学，2014 年。

③ 陈心宇：《社会经济组织的自组织机制》，《系统科学学报》2009 年第 4 期；孔小红、管德华：《斯密价值理论辨析》，《当代经济研究》2010 年第 1 期。

④ 王惟中、洪大璘：《马克思的货币理论在社会主义建设中的运用》，《财经研究》1982 年第 2 期。

⑤ 付莲莲：《国内农产品价格波动影响因素的结构及动态演变机制》，博士学位论文，南昌大学，2014 年。

供给（Supply）指厂商（生产者）在一定时期内，在某一价格水平下愿意且可以出售的商品数量。影响供给的主要因素有：商品自身的价格、生产技术水平、生产要素价格、相关商品的价格、生产者的预期、政府的宏观经济政策和自然环境等。假设供给数量为被解释变量 Q_s，影响因素为解释变量，则供给函数用公式（1-2）表示：

$$S = Q_s = F(X_1, X_2, \cdots, X_n) \tag{1-2}$$

X_1，X_2，$\cdots$，X_n 分别代表影响供给量的各种因素，在各种因素中，商品自身的价格是最重要的因素。假设其他因素不变，只讨论供给和价格 p 的关系，则公式（1-2）可简化为 $Q_s = f(p)$。一般而言，其他条件不变时，商品的供给量和其价格呈正相关，价格上涨，供给量增加；反之，供给量减少。

需求（Demand）指消费者在一定时期内，在某一价格水平下愿意且可以购买的商品量。影响需求的主要因素有：商品本身的价格、消费者的收入、偏好、相关商品的价格、消费者的预期、人口和政府的经济政策等。假设需求为被解释变量，影响因素为解释变量，需求函数用公式表示：

$$D = Q_d = F(X_1, X_2, \cdots, X_n) \tag{1-3}$$

Q_d 表示需求，X_1，X_2，$\cdots$，X_n 分别代表影响需求量的各种因素。假设其他因素不变，只讨论需求和价格 p 的关系，则公式（1-3）可简化为 $Q_d = f(p)$。一般而言，其他条件不变时，商品的需求和其价格呈负相关，价格上涨，需求减少；反之，需求增加。

均衡（Equilibrium）是经济学中经常使用的一个概念，指的是在一定条件的相互作用下经济事物中所达到的一种相对稳定的状态。如果市场上供给量和需求量相等，则称达到了市场出清状态，即市场到达均衡，这时候的价格 p 和商品数量成为均衡价格和数量。

（二）动态均衡理论（蛛网模型）

蛛网模型理论指的是随着市场价格的变动，棉花的供给量和需求量围绕供求平衡点呈蛛网形波动，属于一种动态均衡理论①。蛛网模型理论有三个前提：首先是农产品从生产到产出需要一定的时间，而且在这个时期农产品生产规模改变不了，其次是农产品市场本期的价格由本期的产量决定，即 $P_t = f(q_t)$，最后农产品市场本期的价格决定下一期的产量，即 $q_{t+1} = f(p_t)$。

收敛型蛛网：农产品供给弹性小于需求弹性，即价格变动对供给量的影响小于对需求量的影响。发散型蛛网：供给弹性大于需求弹性，即价格对供给量的影响大于对需求量的影响。封闭型蛛网：供给弹性等于需求弹性。当市场受到干扰偏离原有的均衡状态后，实际价格和产量始终按照同一幅度围绕均衡点上下波动，且波动将一直循环下去，既不会偏离均衡点，也不会自动恢复到均衡点称为"封闭型蛛网"。

均衡价格理论是分析价格波动的基础，第四章、第五章分别从供给、需求、成本等多方面考察农产品价格波动原因，就是基于该理论。

五　需求理论

在本书的研究中需求是给定的，或作为论据的事实。马歇尔《经济学原理》中认为需求既可以是行为的原因，也可以是行为的结果。

需要有其相对性，有许多重要的含义。第一，它直接影响资源的配置。第二，它意味着全部需要的满足。经济理论把需要视为固定的，很少讨论需要的构成，主要任务是研究任何既定需要的影响。

对任何商品或服务的需求都可能是一种综合性需求，其中包含对许多不同用途的需求。消费者对最终产品的需求是导致对资源的派生需求的根本原因。在短期内，商家的需求可以不受最终消费者

---

① 李干琼等：《中国蔬菜市场价格短期波动与风险评估》，《中国农业科学》2011 年第 7 期。

需求的影响而独立变动。反过来，对未来价格的预期可能对商家的需求产生有力的影响，而这一因素通常对消费者需求的决定作用却小得多。因此，通常的需求和供给工具在研究此类市场的日常波动时，就可能不太有用了。当然，这些工具在形式上依然可以用于这种目的，但此时的注意力应主要放在这种波动上，而不是伴随波动的变动上。也就是说，当影响需求的力量与影响供给的力量截然不同时，需求和供给才有意义，这可以来分析消费者和生产者。此时，需求者与供给者通常并非相同的群体，因此影响需求的因素与影响供给的因素就可能不同。

六 货币主义的价格理论

M. 弗里德曼于 20 世纪 50 年代提出货币主义的价格理论，强调货币供应量的变化是引起物价水平和经济活动改变的根本原因。假设某商品的价格为 P，即以 P 单位的货币来换取一单位的商品，设产量 Q 已知，货币周转率为 V，则市场价格和均衡货币量 M 的关系为：

$$P = \frac{MV}{Q} \tag{1-4}$$

若产量 Q 和 V 不变，则价格和货币供应量成正比，M 的增加必将导致价格 P 的上涨，另外，汇率、利率、国民收入等因素也会影响均衡货币量 M，从而传导给价格 P，引发价格的波动。

本书探讨棉花价格的影响因素时，除了从供给和需求层面上分析外，把货币供应量纳入棉花价格的重要影响因素之一，其理论依据就是货币主义的价格理论，本书主要借助货币主义的价格理论分析新疆棉区农发行货币资金支持对新疆棉区棉花价格波动的影响。

七 价格传导理论

棉花价格通过一定的渠道或者途径与其他价格产生共同作用，引起物价水平总体的变动，这就是价格传导过程。价格能够传导主要是因为价差，这种价差形成既可能来源于不同区域同种商品价格的差异，又或是同一区域不同商品间的价格差异。本书即是在价格传导理论的基础上，借助国内外价差理论对价格波动传递效应进行分析。所以棉花价格的价格传导首先是从某一地区开始，通过产业链或区域联系，逐步向其他区域的其他商品传递。市场经济体制下，由于价格传导与价格形成机制紧密相连，因此价格形成和运行中多种因素都会影响价格传导。价格虽然由市场的供求关系来决定，但另一方面还受到国家宏观调控的影响。所以说价格传导是市场机制与宏观调控共同作用的结果。从价格传导的路径来说，主要包括上下游间传导、区域间传导、预期效应传导及循环型传导，本书在分析时按照国际—国内—新疆棉区路径，生产—加工—销售两方面进行横向、纵向价格波动传递的路径进行的①。

（1）产前、产后环节价格传导型。棉花生产产业链中各个环节产品的价格之间具有相关性，上游产品价格的上升增加了中下游产品的生产成本，导致中下游产品价格上升，并最终引起物价水平整体上升；反过来，如果消费品市场供不应求，就有可能使产品价格上升，进而由需求引发通货膨胀，导致中上游产业的产品供不应求，进一步引起物价水平整体上升。

（2）棉花生产不同区域间传导型。由于个别地区某些商品价格上涨会对其他地区的商品价格上涨产生压力，引起其他地区商品价格上涨的连锁反应。

（3）棉花价格预期效应传导型。这种价格传导主要是通过人们对某种商品物价上涨产生心理共鸣，最终引起物价上涨的放大效应。

（4）棉花生产循环推动传导型。国民经济总供给与总需求间的关系决定了均衡价格，但此均衡价格仅是一种短暂的相对状态。均衡打破时是循环开始时。

本书探讨新疆棉区棉花价格传递效应时，从国际—国内—新疆

---

① 付莲莲：《国内农产品价格波动影响因素的结构及动态演变机制》，博士学位论文，南昌大学，2014年。

棉区、新疆棉区—国内—国际两个途径分析了棉花价格传递横向传递效应，从新疆棉区棉花生产价格指数—零售价格指数分析棉花价格纵向传递效应，其理论依据就是价格传导理论，本书主要借助价格传导理论对新疆棉区棉花价格波动传递效应进行分析。

八　本章小结

本章首先对棉花、棉花价格构成、棉花价格弹性、棉花价格的波动等相关概念进行厘清和界定，其次归纳总结了与本书相关的理论基础，包括经济波动理论、价值规律理论、均衡价格理论、货币主义价格理论、价格传导理论，为本书后面的实证部分提供了坚实的理论基础。

第二章

新疆棉区棉花生产与购销状况分析

第一节　新疆棉区棉花生产状况分析

棉花是关系国计民生的战略物资之一，其重要性仅次于粮食作物。中华人民共和国成立以来国家就十分重视棉花的生产。1949 年我国棉花总产量仅 44.44 万吨，占世界棉花产量的 3%，2011 年我国棉花种植面积达 504 万公顷（国家统计公报），约占全球棉花种植面积的 17%，棉花产量 660 万吨（据棉花协会统计资料反映中国棉花产量约 728 万吨），占全球棉花产量的 24% 以上（对比参数来自美国农业部报告）。同时，中国也是棉花消费大国，2011 年中国棉花消费量约为 1100 万吨，约占全球消费量的 40%。我国已成为名副其实的棉花生产和消费大国。

新疆棉区作为我国棉花产区，经历了从无到有、从小规模种植到大规模种植的阶段。1949 年新疆棉区棉花种植面积仅 3.10 万公顷，产量约 0.50 万吨，占全国棉花种植面积和产量的比重略高于 1%。由于自然因素和生产条件的制约，从 1949 年到 1980 年，新疆棉区棉花生产水平较低，基本处于自然发展阶段。到 1980 年棉花种植面积为 18.1 万公顷，产量 7.92 万吨，单产仅为 435 千克/公顷。改革开放后，从 1981 年至 1990 年，尤其是 1984 年新疆棉区生产建设兵团恢复建制后，在家庭联产承包责任制的制度创新支持下，极大地调动了兵团农场探索棉花种植新技术的积极性，新品种的引进及研发、地膜技术的推广、田间管理模式创新等探索不断涌现，棉花相对于其他作物的比较效益优势、相对于内地其他产区的质量优势逐步凸显，进一步带动了棉花生产规模的不断提高。这种良性循环也溢出到与兵团接壤的新疆棉区农村地区。1990 年新疆棉区棉花种植面积达到 43.50 万公顷，产量 46.90 万吨，单产 1080 千克/公顷，分别是 1980 年的 2.4 倍、5.92 倍和 2.48 倍。

进入 20 世纪 90 年代以后，新疆棉区棉花生产的自然优势逐步显现，各种棉花种植技术的积累也出现了质的提升，逐步形成了地膜和滴灌相结合的"矮密早"模式。国家对新疆棉区棉花的支持力度也不断加强，"八五"期间，新疆棉区建成"国家级优质商品棉生产基地"的方案被国家正式纳入国民经济发展规划，"九五"期间，进一步明确提出将新疆棉区建成国家级的年产 150 万吨优质商品棉生产基地。到 2010 年棉花种植面积达到 146 万公顷，产量 248 万吨、单产 1700 千克/公顷，分别是 1990 年的 3.36 倍、5.29 倍和 1.57 倍，种植面积和产量占全国的比例分别达到 30.10% 和 41.60%。进入 21 世纪后，随着国家产业布局调整和新疆棉区产业结构调整的需要，在新疆棉区棉花种植规模和水平不断提升的同时，纺织产业发展也开始引起人们的重视，并提出了"东锭西移"的纺织产业发展新思路。

一 新疆棉区棉花种植状况分析

（一）新疆棉区棉花种植业发展历程

新疆棉区是我国最古老的棉区之一。据史料记载，早在公元 5 世纪前，非洲棉（又称草棉）便经中亚、西亚诸国传入新疆吐鲁番、和田一带，并逐渐在全疆各地推广种植。20 世纪 50 年代农业生产水平极为低下，所以新疆棉区的棉花生产一直是传统、分散的自给自足小农经济。待到国内局势安定、经济稳步发展，由于在新疆棉区种植的良好适应性，新疆棉区棉花产业不断发展直至成为如今中国的第一大产棉区。回顾新疆棉区 60 年的植棉史和棉花产业的发展历程，我们可将其大致分为四个阶段①，具体如表 2 - 1 所示。

表 2 - 1 　　　中华人民共和国成立以来不同历史阶段新疆棉区
棉花产业发展状况

	计划经济体制时期（1954—1980 年）	计划经济向市场经济过渡时期（1981—1990 年）	市场经济体制时期 + 政府管制（1991—2000 年）	市场经济体制时期（2001 年至今）
发展状况	新疆棉区棉花少量生产阶段	新疆棉区棉花产业初步发展阶段	新疆棉区棉花产业全面快速发展阶段	新疆棉区棉花产业步入市场化竞争发展的新阶段
阶段主要特征	新疆棉区棉花种植面积长期保持在 300 万亩以下的较低水平，棉花单产不足 30 千克/亩，总产量不到 10 万吨	新疆棉区棉花的种植面积由 1980 年的 271.8 万亩增至 1990 年的 652.8 万亩；棉花单产由 1980 年的 29 千克/亩提高到了 1990 年的 72 千克/亩，增长近 1.5 倍	棉纺织业向西迁移，新疆棉区建成国家级优质商品棉生产基地	新疆维吾尔自治区人民政府要按照这次棉花流通体制改革的精神，大力推进市场化改革，放开棉花购销与价格，积极发展产业化经营，努力扩大出口，采取有效措施与销区结成稳定的产销关系，促进全国统一开放、竞争有序的棉花市场的形成

第一阶段：1954—1980 年，是新疆棉区棉花少量生产的阶段。新疆棉区棉花种植面积长期保持在 300 万亩以下的较低水平，棉花单产不足 30 千克/亩，总产量不到 10 万吨，这一时期，新疆棉区棉花生产始终以满足本地纺织工业用棉为主要目标。在全国棉花产业

_____

① 樊亚利：《新疆棉花产业 60 年发展回顾与展望》，《新疆财经》2009 年第 5 期。

中未形成影响力。这与当时新疆棉区的交通运输条件及计划经济时代的特征相吻合。

第二阶段：1981—1990 年，是新疆棉区棉花产业初步发展的阶段。此时正值改革开放的前 10 年，地膜植棉新技术与棉花矮、密、早种植模式的研究与推广，使棉花在新疆棉区种植显著的高产性与规模效益逐渐被人们所认识。

第三阶段：1991—2000 年，是新疆棉区棉花产业全面快速发展的阶段。这一阶段正值我国国民经济"八五""九五"计划时期，棉纺织业向西迁移的方针得以确立，国家对棉花产业的发展战略与结构调整也作了具体安排。"八五"期间"新疆棉区建成国家级优质商品棉生产基地"的方案经反复论证被国家批准纳入国民经济"九五"计划。

第四阶段：2001 年至今，新疆维吾尔自治区人民政府要按照2001 年 7 月发布的棉花流通体制改革意见的精神，大力推进市场化改革，放开棉花购销与价格，积极发展产业化经营，努力扩大出口，采取有效措施与销区结成稳定的产销关系，促进全国统一开放、竞争有序的棉花市场的形成。2001 年以来，是新疆棉区棉花产业步入市场化竞争发展的新阶段。2001 年 7 月 31 日国务院发布《关于进一步深化棉花流通体制改革的意见》，12 月 11 日中国正式加入 WTO，2002 年起每年将有 80 吨进口棉以 1% 的关税进入中国。在市场经济条件下新疆棉区棉花与进口棉争夺国内棉花市场的序幕正式拉开。

（二）新疆棉区棉花种植规模变化情况

新疆棉区棉花产业在我国乃至全球棉花产业中占据着举足轻重的地位，新疆棉区的棉花播种面积一直位居全国及世界前列。鉴于棉花在新疆经济中的重要位置，自中华人民共和国成立以来，棉花一直是新疆农业发展的核心。新疆维吾尔自治区及兵团历来对棉花的发展给予了高度重视，使棉花成为我国政府及新疆维吾尔自治区控制生产及购销时间最长的一种农产品[1]。改革开放以来，国家多次调整了对新疆棉区棉花生产和购销的政策，调动了新疆棉区棉农的生产积极性，棉花产量大幅度提高，极大地支持了新疆棉区经济的高速增长[2]。

新疆棉区作为国家优质棉生产基地，2013 年新疆棉区棉花播种面积 1730.90 千公顷，比上年增长 5.10%，约占全国棉花种植面积的 38.37%；新疆棉区植棉的重要性以及棉花产业在种植水平、管理水平、平均亩产、销售量等方面均居全国首位。新疆棉区棉农收入约有 70% 来自棉花产业，棉花产业已经成为新疆的主导产业之一。新疆棉花产业能否持续稳定发展，不但对新疆国民经济的发展、边疆少数民族地区的安定团结有着十分重要的影响，而且对全国棉花生产及国民经济发展也有着举足轻重的作用[3]。

从 1980 年到 2013 年的 20 多年中，新疆棉区棉花种植面积在新疆农业结构中所占比重在不断提高，在全国棉花总播种面积中的比重也在快速上升。棉花播种面积从 1980 年的 181.22 千公顷增加到 2013 年的 1730.90 千公顷，增长了 8.55 倍，年均增幅达 46.93%。同期棉花播种面积在全国棉花总播种面积中的比重也由 3.68% 提高到 38.37%，增长了 34.69 个百分点，如表 2-2、图 2-1 所示。

表 2-2　　1980—2013 年新疆棉区棉花种植情况及占全国比重

单位：千公顷;%

年份	新疆棉区棉花种植面积	中国棉花种植面积	新疆棉区占全国的比重
1980	181.22	4920.00	3.68
1985	253.52	5141.00	4.93
1990	435.22	5588.00	7.79

---

① 谭砚文：《中国棉花生产波动研究》，博士学位论文，华中农业大学，2004 年。
② 刘捷：《新疆棉花产业国际竞争力研究》，硕士学位论文，新疆财经大学，2008 年。
③ 赵新民等：《兵团机采棉发展：现状、问题与对策》，《农业经济问题》2013 年第 3 期。

年份	新疆棉区棉花种植面积	中国棉花种植面积	新疆棉区占全国的比重
1991	546.94	6538.00	8.37
1992	943.30	6835.00	13.8
1993	606.35	4985.00	12.16
1994	749.82	5528.00	13.56
1995	742.90	5422.00	13.70
1996	799.26	4722.00	16.93
1997	883.65	4491.00	19.68
1998	999.26	4459.00	22.41
1999	995.93	3725.00	26.73
2000	1012.39	4041.21	25.05
2001	1129.72	4809.80	23.49
2002	943.97	4184.02	22.56
2003	1037.05	5110.53	20.29
2004	1127.55	5693.00	19.81
2005	1157.99	5062.00	22.87
2006	1664.43	5409.00	30.08
2007	1782.60	5926.00	29.17
2008	1718.60	5754.10	29.86
2009	1409.30	4949.00	28.48
2010	1460.60	4849.00	30.12
2011	1630.29	4786.00	34.06
2012	1720.8	4688.10	36.71
2013	1730.9	4511.06	38.37

资料来源：各年《中国统计年鉴》《新疆棉花年鉴》，比重由计算得出。

从新疆棉区棉花历年播种面积变化看，1980—1995 年，播种面积增长比较平稳，总体呈现增长趋势。1996—2000 年是新疆棉区棉花种植面积快速增长时期，播种面积从 1996 年的 799.26 千公顷提高到 2000 年的 1012.39 千公顷，增长了 213.13 千公顷，年均增长53.28 千公顷。而在 2001—2005 年，也就是中国加入 WTO 后，由于

（千公顷）

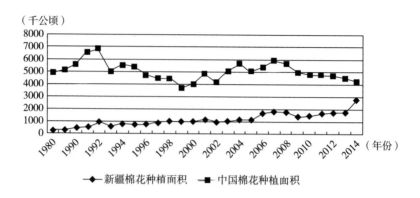

图 2-1　1980—2014 年新疆棉区棉花种植面积与中国棉花种植面积

受到国内国际棉花市场的影响，棉花种植面积出现大幅波动①。2001年新疆棉区棉花种植面积达到 1129.72 千公顷，随后出现快速下滑又逐步反弹的趋势，到 2007 年超过了 2001 年种植面积，达到1782.60 千公顷。新疆棉区棉花种植规模及在全国次位也发生了明显的变化。1985 年新疆棉区棉花种植面积在全国各产棉省区中位居第六位，1993 年上升到全国第一位。

（三）棉花产量变化情况分析

1980—2013 年，新疆棉区棉花生产取得了长足发展，棉花产量在全国的比重总体呈现逐年增长的趋势（见表 2-3、图 2-2）。从1985 年的 18.78 万吨跃居到 2013 年的 402.13 万吨，年均增幅达12.24%，占全国棉花产量比重也由 1980 年的 2.93% 增长到 2013年的 58.26%。这主要得益于国家对新疆棉区棉花生产的大力支持，1991—1995 年国家把"新疆棉区建成国家级优质商品棉生产基地"纳入国民经济发展规划，1996—2005 年对新疆棉区优质棉基地进行大力支持，并明确提出将新疆棉区建成国家级年产 150 万吨优质商品棉生产基地，同时自治区提出的"一黑一白"② 经济发展战略对

---

① 刘捷：《新疆棉花产业国际竞争力研究》，硕士学位论文，新疆财经大学，2008 年。

② 康金辉、张建明：《新疆及我国棉花供求分析及发展预测》，《新疆农垦经济》2006 年第 1 期。

新疆棉区棉花产业发展也给予了大力支持。从而使新疆棉区成为我国最大的产棉省区和我国最大的优质棉生产基地。

表 2 - 3　　　1980—2013 年新疆棉区棉花产量及全国棉花产量

单位：万吨；%

年份	全国棉花总产量	新疆棉区棉花总产量	新疆棉区棉花产量占全国棉花产量比重
1980	270.00	7.92	2.93
1985	413.70	18.78	4.54
1990	450.78	46.88	10.40
1991	567.50	63.95	11.27
1992	450.84	66.76	14.81
1993	373.93	68.00	18.19
1994	434.10	88.21	20.32
1995	476.75	93.50	19.60
1996	420.33	94.04	22.37
1997	460.27	115.00	24.98
1998	450.10	140.00	31.10
1999	382.88	140.75	36.76
2000	441.73	150.00	33.96
2001	532.35	157.00	29.49
2002	491.62	150.00	30.51
2003	485.97	160.00	32.92
2004	632.35	175.25	27.70
2005	571.4	195.70	34.25
2006	674.5	267.53	39.66
2007	762.4	290.00	38.04
2008	749.19	302.57	40.38
2009	637.68	252.40	39.58
2010	596.11	247.90	41.58
2011	660.00	289.80	43.90
2012	684.11	354.00	51.75
2013	690.23	402.13	58.26

资料来源：《中国统计年鉴》（1979—2013）、《中国棉花年鉴》（1979—2013），比重由计算得出。

棉花生产总量的提高，使新疆棉区在全国棉花生产中的地位明显提高。在全国棉花产量前七位的省区中，1985 年新疆棉区棉花产量位居第六位，到 2013 年棉花产量已提高到第一位。

通过 1996 年以来国家对新疆棉区优质棉基地的建设支持，从 1993 年至今新疆棉区棉花产量一直位居全国首位。随着棉花全程机械化生产的发展，新疆棉区棉花单产逐年上升，2013 年新疆棉区棉花生产单产达到 400 千克/亩。新疆棉区作为中国优质棉生产基地，其种植面积、单产、总产、调出量连续多年位居全国首位（如图 2－2 所示）。目前，全疆 14 个地（州、市）中的 67 个县（市）种植棉花，约有 50% 的农户（其中 70% 以上是少数民族）从事棉花生产，棉花产值占全自治区种植产业的 65%，新疆棉区农民人均纯收入中的 35% 来自棉花生产（主产棉区则占到 60% 以上）。棉花生产在增加各民族农民收入方面具有不可替代的作用，棉花已成为新疆棉区与新疆生产建设兵团的主导产业之一。新疆棉区棉花产业能否持续、稳定发展，不但对新疆经济发展、边疆少数民族团结稳定具有重要作用，而且还对中国棉花产业安全及棉花全产业链健康、协调发展具有重要战略意义。

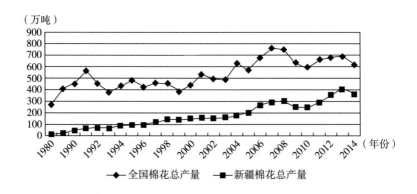

图 2－2 1980—2014 年新疆棉区棉花产量及全国棉花产量

（四）新疆棉区棉花种植布局细分

新疆棉区各个地方由于气候、地貌、水文特点和经济发展程度不同，所以在棉花生产布局方面应从不同层次进行划分和分类，这对正确认识新疆棉区棉花生产分布、特点和规律，以及合理布局的安排和调整都是非常重要的。

由于新疆棉区地域辽阔，三山夹两盆的地貌格局及其独特的气候条件，决定了其农业生产的地域分异规律[①]。基于这种共识，可将整个新疆棉区划分为三大棉区：北疆棉区、南疆棉区和东疆棉区。这三大植棉区依据自然地貌、流域水系又可细分为 4 个棉区，各个流域棉区的条件既有相似之处，又有差别[②]（见表 2-4），各流域范围内的各市县、团场是棉花生产的最基本单元。

除了按照上述自然地貌、流域水系对新疆棉区棉花种植布局进行划分，还应按照棉花主产区，即近几年来地方及兵团棉花种植面积分布进行更详细的布局划分（见表 2-5）。

表 2-4 新疆棉区棉花主产区分布

植棉区域	自然地貌、流域水系
塔里木盆地绿洲棉区	源于塔里木河、叶尔羌—喀什噶尔河流域形成的绿洲，是新疆棉区植棉历史最悠久，面积、产量最大的棉区
西北沿边绿洲棉区	源于玛纳斯河、奎屯河、伊犁河、博尔塔拉河发育的绿洲棉区[③]
和田绿洲棉区	源于和田河发育的绿洲棉区
吐鲁番—哈密盆地绿洲棉区	源于吐鲁番流域和哈密盆地流域发育的绿洲棉区

① 海热提·涂尔逊等：《新疆棉区划分与可持续性评价》，《干旱区地理》1999 年第 1 期。

② 杨莉等：《新疆棉花种植面积时空格局演变特征及驱动机制研究》，《中国沙漠》2011 年第 2 期。

③ 潘伟：《新疆棉花种植面积的时空变化及适度规模研究》，《中国生态农业学报》2011 年第 2 期。

表2-5 新疆棉区及兵团植棉面积前七的单位及分类所占比重 单位:%

新疆维吾尔 自治区地州棉区	播种面积比重	新疆棉区 生产建设兵团	播种面积比重
阿克苏地区	26.54	农八师	25.50
喀什地区	19.26	农一师	21.80
巴音郭楞蒙古自治州	13.68	农六师	12.67
伊犁哈萨克自治州	11.32	农三师	11.60
昌吉回族自治州	10.21	农七师	9.34
塔城地区	9.40	农二师	6.10
博尔塔拉蒙古自治州	4.22	农五师	6.10

资料来源:《中国棉花年鉴》《新疆棉区统计年鉴》。

由表2-5可以看出在新疆维吾尔自治区地州中南疆的阿克苏地区和喀什地区是产棉大区,二者合计播种面积占新疆维吾尔自治区地州播种面积的45.8%;在新疆棉区生产建设兵团中八师和一师所占比重达到兵团播种面积的47.3%;新疆棉区长绒棉的主产区也集中在南疆的喀什地区和第一师,2013年兵团棉花生产按照地区分布如表2-6所示。

表2-6 兵团棉花生产区域分布(2013) 单位:%

南疆棉区	第一师:1团(9.37)、2团(7.34)、3团(10)、5团(4.02)、6团(2.82)、7团(6)、8团(6.54)、10团(6.67)、11团(7.03)、12团(3.76)、13团(5.34)、14团(4.33)、16团(7.43); 第二师:24团(0.43)、29团(8.92)、30团(5.07)、31团(5.26)、33团(7.30)、34团(4.20)、36团(1.00); 第三师:41团(1.93)、42团(2.53)、44团(5.87)、45团(11.11)、46团(0.97)、48团(2.13)、49团(6.40)、50团(5.73)、51团(5.47)、53团(5.22)、伽师总场(4.55)、东风农场(0.07)、红旗农场(0.53); 第十四师:47团(0.14)、皮山农场(0.93)、224团(0.04)

| 北疆棉区 | 第四师：62 团（0.49）、63 团（4.78）、64 团（4.12）、67 团（3.75）、68 团（0.18）、69 团（0.03）、70 团（0.22）、78 团（0.08）、79 团（0.09）；
第五师：81 团（5.43）、83 团（7.60）、84 团（0.27）、86 团（5.53）、89 团（7.13）、90 团（6.18）、91 团（1.80）；
第六师：101 团（0.20）、102 团（2.71）、103 团（3.38）、105 团（5.53）、106 团（4.20）、芳草湖农场（19.09）、新湖农场（19.28）、共青团农场（3.87）、六运湖农场（1.39）、土墩子农场（0.73）、红旗农场（0.57）；
第七师：123 团（5.87）、124 团（2.33）、125 团（11.33）、126 团（5.53）、127 团（5.33）、128 团（8.27）、129 团（6.57）、130 团（9.33）、131 团（3.47）、137 团（0.53）；
第八师：121 团（20.54）、132 团（13.09）、134 团（12.66）、136 团（7.71）、141 团（6.49）、142 团（13.28）、143 团（6.84）、144 团（9.63）、石河子总场团（7.70）、147 团（9.03）、148 团（13.83）、149 团（9.68）、150 团（12.18）；
第十师：184 团（7.51）；
兵团直属：222 团（0.53） |
| 东疆棉区 | 第十二师：221 团（0.05）；
第十三师：红星一场（1.91）、红星二场（2.08）、红星四场（2.63）、黄田农场（0.89）、火箭农场（2.25）、柳树泉农场（0.14）、淖毛湖农场（0.14） |

资料来源：《中国棉花年鉴》《兵团统计年鉴》由新疆棉花经济研究中心成员共同整理。

南疆棉区。该棉区是我国地势最高的棉区[①]，位于东经 75°40′—88°56′、北纬 36°50′—42°18′的范围，呈环形带状分布，属于封闭的塔里木盆地暖温带干旱气候，包括兵团的第一师（13 个团场）、第二师（7 个团场）、第三师（13 个团场）、第十四师（3 个团场）的 36 个团场。2006 年该棉区棉花播种面积达 188.58 千公顷，占兵团棉花播种面积的 38.60%，棉花产量 43.40 万吨，占兵团棉花产

[①]　徐文修：《新疆绿洲耕作制度演变规律及棉花生产可持续发展研究》，博士学位论文，河北农业大学，2008 年。

量的 39.10%[①]。该棉区光热条件较好，气候干燥，无霜期在 200 天左右，年平均气温 ≥10℃，积温一般在 4000℃ 以上，非常适宜中熟陆地棉和早熟长绒棉的种植，并且灾害性天气影响小，病虫害发生率也较低，棉花单产高，比较效益优于其他农作物，不利条件是降雨量少，蒸发量大，水资源短缺等。

北疆棉区。该棉区位于天山北坡、准噶尔盆地的西南缘，海拔 250—500 米，属于温带干旱大陆性气候。位于东经 81°50′—88°25′、北纬 44°05′—45°15′，是我国最北的棉区，主要包括第四师（9 个团场）、第五师（7 个团场）、第六师（11 个团场）、第七师（10 个团场）、第八师（13 个团场）、第十师（1 个团）和兵团直属 222 团。2006 年该棉区棉花播种面积为 288.94 千公顷，占兵团棉花播种面积的 59%，棉花产量达 65.14 万吨，占兵团棉花产量的 58.68%。该棉区光照充足，年平均气温 ≥10℃，积温为 3400℃—3800℃，无霜期 170—185 天，棉花生长期内平均每天日照时数为 9.2—10.1 小时，对棉花种植十分有利，非常适合发展中绒棉、中长棉，也可以适度发展中短绒棉、彩色棉等；但该区春季温度上升不稳定，秋季降温快，棉花苗期和吐絮期的热量不足，受灾害性天气影响大。

东疆棉区。该棉区处在天山东段的吐鲁番盆地绿洲和哈密盆地平原地区，位于东经 88°3′—95°07′、北纬 42°31′—43°37′，属于暖温带干旱区气候[②]。东疆棉区也是我国地势最低和热量最多的棉区，适宜种植早、中熟长绒棉，哈密平原可种植中熟陆地棉。主要包括第十二师 221 团和第十三师的 7 个团场。2013 年该棉区棉花播种面积 570 千公顷，占兵团棉花种植面积的 28%，棉花产量为 2.03 万吨，占兵团棉花产量的 1.9%。该棉区光热资源丰富，年平均气

---

① 任青丝：《新疆兵团棉花产业集群发展研究》，硕士学位论文，石河子大学，2008 年。

② 海热提·涂尔逊等：《新疆棉区划分与可持续性评价》，《干旱区地理》1999 年第 1 期。

温≥10℃，积温为4000℃以上，无霜期200天左右，是种植中熟陆地棉和特早熟长绒棉的最佳地区；但该区水资源严重不足，高温酷暑，风沙天气多，不利于棉花生长。

其中各项指标数值如表2-7所示。

表2-7　　　　　　　　2013年兵团棉花布局状况

地区	农作物播种面积（千公顷）	棉花种植面积（千公顷）	棉花总产量（吨）	棉花单产（千克/公顷）	植棉面积占农作物播种面积比重（%）	占兵团棉花种植面积比重（%）
第一师	160.19	118.10	312541	2646	73.66	21.17
第二师	73.38	34.69	94808	2733	47.27	6.22
第三师	100.73	56.59	151600	2679	56.18	10.14
第四师	118.92	13.73	28669	2087	11.55	2.46
第五师	59.19	34.49	97510	2827	58.27	6.18
第六师	142.82	63.37	151759	2395	44.37	11.36
第七师	110.81	61.53	147684	2400	55.53	11.03
第八师	197.44	156.15	390188	2499	79.09	27.99
第九师	75.81	0.00			0.00	0.00
第十师	51.39	7.51	12458	1659	14.61	1.35
建工师	0.26	0.11	178	1667	42.31	0.02
第十二师	8.55	0.05	60	1259	0.58	0.01
第十三师	17.77	10.03	26903	2682	56.44	1.80
第十四师	5.01	1.10	2268	2057	21.96	0.20
兵团直属	7.88	0.52	1112	2100	6.60	0.09

资料来源：根据《兵团统计年鉴（2014）》整理而得。

由表2-7可以看出，在新疆棉区生产建设兵团中八师和一师农作物播种面积、棉花种植面积、棉花总产量处于前列，植棉面积占农作物播种面积的比重分别为79.09%、73.72%，占兵团棉花播种面积比重分别为27.99%、21.17%。在棉花单产上五师、二师处于前列，单产量分别达到 2827 千克/公顷、2733 千克/公顷。

二　新疆棉区棉花品质分析

（一）新疆棉区棉花与中国其他棉区棉花品质比较

棉花品质主要包括：纤维强度、长度整齐度、伸长率、反射率、黄度、马克隆值。棉花纤维品质方面，2012—2013 年度新疆棉区棉花与中国其他棉区的棉花纤维品质比较：在 2.5% 跨距方面，新疆棉区棉花优于长江流域的棉花；在长度整齐度上，新疆棉区棉花高于黄河流域的棉花；在伸长率、反射率和黄度上，新疆棉区棉花优于长江流域和黄河流域的棉花；在马克隆值方面，新疆棉区棉花好于长江流域的棉花。而且新疆棉区棉花在大部分衡量棉花品质的指标上也都超过全国的平均水平[①]，如表 2 - 8 所示。在棉花的经济效益上，新疆棉区的棉花经济效益远远大于国内其他产棉区。由此可见，新疆棉区棉花在中国棉花市场上占有绝对优势和主导地位，且这种主导地位是不可超越的。

表 2 - 8　　　　新疆棉区与中国其他棉区的棉花纤维品质比较（2012—2013 年）

棉区	2.5%跨距（mm）	长度整齐度（%）	比强度CN·tex^{-1}	伸长率（%）	马克隆值	反射率（%）	黄度（+b）	环缕纱强力（Ibf）	气纺品质
新疆棉区	28.9	47.2	19.80	6.70	4.10	77.70	8.90	119	1841
黄河流域	29.7	46.8	21.70	6.40	4.10	75.00	9.30	124	1947
长江流域	28.8	47.4	22.00	6.00	4.60	72.70	9.80	112	1835
全国平均	29.2	47.1	20.90	6.20	4.60	74.20	9.50	117	1879
新疆棉区在全国的排序	2	2	3	1	2	1	1	2	2

资料来源：根据《兵团统计年鉴 2014》整理而得。

---

① 王永俊：《新疆棉纺产业国际竞争力实证分析》，《农村经济与科技》2009 年第 7 期。

（二）新疆棉区棉花与其他棉花生产大国棉花品质比较

新疆棉区棉花与其他棉花生产大国的棉花相比有优势，但也有劣势[1]。棉花品质方面，新疆棉区长绒棉纤维细度差异大、成熟差异大、比强度差异大、棉结杂质差异大，但90%长绒棉长度、整齐度好、纤维强力适中、棉结、杂质少、短纤维含量低、带纤维籽屑数量少[2]、细度细、轧花质量较其他国家棉花好，但棉纤维的丝光性、弹性相对其他国家较差，如表2-9所示。但是，新疆棉区棉花与其他产棉国，尤其是美国的棉花相比，其优势并不明显[3]。

表2-9　　　　新疆棉区长绒棉与其他国家长绒棉品质的对比

性状	美棉	秘鲁棉	埃及棉	中亚棉	苏丹棉	新疆棉区棉
马克隆值	3.8—4.3	3.9—4.3	3.5—4.3	4.0—4.3	3.8—4.2	3.6—4.3
长度（mm）	33—66	33—37	35—39	32—34	35—37	34—39
整齐度（%）	86—88	84—86	85—88	83—86	84—87	85—88
比强度（CN·tex^{-1}）	38—45	32—36	35—45	38—43	31—39	34—40
成熟度（%）	86—89	86—93	85—87	83—87	86—90	84—88
杂质（CNT/G）	35—42	15—30	28—45	38—67	33—57	12—36
异性纤维含量	少	较多	多	多	多	少
含糖	低	低	较高	高	高	较高
丝光性	好	好	好	一般	好	差
弹性	较好	较好	较好	一般	好	一般
轧花质量	较差	一般	较差	较差	较差	好

三　新疆棉区棉花成本收益及生产技术效率分析

棉花是新疆最具规模优势的经济作物，对新疆社会经济发展和

---

① 刘捷：《新疆棉花产业国际竞争力研究》，硕士学位论文，新疆财经大学，2008年。

② 韦凤琴、张红丽：《新疆兵团棉花国内竞争力分析》，《新疆农垦经济》2010年第3期。

③ 李辉：《中国新疆棉花产业国际竞争力研究》，博士学位论文，华中农业大学，2006年。

农牧民增收至关重要。农产品是人们最基本的生活资料，棉花更是新疆棉区农业中的主要经济作物，是关系国计民生的大宗农产品，2008年以来，受国际国内经济大环境影响，国内棉花市场出现了新的状况。一方面，纺织品出口增速放缓，棉花价格疲软；另一方面，农资价格飞涨，植棉成本骤增，棉农收入不乐观。因此，准确核算棉花生产的各种消耗（即核算棉花成本），并在此基础上，分析成本和市场价格形成的关系，提出相应的经济补偿实施措施，对提高种植棉花的收益、增加棉农收入、促进新疆棉区农业经济跨越式发展具有重要的意义[1]。在农户经营这个微观层面上，种植棉花的成本和经济效益到底如何，全国和新疆棉区的棉花补偿机制对棉农在生产和流通环节的影响如何，在各种生产要素（化肥、种子、地膜、人工、农药、机耕、灌溉等）的投入中[2]，哪些要素处在较为显著的状态，了解棉花成本的构成，各构成要素在总成本中的比重和正确核算棉花的成本，研究棉花的市场价格如何形成以及成本在价格中究竟起什么样的作用，是提高棉农收入和新疆棉区棉花在国际市场上竞争力的关键[3]。

经过调研发现，成本收益是棉花价格的重要影响因素之一，对棉花成本收益的分析对棉花价格影响因素的深入分析有较大意义，新疆棉区棉花生产成本收益的分析，可以用以分析棉花价格的影响因素。

经过调研收集数据（《新疆棉区农产品成本收益资料汇编》）对新疆棉区棉花生产成本收益进行分析。生产成本可分为显性成本和隐性成本。显性成本是指要素市场上购买要素或租用土地所需要的生产要素的实际货币支出；隐性成本是指所有成本支出中除去显性

---

① 霍远等：《新疆棉花成本及经济效益分析》，《干旱区地理》2011年第5期。

② 李辉：《中国新疆棉花产业国际竞争力研究》，博士学位论文，华中农业大学，2006年。

③ 翟雪玲、张杰：《中国棉花产业供给侧结构性改革现状与展望》，《农业展望》2018年第8期。

成本的成本，比如棉农自有资金的利息、自己的劳动。本部分内容在分析生产成本和收益时只考虑显性成本，相关分析如下。

新疆棉区棉花生产方式包括机采棉与手采棉两种生产方式。这是新疆棉区棉花生产的主要形式，对其分析可以反映整个新疆棉区棉花生产成本收益情况。由于棉花生产资料及成本为市场化经营，不考虑地区成本差异，本部分在分析新疆棉区机采棉、手采棉成本及收益时分析对象所包括的内容为：种子费、地膜、化肥、农药、农机等，种植效益＝收入－成本。

（一）棉花生产成本的构成、核算体系及收益统计

狭义的棉花生产成本是指棉花直接生产过程中发生的各种费用，包括物化成本、活劳动成本、管理成本。物化成本包括：机力费（犁地、平地、整地、耙地、植保、喷脱叶剂、铺膜播种、中耕、化调、粉秆、搂膜、秋施肥、喷除草剂等）、种子、水费（含冬灌水）、农药（含缩节胺、除草剂）、病虫害综合防治、地膜、滴灌带、"N、P、K"肥（尿素、二铵、三料、磷酸钾铵、磷酸二氢钾、复合肥）、微肥（禾丰硼、禾丰锌、禾丰锰）、电费、滴灌设备折旧、滴灌服务费等。活劳动成本包括：放苗、定苗、打顶、采收费、复采费、人工拾花等支出的费用。管理成本包括：土地承包费及管理费、农业保险、田管费用。

根据 1998 年 1 月 1 日起实施的我国农产品生产成本收益的现行核算体系，对新疆棉区棉花手采和机采生产成本及收益列表分析，如表 2－10 所示。

表 2－10　　　　2015 年新疆棉区棉花成本核算体系　　　单位：元/千克

	手采棉成本及收益			机采棉成本及收益		
	数量/单产	单价	亩费用/产值	数量/单产	单价	亩费用/产值
一、产品产量						
二、总产值						

续表

	手采棉成本及收益			机采棉成本及收益		
	数量/单产	单价	亩费用/产值	数量/单产	单价	亩费用/产值
1. 主产品产值	400.00	7.50	3000.00	380.00	7.00	2660.00
2. 副产品产值						
三、其他收入						
四、生产成本			2333.39			
（一）物质费用			774.39			
1. 直接物质费用			589.40			624.20
（1）机力费			184.99			193.60
犁地	2.80	9.90	27.72	2.80	9.90	27.72
平地	1.80	9.90	17.82	1.80	9.90	17.82
整地	2.20	9.90	21.78	2.20	9.90	21.78
耙地						
植保	1.15	8.20	9.43	1.15	8.20	9.43
喷脱叶剂				1.05	8.20	8.61
铺膜播种	2.70	8.20	22.14	2.70	8.20	22.14
中耕	1.40	8.20	11.48	1.40	8.20	11.48
化调	1.40	8.20	45.92	1.40	8.20	45.92
粉秆	1.30	8.20	10.66	1.30	8.20	10.66
搂膜	0.50	8.20	4.10	0.50	8.20	4.10
秋施肥	0.30	8.20	2.46	0.30	8.20	2.46
喷除草剂	1.40	8.20	11.48	1.40	8.20	11.48
（2）种子	3.50	9.54	33.25	3.50	9.50	33.25
（3）水费（含冬灌水）	350	0.27	94.5	350	0.27	94.50
（4）农药（含缩节胺、除草剂）			13.60			13.60
（5）病虫害综合防治			25.00			25.00
（6）地膜	4.20	12.50	52.50	4.20	12.50	52.50
（7）滴灌带	600.00	0.10	60.00	600.00	0.10	60.00
（8）"N、P、K"肥						

	手采棉成本及收益			机采棉成本及收益		
	数量/单产	单价	亩费用/产值	数量/单产	单价	亩费用/产值
尿素	40.00	2.00	80.00	40.00	2.00	80.00
二铵						
三料						
磷酸钾铵						
磷酸二氢钾	12.00	4.70	56.40	12.00	4.70	56.40
其他（请注明）						
复合肥	25.00	3.00	75.00	25.00	3.00	75.00
（9）微肥						
禾丰硼	100.00	0.06	6.00	100.00	0.06	6.00
禾丰锰	10.00	0.50	4.95	10.00	0.50	4.95
禾丰锌	20.00	0.18	3.60	20.00	0.18	3.60
其他（请注明）						
（10）电费	130.00	0.42	54.60	130.00	0.42	54.60
2. 间接物质费用						
（1）滴灌设备折旧			20.00	1.00	20.00	20.00
（2）滴灌服务费	1.00	10.00	10.00	1.00	10.00	10.00
（3）脱叶剂	.			0.06	580.00	34.80
（4）其他（请注明）						
（二）用工作价			964.00			288.00
1. 放苗、定苗	0.50	120.00	60.00	0.50	150.00	75.00
2. 打顶	0.20	120.00	24.00	0.20	140.00	28.00
3. 人工拾花	400.00	2.20	880.00			
4. 机械采摘				1.00	125.00	125.00
5. 复采				1.00	60.00	60.00
（三）管理成本			595.00			777.20
土地承包费及管理费			357.00	1.00	357.00	357.00
农业保险			28.00			27.00
田管费用	400.00	0.15	60.00	1.00	150.00	150.00

	手采棉成本及收益			机采棉成本及收益		
	数量/单产	单价	亩费用/产值	数量/单产	单价	亩费用/产值
其他（装花拉运）	1.00	150.00	150.00	380.00	0.15	57.00
五、种植亩效益（产值－生产成本）			666.61			777.00

注：手采棉籽棉产量按照400千克/亩产量计算，机采棉籽棉产量按照380千克/亩产量计算。指标根据问卷调查汇总整理，数据来源于《新疆农产品成本收益资料汇编》（2015年）。

（二）新疆棉区棉花生产成本及其构成比例

从表2-11可以看出，新疆棉区棉花生产成本有物质成本、用工作价（人工成本）、管理费用（包括保险费、土地承包费等）。其中所有的成本计算公式为：成本（费用）=数量/单产×单价=亩费用/产值。

表2-11　　　　　　　2015年新疆棉区棉花生产成本及收益

单位：元/亩；%

	手采棉成本构成及收益		机采棉成本构成及收益	
一、物质成本	774.39	33.19	817.80	30.74
二、用工作价	964.00	41.31	288.00	10.83
三、管理费用	595.00	25.50	777.20	29.22
总成本	2333.39	100.00	1883.00	100.00
总产值	3000.00	—	2660.00	—
亩收益	666.61		777.00	

资料来源：根据调研资料整理，数据来源于《新疆农产品成本收益资料汇编》（2015年）。

可以看出，在整个生产过程中，手采棉花成本中物质成本、用工作价、管理费用分别占生产成本的33.19%、41.31%、25.50%，机械采摘棉花成本中三种成本占生产成本的比例分别为30.74%、10.83%、29.22%。比较两组数据分析可知手采棉与机采棉成本差异主要由用工作价决定，两种采摘方式成本的差异主要是由用工作价的不同引起的。分析发现，手采用工作价高于机采676元/亩，手采的物质成本与管理成本又降低了两种采摘方式的成本区别，最终每亩手采总成本高于机采总成本450.39元。由此可以看出随着棉花生产机械化率的升高成本呈下降趋势[①]。

（三）新疆棉区棉花生产收益

从表2–10与表2–11中可以看出，2013年新疆棉区籽棉平均单位面积产量手采为400千克/亩，机采为380千克/亩。收益手采为：400千克/亩 × 7.5元/千克 – 2333.39元/亩 = 666.61元/亩。机采为：380千克/亩 × 7元/千克 – 1883元/亩 = 777元/亩。

上述的差异是明显的，机械采摘收益要高于人工采摘110.39元/亩，从数值上分析机械采摘的效益比人工采摘效益优势并不大，分析原因如下：机械采摘会造成棉花浪费。数据分析表明，机械采摘比人工采摘浪费20千克/亩，实际与统计数据相符，在实地调研发现机械采摘有漏采，因此都需要再采摘，这样又会增加一些采摘费用。此外，机械采摘棉花质量普遍降低，与人工采摘相比三级花较多。以上分析表明，要增大机械采摘的优势主要从以下方面进行改进：第一，要改进机采棉采摘率，尽量不要再次采摘，以降低成本；第二，改进棉花采摘机在采摘过程中对棉花质量的损害。降低浪费、提高机采棉品级等方式可以大大提高机械采摘的收益，使机械采摘收益明显高于人工采摘。

（四）新疆棉区棉花生产成本收益的影响因素及生产的困境分析

手工采摘、机械采摘成本都较高，使新疆棉区棉花生产的优势降低。物质费用、人工费用、生产技术、政府政策、产销环境、自

---

① 阎晓军等：《中国畜产品成本与收益分析》，中国农业出版社2007年版，第12页。

然条件等是影响新疆棉区棉花成本的主要因素。对上述因素进行分析，为合理配置资源，降低生产成本，增加农户收入及政府制定棉花产业发展政策提供理论及实践依据。

1. 物质费用的投入

新疆棉区棉花生产过程中物质成本过高是总成本的影响因素之一，也是很重要的因素。对总成本构成表分析可以发现，物质成本在手采、机采中所占比重为 33.19% 和 30.74%，物质成本的投入并未因生产方式的不同而有较大差别。物质费用中的水费、电费、化肥费等占据物质费用较大比重，在新疆棉区水资源短缺，化肥高价是主要原因。

解决上述问题，一是增加水利基础设施建设，降低灌溉成本；二是在确定的地点建立化工厂生产化肥等，降低成本。此外这些农资的供销体制也要改善，使农资价格在合理的范围内。

2. 用工成本

手采棉与机采棉相比用工成本的差异较大。对于人工采摘用工作价所占比例为 41.31%，分析原因可知，新疆棉区地广人稀，种植面积较大。在棉花收获时需要的劳动力较多，此时资源稀缺，用工价格较高。使得新疆棉区棉花人工采摘、人工打顶成本较高。为了降低人工成本新疆棉区大力发展规模化生产，增加机械的运用、实现全程机械化生产，以降低生产成本。在用工成本上机械化生产表现出很大的优势，但还有需要改进地方。新疆棉区兵团生产已经粗具规模，但是地方土地还是家庭经营方式，规模较小不利于机械化生产，降低人工成本的方式就是大力发展全程机械化生产，而全程机械化生产的前提是规模经营，也就是全程机械化生产的前提是改变地方土地的经营方式，即规模化经营。

3. 管理成本

手采、机采管理成本都较高，新疆棉区棉花种植除采摘、打顶外基本实现了机械化。机械化生产有一定的农艺要求，在新疆棉区棉花种植中，棉花田间管理是非常重要的，不仅影响棉花产量，还会影响棉花质量，在生产过程中比重较大。规模经营要有专门管理，成立田间管理服务公司是必要的，也是新疆棉区棉花生产发展的方向。

（五）新疆棉区棉花生产效率分析

1. 理论基础

对中国棉花生产技术效率及其影响因素进行分析评价（谭砚文、凌远云、李崇光，2002；胡少华、邱斌，2004；孙林、孟令杰，2004；田伟、李明贤、谭朵朵，2010；刘锐、杜珉、陈洁，2010；续竞秦、杨永恒，2012）；对转基因棉、膜下滴灌等棉花新技术应用推广效率进行评价（黄季焜，2002；汪希成、汤莉、严以绥，2004）；对我国棉花生产的成本收益进行比较分析（杜珉，2005；王延琴、杨伟华，2010；艾先涛、李雪源，2011；霍远、张敏、王惠，2011；田国强、王莉、杜珉，2012）。为本部分提供了较深入的研究基础，运用 DEAP 2.1 软件选用数据包络分析方法（DEA）Malmquist 全要素生产率（TFP）指数，对棉花生产投入与产出值进行生产效率分析。

本书选取 28 个年份的棉花生产投入产出作为研究对象，每个对象有 3 种投入，1 种产出，第 i 个对象的投入产出分别用向量 X_i 与 q_i 表示，$N \times I$、$M \times I$ 为所有研究对象的投入矩阵与产出矩阵，用 X 与 Q 表示。

本书借用投入/产出的值作为棉花生产率，可以表示为：

$\max_{u,v}(\mu'q_i/v'x_i)$

$\mu'q_j/v'x_j \leq 1$，$j = 1, 2, \cdots, I$

$u, v \geq 0$

其中，u、v 分别表示产出权数的 $M \times 1$ 向量与投入权数的 $N \times 1$ 向量 $\mu'q_j/v'x_j \leq 1$，$j = 1, 2, \cdots, I$ 作为效率约束条件其值必须小于或等于 1。

对上述模型求解推导得出等价包络模型：

$\min_{\theta,\lambda}$

$$-q_i + Q\lambda \geqslant 0$$

$$\theta x_i - X\lambda \geqslant 0$$

$$\lambda \geqslant 0$$

其中，θ 作为标量为研究对象的效率值，$\theta \leqslant 1$，其中 $\theta = 1$ 表示研究对象位于前沿面上是技术有效的。

2. 数据来源及说明

本书对 1978 年以来中国棉花生产效率进行测算，棉花成本数据来源于《全国农产品成本收益资料汇编（2015）》，棉花产量数据来源于中国棉花网、中国棉花年鉴、中国棉花信息监测系统。

在上述对象的基础上借助产出导向型 DEA 模型，通过 Malmquist 生产率指数对我国棉花生产率指数进行测算，运用 DEAP 2.1 软件整理得出 1978 年以来我国棉花生产效率，并对综合生产效率分解为纯技术效率、规模效率等单独分析。

对棉花生产收益分析表明投入变量直接物质费用、间接物质费用和人工成本对棉花生产收益影响较大，上述对棉花生产收益的分析研究对象为棉花亩产量，将其作为棉花生产效率分析中的产出量[①]。对 1985 年到 2014 年新疆棉区棉花生产投入产出数据进行分析，DEA 软件对中国棉花生产率变化与构成进行分析，选取 3 个投入量，1 个产出量。其中，投入变量为直接物质费用、间接物质费用和人工成本，产出变量为主产品单位产量[②]（表 2 - 12）。

表 2 - 12　　　　1978—2014 年新疆棉区棉花生产效率一览

样本	综合技术效率	纯技术效率	规模效率	规模报酬
1978 年	1.00	1.00	1.00	—
1985 年	0.70	1.00	0.70	drs

---

① 孙林、孟令杰：《中国棉花生产效率变动：1990—2001——基于 DEA 的实证分析》，《数量经济技术经济研究》2004 年第 2 期。

② 田伟等：《中国棉花生产技术进步率的测算与分析——基于随机前沿分析法》，《中国农村观察》2010 年第 2 期。

样本	综合技术效率	纯技术效率	规模效率	规模报酬
1988 年	0.73	1.00	0.73	drs
1990 年	0.57	0.92	0.62	drs
1991 年	0.56	0.89	0.63	drs
1992 年	0.73	1.00	0.73	drs
1993 年	0.68	0.97	0.70	drs
1994 年	0.65	0.92	0.70	drs
1995 年	0.63	0.92	0.68	drs
1996 年	0.64	0.95	0.67	drs
1997 年	0.60	0.92	0.65	drs
1998 年	0.57	0.89	0.62	drs
1999 年	0.58	0.93	0.62	drs
2000 年	0.55	0.93	0.59	drs
2001 年	0.50	0.99	0.51	drs
2002 年	0.48	1.00	0.48	drs
2003 年	0.57	1.00	0.57	drs
2004 年	0.51	0.99	0.52	drs
2005 年	0.63	1.00	0.63	drs
2006 年	0.88	1.00	0.88	drs
2007 年	0.97	1.00	0.97	drs
2008 年	0.89	1.00	0.89	drs
2009 年	0.68	1.00	0.68	drs
2010 年	0.72	1.00	0.72	drs
2011 年	0.47	0.96	0.48	drs
2012 年	0.46	1.00	0.46	drs
2013 年	0.44	1.00	0.44	drs
2014 年	0.40	1.00	0.40	drs
mean	0.63	0.97	0.65	

同时，为了剔除价格变化的影响，直接物质费用和间接物质费用分别经过了各省农用生产资料价格指数和农村居民消费价格指数

的平减，所以投入产出数据都采用了近似的实物量指标①。

对 28 个年份新疆棉区棉花投入产出数据进行 Malmquist 生产率
指数分析，得到新疆棉区棉花生产的综合技术效率、纯技术效率、
规模效率的变动趋势，如图 2－3 所示。综合技术效率整体波动比较
大，近几年波幅有逐渐扩大的趋势，1978—1991 年，波动下降到最
低点 56.10%，此后综合技术效率的波动又趋于平缓，至 2004 年以
后又出现较大幅度波动，在 2007 年达到研究区间内的最高值
97.30%。新疆棉区棉花生产综合技术效率的波动及趋势是由技术
效率和规模效率两者共同作用的结果②。

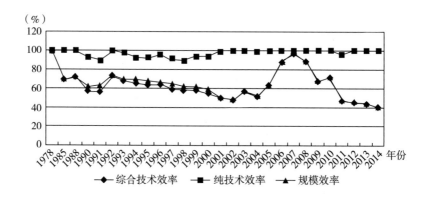

图 2－3　新疆棉区棉花生产综合效率、纯技术效率、规模效率变化趋势

从图 2－3 可以看出，新疆棉区棉花生产的综合效率变动趋势与
技术效率和规模效率的关系紧密③。1978—2014 年新疆棉区棉花生
产的纯技术效率较为稳定，数据保持在 100% 左右，1988—2002 年
出现小幅波动，保持在 80%—100%。1978—2014 年新疆棉区棉花

①　田伟等：《中国棉花生产技术进步率的测算与分析——基于随机前沿分析法》，
《中国农村观察》2010 年第 2 期。

②　刘锐等：《我国棉花生产的技术进步分析》，《农业技术经济》2010 年第 11 期。

③　谭砚文等：《我国棉花技术进步贡献率的测度与分析》，《农业现代化研究》2002
年第 5 期。

生产的规模效率整体波动幅度较大，1978—1992 年小波振幅，其间规模效率最大为 100%，最小为 40%。1993—2004 年较为平稳，数值保持在 60% 左右，短期小幅平缓下降，此后快速上升到 2007 年的 97% 后快速下降到 2014 年的最低点 40%。由于纯技术效率保持在 100% 左右，综合技术效率的波动及变化与规模效率变化趋势保持一致，两者波形相似，纯技术效率与规模效率共同影响新疆棉区棉花生产的 TFP 值。

第二节　新疆棉区棉花购销分析

一　棉花流通制度变迁的阶段划分

如表 2－13 分析，中华人民共和国成立 70 多年来，我国棉花流通体制大体经历了自由购销阶段（1949—1953 年）、统购统销阶段（1954—1984 年）、准统购统销阶段（1985—1998 年）、流通体制改革阶段（1999—2001 年）、经营市场化＋市场（2001 年至今）这样几个阶段。这种购销体制的演变是随着不同历史阶段的经济发展需要而形成的①。我国的棉花流通体制曾经于 1985 年、1992 年两次进行尝试性的改革，但两度棉改，两度夭折；1994 年 9 月改革为 "三不放开" 和 "两个统一原则"；现行的棉花流通体制始于 1999 年，形成于 2001 年，目前仍在逐渐完善之中。1998 年 7 月，国务院决定，从 1999 年起，按照社会主义市场经济体制的要求，进一步改革棉花流通体制，这被称为棉花流通体制的第三次改革。2001 年 7 月 31 日，国务院发布了《关于进一步深化棉花流通体制改革的意见》，将棉花市场彻底放开，而此时距我国加入世贸组织仅有半年的时间。制度变迁可以被理解为一种效益更高的制度对另一种制度的替代过程（卢现祥，2001）。

---

① 隆国强：《大国开放中的粮食流通》，中国发展出版社 1999 年版，第 26 页。

表 2-13 　　　　　　　　　棉花生产环节各阶段历史特征

时期 环节	自由购销阶段 （1949— 1953 年）	统购统销阶段 （1954— 1984 年）	准统购统销 阶段（1985— 1998 年）	流通体制改革 阶段（1999— 2001 年）	经营市场 化＋市场 （2001 年至今）
生产 环节 特征	高投入、高消耗、低产出的粗放型生产方式	以高投入、高消耗、低产出的粗放型生产方式为主	技术进步加快，高投入、低产出、高消耗特征明显	技术进步加快，趋向集约型生产，但高投入、高消耗特征明显	由集约型生产向精细大数据农业生产发展

　　中华人民共和国成立 70 多年来，我国棉花的流通体制大体经历了自由购销、统购统销、市场化改革这样三个阶段①。

　　（一）自由购销阶段（1949—1953 年）

　　这一时期，国民经济处于恢复阶段，棉花购销主要是政府对旧中国的自由贸易方式进行改造和管理。1950—1953 年，国家收购的棉花占同期棉花产量的 73.7%。

　　（二）统购统销阶段（1954—1984 年）

　　随着人口的增长、纺织工业的恢复和发展，棉花的需求不断增长，供求矛盾日益突出。为此，1954 年 9 月 14 日，中央人民政府政务院发布《关于棉花计划收购的命令》，决定从当年秋季新棉上市起，国家在全国范围内对棉花实行计划管理，除留给农民少量自用外，棉花由供销社统一收购、统一销售，同时取消了私商棉贩和公私合营纱厂联合购棉处②。棉花销售执行严格的计划分配，国家每年根据棉花可供资源和纺纱计划进行平衡，下达调拨供应计划。这一政策的实施一方面免除了棉农"卖棉难"的后顾之忧，调动了棉农的积极性；另一方面也稳定了棉花流通秩序，使国家掌握更多

---

　　① 斯樊锋：《食品供应链管理》，《物流科技》2005 年第 29 期。
　　② 黄海：《新中国商业五十年（1949—1999）计划经济时期曲折发展的商业（1953—1977）》，《中国国内贸易年鉴（1999）》，中国国内贸易年鉴社 1999 年版，第 82 页。

的棉花资源，确保了大中型纺织企业用棉和军需民用。

（三）棉花流通体制改革阶段（1985 年至今）

长期实行的棉花计划流通体制使我国棉花的供需矛盾日益突出，我国政府在对粮食流通进行市场化改革的同时，也开始对棉花流通体制进行改革。但是与粮食流通体制改革相比，我国棉花流通体制的改革似乎更为艰难。这主要体现在棉花流通政策的反复性、市场放开和计划统一制度的频繁交替、市场化改革的非渐进性①。我国的棉花流通体制改革大致又可分为以下几个阶段：①流通体制改革的探索阶段（1985—1993 年）；②"三不"和"两统"阶段（1994—1997 年）；③流通体制改革阶段（1998—2000 年）；④实行市场准入阶段（2001 年至今）②。

二　新疆棉区棉花购销主体

新疆棉区棉花的生产主体包括两部分：新疆棉区生产建设兵团农场和地方个体农户。新疆棉区生产建设兵团农场职工所生产的棉花，95％以上统一由新疆棉区生产建设兵团负责收购和销售，职工个人不得自行将棉花卖给其他棉花收购组织（个体）。新疆棉区个体农户的棉花生产规模较小，但其棉花产品可自由销售。目前新疆棉区棉花的收购主要由四部分组成：一是新疆棉区生产建设兵团下属的棉麻公司，二是国有和集体企业，三是民营企业或经纪人组织，四是棉纺织加工企业订单。新疆棉区这些棉花收购主体不一定是新疆棉区棉花营销主体，新疆棉区棉花的营销主体主要有供销社、棉花产业化组织及棉花进出口公司。

（一）供销社

供销社是接受中央政府有关部门和新疆棉区地方政府委托代购和经营棉花的市场经营主体之一。1954—2000 年，新疆棉区各级供

———

① 谭砚文、李朝晖：《制度变迁与我国棉花流通体制改革》，《生产力研究》2005 年第 12 期。

② 张正文、赵军：《新疆棉花产业发展的体制研究》，《中国商贸》2013 年第 4 期。

销社的职能是接受政府委托对棉花实行专营，是棉花经营的唯一主体①。1998 年国务院做出《关于深化棉花流通体制改革的决定》后，棉花购销价格放开，棉花经营渠道进一步拓宽，但供销社棉花经营企业垄断棉花经营的局面并未被彻底打破。2001 年国务院下发《关于进一步深化棉花流通体制改革的意见》后，新疆棉区供销社棉花经营企业的垄断经营局面逐渐被打破，一些纺织企业或棉花经营企业可在通过资格审核后参与棉花经营业务，由此形成了全新的新疆棉区棉花市场经营格局②。

（二）棉花产业化组织

棉花产业化的实质就是按照市场机制，利用先进的科学技术管理手段，组织棉花生产、加工和销售，使三者之间由原来的单纯买卖关系变为以利益为联结纽带、以契约为联结方式的新的利益共同体，形成促进棉花产业发展的新机制③，推进棉花生产走上市场化、专业化、规模化和社会化的轨道。目前，新疆棉区棉花产业化的组织形式主要包括供销社棉花经营企业在内的各类棉麻公司，它们按照市场价格收购棉农生产的棉花，然后进行棉花加工和销售。

（三）棉花进出口公司

新疆棉区棉花的进出口主要是由政府统一安排并核准的企业经营。2005 年，新疆棉区首批被批准从事棉花进出口业务的企业有新疆维吾尔自治区棉麻公司和新疆农垦进出口股份有限公司。

三　新疆棉区棉花营销环境

棉花市场营销环境泛指一切影响棉花市场营销管理能力、制约棉花营销活动的各种因素，这些因素对企业与其目标顾客之间关系的建立与保持有很大的影响作用，本部分棉花的营销环境即微观市场营销环境。

---

① 孔哲礼：《棉花补贴的政策效应研究》，博士学位论文，石河子大学，2016 年。
② 桑霆：《供销社在棉花产业发展中的作用分析及对策》，《新疆农垦经济》2005 年第 6 期。
③ 詹罗九：《市场经济与茶叶市场》，《中国茶叶加工》2002 年第 2 期。

新疆棉区棉花的微观市场营销环境因素主要指与棉花营销紧密相连、直接影响棉花营销的各种参与者，包括棉花产品的供应商、营销中介、消费者、竞争者、社会公众及其他能够影响营销管理决策的企业内部的各个部门。根据棉花产品的特性，影响新疆棉区棉花营销的微观市场环境要素主要考虑棉花生产者、棉花营销中介、棉花需求者、棉花竞争者、社会公众五个方面的因素。

（一）棉花生产者

新疆棉区棉花生产者由两部分组成，即新疆棉区生产建设兵团农场和新疆棉区地方植棉农户。目前，新疆棉区生产建设兵团有110多个植棉团场、新疆棉区地方有近60个县种植棉花，棉花产值占全疆农业总产值的45%。新疆生产建设兵团农场是新疆棉区最大的棉花生产组织，生产的棉花占整个新疆棉区棉花总产量的50%，是新疆棉区棉花的最大供给者。新疆生产建设兵团职工具有高度组织化、综合素质较高的特点，使先进的农业科学技术和优良棉种的种植得以迅速推广。播种论粒、浇水论滴、施肥论克，这些精准的农业生产技术在新疆棉区生产建设兵团棉花生产中被广泛运用，新疆棉区生产建设兵团棉花单产自2003年以来连续居全国首位，2013年以占全国近2/5的棉花种植面积生产出了占全国近3/5的棉花产量，在全国乃至全世界都是一个奇迹。新疆棉区棉花的另一个重要供给者是广大的新疆棉区地方植棉农户，与新疆棉区生产建设兵团农场相比，其棉花种植规模较小，承担风险的能力也较弱。新疆生产建设兵团植棉职工和广大地方棉农的植棉积极性保证了新疆棉区优质棉花向国内外棉花市场的供应，且直接影响到新疆棉区棉花的产量和价格，甚至对全国乃至世界棉花市场都会产生较大的影响。植棉农户与生产需求之间也存在一些问题，主要表现在以下几个方面。

第一，大部分植棉农户的棉田经营规模小，无力改善棉花生产的基础设施和进行棉花生产技术改造，加之扩大棉田经营规模的机制尚未形成，对新疆棉区棉花生产要素的合理配置产生严重不利影响。

第二，植棉农户势单力薄，不仅难以抗御来自自然的风险，更难以抗御来自市场的风险，与棉花大市场的发展要求存在矛盾。

第三，植棉农户文化水平普遍较低，难以充分熟练地掌握棉花的选种、育种、栽培及病虫害等技术。

第四，植棉农户的大量存在，分散使用了棉花生产有限的资金和设备，阻碍了新疆棉区棉花产业整体素质的提高。

（二）棉花营销中介

棉花营销中介是指协助促销棉花及配销棉花产品给最终棉花购买者的企业或个人。针对棉花产品特点，新疆棉区棉花的营销中介主要有棉花分销机构、棉花营销服务机构及金融机构，棉花营销活动的开展必须通过这些中介机构的协助才能顺利进行。

（三）棉花需求者

新疆棉区棉花的直接需求者是中国国内外棉纺织企业。棉纺织企业的经济实力和资信状况是新疆棉区棉花营销工作中需要考虑的重要因素，只有那些有经济实力的棉花需求者才是真正的棉花市场需求者。

1. 国内棉花需求者

新疆棉区棉的国内需求者由新疆棉区区内纺织企业和区外纺织企业两部分组成。新疆棉区棉花的区外需求者主要是山东、江苏、浙江、湖北、河南、河北等棉纺织业发达省份的棉纺织企业，这些省份的棉纺织企业是新疆棉区棉花的需求者或者是潜在的需求者。

2. 国外棉花需求者

中国出口棉花的很大比例来自新疆棉区的优质棉花（如表 2 - 14 所示）。2000—2013 年，新疆棉区棉花出口量占中国棉花总出口量的比例最高达到 93.51%，最低为 2.33%，新疆棉区棉花在中国出口棉花总量中所占位置非常重要。

表 2-14 2000—2013 年新疆棉区及中国棉花（原棉）出口情况

单位：万吨；%

年份	新疆棉区	中国	新疆棉区所占比重
2000	22.90	29.25	78.29
2001	3.00	5.24	57.25
2002	13.98	14.95	93.51
2003	5.37	11.20	47.95
2004	0.56	0.91	61.53
2005	0.26	0.50	52.00
2006	0.12	1.30	9.23
2007	0.13	1.34	9.70
2008	0.98	1.64	59.76
2009	0.48	0.82	58.54
2010	0.09	0.65	13.85
2011	0.06	2.57	2.33
2012	0.11	1.75	6.29
2013	0.12	1.65	7.27

资料来源：《中国统计年鉴》《中国棉花年鉴》2000—2013 年各年。

　　新疆棉区棉花的国外需求者主要是一些棉花进口大国的棉纺织企业。世界上主要的棉花进口国家有日本、韩国、德国、法国、意大利等。另外，世界上最大的棉花出口国——美国的棉花出口目的地除了中国之外，2013 年主要出口到墨西哥、土耳其、印度尼西亚、韩国、泰国。新疆棉区棉花的质量高，在这些国家也较受欢迎。由于这些国家每年都需大量进口棉花，这些国家的棉纺织企业都是新疆棉区棉花的需求者或潜在的需求者。

　　（四）棉花竞争者

　　新疆棉区棉花的竞争者主要是国内其他棉花产区生产的棉花和国外棉花主产国生产的棉花。

　　1. 国内竞争者

　　中国幅员辽阔，适宜植棉的区域广泛。中国大陆 31 个省、区、市中有 22 个种植棉花或种植过棉花。吉林、黑龙江、福建、广东、海南、重庆、西藏、青海、宁夏等省区由于不具备棉花生产所需的自然条件，这些地区基本上不生产棉花。山东、河北、河南、江苏、湖北、甘肃等是棉花生产大省。这些棉花生产区大致可分为三个棉区：长江流域棉区、黄河流域棉区和西北内陆棉区，新疆棉区地处西北内陆棉区，是新生的棉花生产区。1952 年新疆棉区棉花产量为 1.30 万吨，在中国棉花产区排名中居第 15 位，2013 年产量为 402.13 万吨，且连续 12 年保持棉花产量全国第一的位置，以占全国近 2/5 的棉花种植面积生产出了占全国近 3/5 的棉花产量。

新疆棉区与中国其他各产棉区相比，在棉花总产量、单位面积产量、纤维品质及经济效益等方面具有比较优势。从 1993 年开始，新疆棉区棉花总产量和单位面积产量连续全国第一[①]（见表 2 - 15）。

表 2 - 15　　　　1978—2013 年新疆棉区棉花产量、面积和
单产占全国的比例变化

年份	全国棉花产量（万吨）	新疆棉区棉花产量（万吨）	新疆棉区产量占全国的比例（%）	位次	全国棉花面积（千公顷）	新疆棉区棉花面积（千公顷）	新疆棉区面积占全国的比例（%）	位次
1978	216.70	5.50	2.54	13	4866.40	150.40	3.09	11
1980	270.00	7.92	2.93	11	4920.27	181.20	3.68	10
1985	413.70	18.78	4.54	6	5141.33	253.53	4.93	6
1986	354.00	21.60	6.10	6	4306.13	276.32	6.42	6
1987	424.50	28.00	6.60	6	4844.20	356.23	7.36	6
1988	414.90	27.80	6.70	6	5534.73	356.27	6.44	6
1989	378.80	29.50	7.79	6	5203.33	367.14	7.06	6
1990	450.70	46.88	10.40	5	5588.00	435.22	7.79	5
1991	567.50	63.95	11.27	3	6538.00	546.94	8.37	5

---

① 王永俊：《新疆棉纺织产业国际竞争力实证分析》，《农村经济与科技》2009 年第 7 期。

续表

年份	全国棉花产量（万吨）	新疆棉区棉花产量（万吨）	新疆棉区产量占全国的比例（%）	位次	全国棉花面积（千公顷）	新疆棉区棉花面积（千公顷）	新疆棉区面积占全国的比例（%）	位次
1992	450.84	66.76	14.81	2	6835.00	943.30	13.80	5
1993	373.93	68.00	18.19	1	4985.00	606.35	12.16	3
1994	434.10	88.21	20.32	1	5528.00	749.82	13.56	3
1995	476.75	96.35	19.6	1	5422.00	742.90	13.70	3
1996	420.33	94.04	22.37	1	4722.00	799.26	16.93	2
1997	460.27	115.00	24.98	1	4491.00	883.65	19.68	1
1998	450.10	140.00	31.10	1	4459.00	999.26	22.41	1
1999	382.88	140.75	36.76	1	3725.00	995.93	26.73	1
2000	441.73	150.00	33.96	1	4041.21	1012.39	25.05	1
2001	532.40	157.00	29.49	1	4809.80	1129.72	23.49	1
2002	491.62	150.00	30.51	1	4184.02	943.97	22.56	1
2003	485.97	160.00	32.92	1	5110.53	1037.05	20.29	1
2004	632.35	175.25	27.77	1	5693.00	1127.55	19.81	1
2005	571.40	195.70	34.25	1	5062.00	1157.99	22.87	1
2006	674.50	267.53	39.66	1	5409.00	1664.43	30.77	1
2007	762.40	290.00	38.04	1	5926.00	1782.60	30.08	1
2008	749.19	302.57	40.38	1	5754.10	1718.60	29.86	1
2009	637.68	252.40	39.58	1	4949.00	1409.30	28.48	1
2010	596.11	247.90	41.58	1	4849.00	1460.60	30.12	1
2011	660.00	289.80	43.90	1	4786.00	1630.29	34.06	1
2012	684.11	354.00	51.75	1	4688.10	1720.80	36.71	1
2013	690.23	402.13	58.26	1	4511.06	1730.9	38.37	1

资料来源：《中国统计年鉴》《中国棉花年鉴》1978—2013 年各年。

2. 国外竞争者

国外竞争者。其他产棉大国（如美国、印度、巴西、巴基斯坦、土耳其、乌兹别克斯坦等国家）是新疆棉花的国外竞争者。

（五）社会公众

棉花营销过程中还受社会公众这一微观营销环境因素的影响，根据新疆棉区棉花产品的特性，只考虑政府、金融及保险公司三个因素。政府主要指中央及新疆棉区棉花所在地的各级政府，金融是为新疆棉区棉花的生产、销售提供政策性财力支持的金融机构，主要是农业发展银行。

第三章

新疆棉区棉花价格
波动特征分析

　　第二章棉花生产状况分析及棉花购销分析表明新疆棉区棉花生产是波动的，棉花产业链上各因素的波动引起新疆棉区棉花价格的波动，使新疆棉区棉花价格波动表现出自己应有的特征①。尤其是改革开放以来，新疆棉区棉花价格呈现出巨大的波动性，"卖棉难"与"买棉难"现象交替发生②，新疆棉区棉花生产陷入了一种"短缺"与"过剩"剧烈变化的循环波动之中③，与其他农作物（比如粮食）相比，棉花价格的波动已经成为新疆棉区棉花的主要特征④，也影响了棉农的收益，更对新疆棉区经济发展产生了一定的影响。因此，分析理解并把握棉花价格波动特征及波动原因，对解决新疆棉区棉花价格问题以及做出相应的政策与制度安排具有非常重要的意义。

---

　　① 温厉、温铁军：《中国粮食供给周期与价格比较分析》，《中国农村观察》1997 年第 5 期。

　　② 温铁军：《粮食涨价并不是粮食生产的问题——中国粮食的生产周期和供给周期分析》，《改革》1996 年第 2 期。

　　③ 谭砚文、温思美：《入世前后我国棉花国际贸易影响因素的比较分析》，《国际贸易问题》2005 年第 7 期。

　　④ 温铁军：《中国 50 年来 6 次粮食供求波动分析》，《山东省农业管理干部学院学报》2001 年第 2 期。

第一节　新疆棉区棉花价格波动分析

新疆棉区棉花随着 1999 年中国棉花流通体制改革、2001 年中国加入 WTO、2004 年 6 月中国棉花期货市场建立等步入了一个快速发展的时期。2014 年新疆棉区棉花产量占国内棉花产量超过 50%（2018 年为 83.8%），占世界棉花产量的 15%（2018 年为 19.6%）。这种快速的发展也决定了新疆棉区在我国棉花产业中占有举足轻重的地位，新疆棉区作为我国最大的商品棉生产基地，也是世界最大的产棉区之一。棉花是新疆最具规模优势的经济作物之一，对新疆社会经济发展和农牧民增收至关重要。但是近几年棉花市场异常波动、棉花价格变化剧烈，使新疆棉区棉花长期以来没有实现资源优势转化为经济优势，这给新疆棉区棉花生产和棉农带来了很大的打击。由于新疆棉区特殊的地理位置及自然环境，棉花价格的稳定对新疆棉区的农业结构调整和农民增收具有重要影响、对新疆棉区棉花市场体系的发展和完善具有重要意义。

由于棉花产业联系着农业和涉棉工业，连接着新疆棉区、国内和国际市场，受各个国家政府政策的影响很深[1]。世界各国为了保持本国的棉花价格稳定及供应安全，均以国际市场为蓄水池，通过各种棉花产业保护机制，把供求的变动因素转嫁给国际市场。因此，棉的世界范围供求平衡非常脆弱，棉花价格波动剧烈。价格波动是新疆棉区棉花问题的最主要的内涵特征，也是新疆棉区棉花面临的重要问题，它不但对生产者、消费者的利益产生直接影响，而且直接影响到新疆棉区经济的发展，因此，研究新疆棉区棉花价格波动问题具有十分重要的理论意义和现实意义。本部分将在描述

---

① 马晓河、马建蕾：《猪肉市场波动及政策调整对养殖户的影响——基于河北和山东农村养殖户的案例分析》，《宏观经济研究》2008 年第 1 期。

新疆棉区棉花价格波动现象、特征的基础上，分析其波动的形成原因和内在规律，并进一步为第五章主要影响因素的深入研究奠定基础。

本部分的研究总目标是在通过对新疆棉区棉花生产、购销研究的基础上，分析新疆棉区棉花价格形成机制，在此基础上对棉花价格波动性及原因进行分析，为价格传递效应的研究提供依据。

一　新疆棉区及国内其他棉花主产区价格波动总体趋势

对棉花等重要农产品波动方面的研究表明，长期以来，我国棉花的生产和流通一直处于波动状态，棉花生产大起大伏，棉花价格忽高忽低，"卖棉难"和"买棉难"现象交替出现[1]。进一步分析，棉花价格调节机制、决策机制、利益调控机制、市场干预机制、进出口调节机制等均成为棉花价格产生周期性波动的深层次原因。研究还指出棉花价格、产量、供求关系的巨大波动，不利于我国棉花和纺织业生产的稳定发展[2]。王玉霞、高维全（2011）统计了自2009年12月以来棉花的价格指数，对我国棉花价格上涨原因进行了分析，指出：供给减少、需求增加、国际棉价上涨等是近期导致我国棉花价格上涨的主要原因。

国家宏观调控政策相继出台、国际市场美元大涨、棉价走低等原因则是导致我国棉花价格下降的主要原因。周曙东（2001）着重研究了我国棉花供求波动的周期性规律、后果，探讨产生周期性波动的深层次原因，即价格调节机制、决策机制、利益调控机制、市场干预机制、进出口调节机制等。张雯丽、李秉龙比较分析了中国棉花市场放开以来与国际棉花市场价格波动的特征差异，探讨了中国和国际市场价格波动的周期性特征[3]，结果显示，美国棉花市场

---

① 张雯丽、李秉龙：《我国棉花短期价格波动研究——基于时间序列》，《技术经济》2009年第4期。

② 巫国兴：《我国农产品价格波动研究》，《农业经济问题》1997年第6期。

③ 张雯丽、李秉龙：《中国与国际市场棉花价格波动特征及趋势探讨》，《中国物价》2009年第1期。

价格与代表国际市场价格的 Cotlook A 价格无论是价格的基本走势还是价格波动的周期循环特征都高度相似，而我国与两种国际市场价格波动则存在较为明显的差异，分别表现在价格基本走势、价格差幅、价格波动程度和顺序先后以及价格波动周期的划分。对三种市场价格的长期趋势分析显示，世界和中国棉花价格均呈现波幅减缓、波动频率增加的趋势。王利荣、周曙东（2009）运用协整检验、误差修正模型及脉冲响应函数等方法，分析了我国加入世贸组织后国内棉花价格与国际棉花价格之间的动态关系。结果表明国内棉价与国际棉价具有长期均衡关系，其中国际棉价波动对国内棉价有较强的冲击，对国内市场起引导作用；而国内棉价波动对国际市场影响较小，并在此基础上提出了政策建议。王军、樊亚利（2009）研究得出棉花期货价格与现货价格之间存在长期均衡的关系，期货价格引导现货价格的形成。因此，建议应引导新疆棉区棉农利用期货价格信息取消阻碍涉棉企业利用期货市场的有关规定、利用期货价格走势来制定新疆棉区棉花产业保护政策[①]。

新疆棉区棉花价格波动受国际棉价、生产成本、进口、库存、国家政策等因素影响。多种因素共同作用影响棉花供给与需求，表现市场波动频繁，价格变化剧烈。我国是世界上主要的棉花生产、消费国，棉花价格稳定对于国民经济发展具有战略性的重要地位。为了稳定棉花价格、保护我国的棉花产业，2008 年提出棉花收储政策，随着经济社会发展，收储政策表现出了一系列弊端，于 2014 年取消。本部分对 2002 年 7 月至 2014 年 5 月新疆棉区棉花价格波动特征进行研究，运用 ARCH 族模型对其波动特征进行实证分析，以期对棉花价格波动有较深了解，对棉花价格特征的正确把握对于政府作出相关政策调控，减少棉花价格波动负面效应具有借鉴意义。

国家棉花价格指数（CN Cotton 指数）是每个工作日内地七大区

① 王军、樊亚利：《棉花期货价格与现货价格关系的实证检验》，《农业经济》2009 年第 5 期。

域市场棉花现货成交价格的平均值。为了便于与国际通用的北欧到岸价（A、B 指数）比较，特设 CN Cotton A、B 指数，分别代表当日 328 级、527 级内地市场成交均价①，对 CN Cotton B 指数进行研究。近年来，新疆棉区棉花价格总体波动趋势如图 3 - 1 所示。

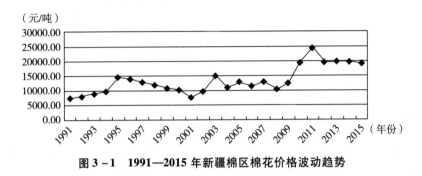

图 3 - 1　1991—2015 年新疆棉区棉花价格波动趋势

　　分析图 3 - 1 新疆棉区棉花价格波动趋势可以看出 1991—2015 年新疆棉区棉花价格总体呈现波动上涨趋势，且新疆棉区棉花价格在 2011 年年初达到 24449 元/吨，在 2011 年 3 月达到 30819 元/吨，为历史最高点，此后出现小幅下降，新疆棉区棉花特殊的地理环境及国家政策使得其价格与内地其他主产棉区价格有所不同，如图 3 - 2 所示。

　　从图 3 - 2 新疆棉区与国内其他主产棉区棉花价格比较发现，近几年新疆棉区棉花价格高于国内其他主产棉区，随着新疆棉区棉花在国内种植地位的上升其价格也随之上涨，在 1991 年之前新疆棉区棉花价格处于国内较低水平，1991 年之后新疆棉区棉花在国内地位上升，价格逐年上涨，在 1995 年之后一直高于其他棉花产区。

二　新疆棉区棉花价格波动特征描述性分析

　　张雯丽、李秉龙②比较分析了中国棉花市场放开以来与国际棉花

---

　　①　冯梦晓：《中国棉花年鉴（2010）》，电子工业出版社 2010 年版，第 23 页。

　　②　张雯丽、李秉龙：《我国棉花短期价格波动研究——基于时间序列》，《技术经济》2009 年第 4 期。

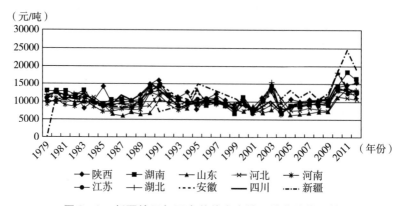

图 3 - 2　新疆棉区与国内其他主产棉区棉花价格比较

市场价格波动的特征差异，探讨了中国和国际市场价格波动的周期性特征，结果显示，美国棉花市场价格与代表国际市场价格的 Cotlook A 价格无论是价格的基本走势还是价格波动的周期循环特征都高度相似，而我国与两种国际市场价格波动则存在较为明显的差异，分别表现在价格基本走势、价格差幅、价格波动程度和顺序先后以及价格波动周期的划分①。对三种市场价格的长期趋势分析显示，世界和中国棉花价格均呈现波幅减缓、波动频率增加的趋势②。

总结新疆棉区棉花价格波动规律，表现为以下特征。

（一）棉花价格整体波动上涨，波动幅度加大，且有加剧趋势

近十几年来，新疆棉区棉花价格月均价波动频繁，总体看新疆棉区棉花价格长期呈现波动上涨趋势。从 2002 年下半年开始新疆棉区棉花价格呈现波动上涨的趋势，在研究时间内表现出 5 个不同波动趋势。2002 年 7 月至 2004 年 1 月较大幅度增长趋势阶段；2004 年 12 月至 2008 年 7 月保持平稳伴有小幅下降趋势；2009 年 1 月至 2011 年 1 月大幅波动上涨趋势；2011 年上半年大幅下降趋势；2011 年 7 月至 2014 年 5 月保持平稳小幅下降趋势。

---

①　张雯丽、李秉龙：《中国与国际市场棉花价格波动特征及趋势探讨》，《中国物价》2009 年第 1 期。

②　张立杰、彭利：《中国棉花价格波动特征及趋势分析》，《中国棉花》2012 年第 9 期。

（二）棉花价格具有明显的长短波动周期，长波动周期峰值波动剧烈

（1）短期波动特征。与大多数农产品价格相同，新疆棉区棉花价格波动有季节性特征。每年7月到次年7月棉花价格会有短期波动。棉花价格在每年1月达到短期波谷，每年7月左右为短期波峰值。每年1月新花上市拉低棉花价格，每年7月左右用棉企业储备棉花，用棉量微增抬高棉花价格。

（2）长期波动特征。新疆棉区棉花的长波动周期为7年，从2002年下半年开始新疆棉区棉花价格呈现波动上涨的趋势，在2004年年初达到短期最高值，为17776元/吨，成为研究时间阶段内第一个峰值。此后新疆棉区棉花价格开始走低到2004年12月的11227元/吨，成为研究时间阶段内第一个波谷，此后小幅上扬自均价13686元/吨维持至2008年7月，这一阶段为中国棉花价格保持稳定较长的时间段；2008年8月中国棉花价格进入下一个波动周期价格开始小幅走低，至2008年12月10790元/吨为短期第二个波谷，此后剧烈波动，在2011年3月达到30819元/吨，为历史最高点，此为第二个峰值；此后，新疆棉区棉花价格急剧下滑至2011年8月19340元/吨，此后较长时间在均价19146元/吨左右徘徊，2014年4月开始小幅下滑至2014年5月的17439元/吨。新疆棉区棉花波动长周期为7年。

（三）随政策变动，棉花价格波动出现波峰与波谷

总体看来，研究时间内有两大波峰且波动剧烈。究其原因，在两大波峰处，2004年6月中国棉花期货市场建立，2008年新疆棉区开始实施棉花收储政策，上述两大原因直接抬高中国棉价，长期剧烈波动达到长期波峰。2014年我国取消收储政策，改为目标价格政策，该政策又会抬高或者拉低新疆棉区棉花价格，在2014年、2015年两年会使新疆棉区棉花出现长期波峰或波谷。初步分析，新疆棉区实施的目标价格政策会拉低新疆棉区棉价出现新的波谷。

棉花消费市场价格波动方向与生产价格变动方向并不完全一致，

波动剧烈。棉花生产价格变动会影响消费市场价格。自 2002 年以来，新疆棉区棉花生产价格一路稳定上涨，但消费市场价格波动较大。近年来我国棉花进口量逐年上涨，受国际市场影响，国内棉花消费市场价格波动较大，美国棉进口量的增加拉低了国内棉花消费市场价格。新疆棉区棉花生产价格上涨，棉农及加工厂惜棉不售，涉棉企业无棉可用，消费转向进口棉。

（四）与期货价格、国际棉花价格联动性增强，但价差较大

郑棉期货价格与新疆棉区棉价的相关性越来越高，这种相关性有加强的趋势，两者相关系数从 2004 年 6 月的 0.53 涨到 2012 年的 0.9 以上。国内期现货基差随现货价格波动增大，长期趋于稳定[①]。

流通体制改革促进了我国棉花进口，近年我国成为棉花进口量最大的国家，国内 CN Cotton B 指数与纽约棉花期货价格及美国现货价格随我国进口增大相关性有加强的趋势。

三　新疆棉区棉花价格波动时期划分

棉花价格的波动是在我国棉花流通体制的大背景下形成的。根据棉花波动的状况和政府参与棉花价格形成的干预，新疆棉区棉花价格波动与我国棉花价格波动趋势大体相同，新疆棉区棉花价格波动可划分为五个时期[②]。

（一）1978—1986 年，第一次促进棉花生产时期

1978—1982 年政府连续提高棉花价格和物质奖励政策，通过几年的提价、超购加价和奖售政策，加上实行了家庭联产承包责任制度，极大地提高了农民种植棉花的积极性，播种面积连年增加。

（二）1987—1992 年，"倒三七" 收购价格政策

1985 年和 1986 年两年棉花产量减产，1987 年棉花出现供需紧张，恢复 "倒三七" 收购价格政策，即 30% 为国家牌价，70% 为加

---

① 杜珉：《入世以来棉农收入影响因素分析》，《中国棉麻流通经济》2007 年第 4 期。

② 钟甫宁、胡雪梅：《中国棉花生产区域格局及影响因素研究》，《农业技术经济》2008 年第 9 期。

价收购，并且规定了棉农每交 50 千克皮棉奖励 35 千克平价优质标准化肥，政府这一措施提高了农民种植棉花的积极性。1988 年生产资料价格上涨，严重影响了植棉效益，为了稳定棉花生产，国家规定每 50 千克皮棉补助 20—30 元的生产补贴，还规定了每收购 50 千克皮棉奖售 2.50 千克柴油。连续几年的促进棉花生产的措施迎来了新疆棉区棉花第二个生产高峰。

（三）1993—1998 年奖励植棉政策

1993 年我国棉花种植面积出现减少的现象，为了改变棉花生产下降的严峻形势，我国出台了一系列奖励种植棉花的政策。连续将棉花收购价格调高，提高幅度高达 20%。这些政策和措施减缓了棉花生产下滑的趋势。1993 年每 50 千克皮棉从 330 元提高到 500 元，提高幅度为 51.5%，同时还规定每 50 千克皮棉奖售物资评议价 14 元和财政补贴 30.62 元，共计 44.62 元。这些措施的出台，遏制了棉花种植下降的趋势，呈现出增长的态势。

（四）1999—2011 年，政府放开棉花价格由市场形成

从 1999 年开始，国家进一步放开棉花市场，也是从这一年起国家只发布指导性价格和预测价格，具体购销价格由市场决定。由于几年前以较高价格收购下的棉花库存较多，国家放开棉花市场，对供销社收购棉花不再提供政策性资金支持，致使供销社收购棉花的积极性下降，加上其他收购棉花的经营渠道没有形成，棉花价格降到 7.7 元/千克，这种情况严重挫伤了农民的种棉积极性[1]。

（五）2011 年至今，棉花价格市场形成+政府引导

2011 年国家实施棉花收储政策，目的是稳定国内棉花市场供给，增强国内棉花的竞争力。2010 年国内棉花异常波动给新疆棉区及全国棉花产业带来挑战，为稳定棉花产业发展，棉花收储政策出台，在进口棉花贸易依存度急剧上升的情况下棉花收储政策对棉花

---

① 谭砚文等：《对我国棉花生产成本波动的分析》，《价格理论与实践》2004 年第 8 期。

产业起到了保护作用，但其弊端日益暴露。2014 年国家取消收储政策，改为针对新疆棉区实施目标价格政策，目标价格政策的目的较明显，旨在保护新疆棉区棉花生产。总体上，新疆棉区棉花价格又进入市场形成 + 政府引导阶段。

同时，随着我国加入 WTO，国内市场与国际市场进一步接轨，棉花价格波动幅度明显加大，受此影响，价值成本上升、比较效益下降等，国内黄河流域、长江流域棉花种植规模不断下降，新疆棉区借助优势气候条件及棉花种植技术进步推动，棉花种植规模虽有所波动，但总体而言仍呈扩大趋势，2014 年最高达到 2721.35 千公顷。新疆棉区棉花种植面积有所波动，虽有各方面的原因，但生态压力和水资源制约成为其主要因素。因此，棉花价格的波动对新疆棉区棉花种植及社会经济的发展日趋明显。由于前期定价主要是跟随全国市场，独立性较差，且新疆棉区棉花种植相对较少，故本部分的分析主要采用 1990 年以后的数据展开。

表 3 – 1　　　　　　　1991—2014 年新疆棉区棉花出售价格

单位：元/千克；%

年份	价格	环比增长速度	年份	价格	环比增长速度
1991	5.90	100.00	2003	14.30	173.54
1992	5.40	91.54	2004	13.60	95.10
1993	6.40	118.30	2005	13.10	96.32
1994	8.90	139.06	2006	14.70	112.21
1995	12.00	134.83	2007	14.20	96.60
1996	12.60	105.00	2008	12.20	85.90
1997	12.60	100.00	2009	14.30	117.20
1998	12.60	100.00	2010	19.90	139.20
1999	7.40	58.73	2011	15.20	76.38
2000	9.70	131.62	2012	15.10	99.34
2001	8.00	82.14	2013	13.20	87.42
2002	8.24	103	2014	14.50	109.85

资料来源：中国棉花网、《中国棉花年鉴》、《新疆统计年鉴》。

从表 3 - 1 可以看出，1995—1998 年、2003—2007 年的棉花价格相对稳定，2008 年棉花价格出现下降，之后在 2009—2010 年出现大幅上涨，此阶段中国及世界种植面积有所下降，单产因气候而下降，但需求增加，致使棉花价格持续上涨。中国棉花市场整体高位运行，完成了一个蹦极的过程：涨也疯狂，跌也疯狂。2011 年棉花价格明显下降，如果没有国家收储政策的支撑，下降幅度还会更加明显，2014 年取消棉花收储政策实施针对新疆棉区的目标价格政策，新政策面前出现棉农不敢卖棉、中间商不敢收棉、加工企业不敢加工的现象，目标价格实施后对新疆棉区棉花进行补贴，但还是出现棉农种植意向下降的趋势。不难看出，我国棉花市场还不完善，棉花的市场调节能力还比较低，市场中供过于求和供不应求的现象交替出现[①]。

第二节　新疆棉区棉花价格波动特征实证分析

本章运用 ARCH 族模型对新疆棉区棉花价格波动特征进行实证分析，使用 2002 年 7 月至 2014 年 5 月棉花价格 B 指数月度数据（元/吨），共 143 个数据，数据来源于中国棉花信息网、《中国棉花年鉴》。

价格收益率用相邻价格对数一阶差分表示[②]为公式（3 - 1）：

$$R_t = \ln P_t - \ln P_{(t-1)} \tag{3-1}$$

其中，P_t 和 $P_{(t-1)}$ 分别表示第 t 月和第 $t-1$ 月的价格。

运用 Eviews 6.0 软件对数据进行处理。

---

① 王玉霞、高维全：《影响我国棉花价格波动的因素及对策分析》，《价格理论与实践》2010 年第 11 期。
② 孙良斌：《棉花价格波动与市场有效性实证分析》，《合作经济与科技》2011 年第 4 期。

一 描述性统计分析

对棉花价格收益率进行描述性统计分析,研究期间棉花价格收益率平均值为 0.004406;标准差为 0.050038;偏度为 0.951751,大于 0,序列分布为右偏;峰度为 9.471464,大于 3,序列对象的分布凸起程度大于正态分布的凸起程度;JB(Jarque – Bera)为269.2270,非 0,且其概率 P 值为 0.000000,序列不服从正态分布。

图 3 – 3 反映棉花价格存在波动集聚和异方差效应,运用 ARCH LM 检验法对序列进行异方差检验。

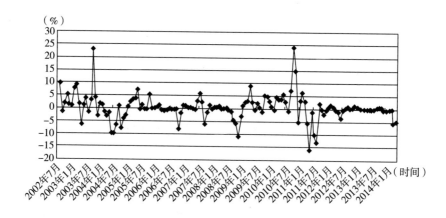

图 3 – 3   新疆棉区棉花价格收益率

二 ARCH 效应检验

首先对棉花价格及其收益率序列进行单位根(ADF)检验,结果如表 3 – 2 所示。

表 3 – 2   变量 ADF 检验结果

变量	检验方式 (C, T, N)	ADF 检验值	5% 临界值	结果
$\ln P$	(C, T, 1)	– 2.62	– 2.88	不平稳
$\Delta\ln P$	(C, T, 1)	– 4.53	– 3.67	平稳
$\ln R$	(C, T, 1)	– 4.38	– 2.88	平稳

ARCH 效应检验，选用 ARCH LM 法检验残差序列中是否有 ARCH 效应的拉格朗日乘数的检验。ARCH LM 法检验结果 P 值很小，拒绝原假设，表明棉花价格存在显著的异方差效应，对其市场建立 GARCH（1，1）、ARCH – M（ARCH – in – Mean）/ARCH 类模型重新进行估计，对棉花价格序列进行季节调整（Census X12）以消除季节性波动对时间序列的影响。

三　ARCH 族模型回归结果分析

表 3 – 3 分析结果表明新疆棉区棉花价格波动具有显著的集簇性，棉花市场没有高风险、高回报的特征，棉花价格波动具有显著的非对称性。

表 3 – 3　　　　　　　　　ARCH 族模型回归结果分析

	GARCH（1，1）	GARCH – M	TARCH	EGARCH
λ	—	0.001123	—	—
R_{t-2}	0.091871 ***	0.134679 ***	0.112491 ***	0.112491 ***
α_0	0.000000 ***	0.000000 ***	0.000000 ***	0.000000 ***
α_1	0.201123 ***	0.221098 ***	0.398201 ***	
ϕ	—	—	0.342579 ***	—
β_1	0.551367 ***	0.511342 ***	0.478651 **	
α	—	—	—	0.237982 ***
γ	—	—	—	0.387934 **

注：***、**、*分别表示在1%、5%、10%水平下显著。

关于上述结果的原因分析如下。

（一）国家政策指导对棉花价格的影响

棉花价格波动集簇性产生的原因是现阶段国家棉花政策指导，棉花市场与宏观经济走向联系越来越密切，以及相关信息产生的序列相关性使棉花价格波动呈现集簇性。

（二）棉花交易非完全市场化对棉花价格的影响

棉花市场没有高风险、高回报的特征，分析其主要原因是中国棉花相关政策限制棉花的完全市场化，棉花市场信息较为透明，不易炒作，使棉花价格较其他经济作物稳定。

（三）新疆棉区棉花种植面积对棉花价格的影响

棉花价格具有显著的非对称性，即价格上涨引发的波动大于价格下跌引发的波动，主要归因于除新疆棉区棉花种植面积较为固定外，内地棉花种植随价格变化较大。

四 本章结论

本书对棉花价格波动进行分析得出结论：棉花价格波动具有显著的集簇性，棉花市场没有高风险、高回报的特征，棉花价格波动没有显著的非对称性。

针对上述结论提出稳定棉花价格的建议如下。

（一）加快棉花全程机械化生产，降低生产成本

目前在棉花种植方面根据棉花采收方式的不同分为机采棉和手采棉，两种生产方式在棉花农艺管理上有所不同。机采棉与手采棉机械化水平测算与比较显示两种生产方式的机械化率分别是90.10%和45.50%，除此之外，每亩手采总成本比机采高450.39元。由此发现随棉花生产机械化率的升高成本呈下降趋势，为降低棉花生产成本，实现全程机械化生产是必由之路。

（二）加强基础设施建设，增强抵御各种风险的能力

基础设施建设可以提高棉花应对各种自然灾害的能力，增加卫星检测设施，提高棉花生产技术效率。我国棉花种植有三大区域，其中新疆棉区是种植面积较大区域。新疆棉区棉花种植规模较大，种植集中，较内地基础设施更为健全。我国棉花生产可以借鉴新疆棉区棉花生产方式尽早实现规模化经营，加强基础设施建设，可以增强棉花生产及经济竞争力。

（三）制定符合我国棉花发展的政策

2008年实施的棉花收储政策很大程度上已经不能满足中国棉花发展的需求，应根据现实制定符合实际情况的政策。2014年新出台的棉花政策在一定程度上可以促进棉花市场的发展，但是对于种植

农户的积极性产生了一定打击。针对新疆棉区及内地可以制定不同的棉花政策保证棉花生产。

2014年新疆棉区实施的目标价格政策对于我国棉花回归市场将起到一定作用。目标价格政策的优点是可以使我国棉花加入国际棉花竞争行列，但是其实施成本较大，棉花入库前保管较难，很多问题很难解决，随着新政实施许多新问题还会出现，期望目标价格政策对于我国棉花产业的发展起到一定的作用。

（四）稳定棉花产量

稳定棉花产量要保证棉花种植面积的稳定，中国棉花产量83.80%（2018年）来自新疆棉区，新疆棉区特殊的地理环境不易种植其他作物，长期看来新疆棉区棉花产量及种植面积较为稳定，内地种植作物品种可选择性较多，使得棉花种植面积不稳定易随价格变化，因此，稳定中国棉花产量应从内地着手。

（五）强化棉花生产保险

棉花生产受天气自然灾害等影响较大，在极端天气时容易造成棉花减产给棉农带来损失，且这种损失要由棉农自己承担。强化棉花生产保险，在遭受自然灾害时可以保障棉农收入，不会打击棉农生产积极性影响下一年度的棉花生产。美国农业保险制度对于棉花产业的保护措施值得借鉴。我国可以研究制定符合中国实际情况的农业保险制度，并由政府强制推行，让棉农接受这种制度，以此保护棉花产业可持续发展。

第四章

新疆棉区棉花价格
波动机理分析

价格波动是棉花生产、流通、加工等一系列自然和社会活动的共同作用的体现。新疆棉区棉花生产各环节与新疆棉区棉花价格波动存在一定关系，是棉花价格波动的原因。

第一节　流通体制改革中的政策演变及其对新疆棉区棉花价格波动的影响

新疆棉区棉花价格波动受棉花流通制度中的政策影响，政策对棉花价格影响是剧烈的，如表 4-1 所示。

一　流通体制改革的探索阶段（1985—1993 年）

1985 年中国政府对棉花流通体制进行了改革，国家再次调低北方棉区的棉花收购价格，按"倒三七"比例加价收购，每担皮棉实际收购价格比上年减少 10 元。并且开始取消收购棉花奖售粮食和棉田补助粮的优惠政策。1986 年国家进一步把北方棉区的比例价收购调低为"倒六四"，此后棉花政策主管部门要求各地区调整农业结构，控制棉田面积。

1987 年，为了扭转棉花供求的紧张局面，国务院决定从新棉上市起，不分南北棉区，收购价一律调到"倒三七"的比例价，棉花收购价格恢复到 1985 年的水平，1987 年棉花收购中出现了抬价抢购，爆发棉花大战。

表 4 – 1　　　　　　　　棉花流通制度变迁及价格形成

时期	时期政策	价格形成
自由购销时期 （1949—1953 年）	国民经济恢复，政府对旧中国的自由贸易方式进行改造和管理，1950 年供销社成立，供销社＋花纱布公司＋公私合营纱厂联合购棉处＋私商棉贩收购经营棉花	国家根据供求形势变化，规定国营商业收购棉花的挂牌价、系统内部调拨价、零售价[1]
统购统销时期 （1954—1984 年）	1954 年 9 月 14 日中央人民政府政务院发布《关于棉花计划收购的命令》，实行计划管理，供销社统一收购，统一销售，取消公私合营纱厂联合购棉处与私商棉贩[2]	人口增长，纺织工业恢复发展，棉花需求增长，供求矛盾加剧，根据棉花可供资源和纺纱计划平衡确定价格，国家统一制定棉花价格、收购价格国家定价
准统购统销时期 （1985—1998 年）	1985 年、1992 年尝试性改革；1994 年 9 月的"三不放开"与"两个统一原则"即"不放开经营，不放开市场，不放开价格，国家统一定价，供销社统一经营"	国家放开市场会出现棉花严重短缺；"双轨制"棉花价格机制即合同订购棉花：国家以粮棉比 1∶8 统一制定棉花收购价格；合同订购以外：农民上市自销
流通体制 改革阶段 （1999—2001 年）	1999 年开始进行棉花流通体制改革，2001 年 7 月 31 日国务院发布《关于进一步深化棉花流通体制改革的意见》，彻底放开棉花市场	棉花流通环节减少，价格波动剧烈，变动幅度达到 40% 多，2001 年上半年国内棉花价格高于国际价格 30%，政府提出棉花收购指导性价格＋收购与销售价格均由市场形成
经营市场化时期 （2001—2007 年）	2006 年 10 月 25 日国务院批准，由国家发改委、国家工商总局、国家质检总局发布《棉花加工资格认定和市场管理暂行办法》	彻底放开棉花市场，实行棉花市场准入制度政府指导价格＋市场形成

续表

时期	时期政策	价格形成
棉花价格调控阶段（2008 年至今）	2012 年 3 月由发改委、财政部、农业部、工业和信息化部、铁道部、国家质检总局、供销合作总社、中国农业发展银行发布《2012 年度棉花临时收储预案》、2014 年 3 月新疆棉区棉花目标价格政策[3]	棉花价格剧烈波动，收储价格以棉粮比价为基础，收储价格＋市场价格＋滑准税调节棉花进口；新疆棉区地区实施目标价格政策

注：［1］国家发改委学术委员会办公室课题组：《新形势下我国棉花价格问题研究》，《经济研究参考》2013 年第 39 期。

［2］史建伟、苏海燕：《新中国棉花历史概览（四）》，《中国棉麻产业经济研究》2016 年第 4 期。

［3］国家发展和改革委员会等：《2012 年度棉花临时收储预案》（2012 年第 3 号），《中国棉花》2012 年第 3 期。

1988 年宏观经济形势严峻，通货膨胀加剧，农用生产资料价格上涨过快（如化肥价格上涨 18.60%，农药价格上涨 35.20%，农用薄膜价格上涨 56.00%），严重影响了植棉效应。为了稳定棉花生产，新疆棉区对每担皮棉补助 20—30 元的生产扶持费，每吨奖售粮由中央财政补贴差价款 128 元，1988 年棉花实际收购价比上年提高 22 元/吨。

1989 年 1 月 8 日，国务院发出《关于调整棉花收购价格政策的通知》，棉花生产实行地区包干，以调动棉区生产的积极性。

1990 年新疆棉区棉花总产量达到 46.88 万吨，比上年增加了 58.90%，棉花生产出现转机。1991 年，粮食、畜禽产品收购价格大幅度下降，1992 年，由于农用生产资料价格上涨过快导致棉花生产成本迅速增加，使棉农的生产积极性受到影响，但是连续几年的丰收仍然导致 1992 年出现"卖棉难"①。棉花收购部门压级压价、

---

① 任丽娟：《我国农产品比较动态优势及其贸易结构整合优化研究》，《农业经济》2016 年第 7 期。

停收、打白条现象普遍，造成农民手中棉花越多越发慌，严重打击了棉农的积极性。1993年不少地区大幅度压缩棉田面积，新疆棉区棉花播种面积锐减，国家出台了一系列的奖励植棉政策，1993年8月将棉花收购价格恢复到300元/担。这些措施遏制了新疆棉区棉花生产下滑的速度，1993年新疆棉区棉花总产量为68万吨，仅比上年提高了1.86%。

二 "三不"和"两统"阶段（1994—1997年）

1994年9月8日，国务院发出第52号文件《关于切实做好1994年度棉花购销工作的通知》，不再给用棉花企业补贴，专项用于培育棉花新品种，这极大地促进了棉花生产。1994年新疆棉区棉花生产呈恢复性增长，棉花播种面积比上年净增143.47千公顷，达到749.82千公顷，比上年增加了23.66%，棉花总产量达到88.21万吨，比上年增长29.72%，基本上达到了新棉供求平衡。

虽然1994年政府大幅度提高了棉花收购价格，美元价将近72美分/磅，大体相当于国际市场棉花长期均衡价位，新棉供给量实际已超过需求。但是有关棉花政策决策部门仍认为调控力度不够，1995年新疆棉区棉花总产量达到93.50万吨，棉花出现过剩。出于控制棉花供求关系的政策目标，1995年政府制定的700元/担的高价位也一直维持到1997年未作调整，其中，1996年棉花收购价格可上下浮动4%，1997年棉花收购价格可上下浮动6%，高价格一定程度上促进了棉花生产，加上西方一些国家对我国纺织品的出口采取了限制措施，棉花需求减少，导致1996年、1997年新疆棉区棉花连续出现过剩。

三 流通体制改革阶段（1998—2000年）

全国棉花储备库存到1998年已接近500万吨，这时棉花政策主管部门才开始意识到棉花过剩的问题，提出压缩棉花种植面积，并将1998年棉花收购价格降低到650元/担（收购价格下限为617.50元/担），价格可上下浮动5%。1998年政府下决心改革棉花流通体制，放开棉花价格①。决定从 1999 年 1 月 1 日起，棉花收购价格、销售价格主要由市场形成，国家不再作统一规定，只颁布棉花市场指导价②。1999 年棉花市场指导价为 500 元/担，上下浮动 50 元。但是 1999 年国内棉花价格实际下降到 383 元/担，降幅达到 40% 左右，棉花生产在 1999 年也达到了一个新的低谷。受此影响，新疆棉区棉花播种面积为 995.93 千公顷，比上年减少 0.33%，棉花生产总量仅为 140.75 万吨，仅比上年增加了 0.75 万吨，但仍出现严重供大于求，又一次出现了"卖棉难"。2000 年棉花生产有所恢复，但是新疆棉区棉花总产量也只有 150 万吨，仅比上年增加了 9.25 万吨，棉花供需缺口逐渐增大，供求形势严峻并又一次爆发"棉花大战"，最后我国政府紧急调用 60 万吨（1200 万担）棉花储备才解决了问题。

四 实行市场准入阶段（2001 年至今）

2001 年，《关于进一步深化棉花流通体制改革的意见》（国发〔2001〕27 号）提出要放开棉花收购，鼓励公平有序竞争③。从 2001 年起，凡符合《棉花收购加工与市场管理暂行办法》规定、经省级人民政府资格认定的国内各类企业，均可从事棉花收购④。鼓励获得收购资格的纺织企业及其他各类企业，到新疆棉区等主产棉区跨区直接收购或委托代理收购棉花。严禁任何地区或单位利用划片、设卡等方式限制棉花购销活动，对违反规定的，要严肃处罚并依法追究当事人及领导者的责任。新疆维吾尔自治区政府根据国发〔2001〕27 号文件精神，结合自治区实际，于 2001 年 9 月出台了

---

① 周曙东：《中国棉花长期波动的规律及深层次原因》，《农业经济问题》2001 年第 6 期。

② 李正元、袁祥东：《1999 年度中籼稻收购价格执行不到位的原因分析》，《中国物价》2000 年第 3 期。

③ 郭明泉：《棉花流通企业的地位、作用及创新发展》，《中国棉麻流通经济》2007 年第 2 期。

④ 黄海：《纪事（2002）1 月》，《中国商业年鉴》，中国商业出版社 2003 年版，第 26 页。

《关于进一步深化棉花流通体制改革的意见》（新政发〔2001〕45号），以积极推进棉花流通市场化改革，进一步完善棉花价格市场形成机制。同时，国家根据市场对棉花的供求情况不断调整棉花收购指导性价格。

2001年8月新棉收购前，国家计委发布的指导性价格为380元/担。2000—2002年新疆棉区公布的指导性价格是400元/担，可上下浮动10.00%。2003年新疆棉区公布的指导性价格是400元/担，2004年是500元/担，2005年和2006年的指导性价格分别是679元/担、653元/担。受到2001年棉花收购价格下降的影响，且由于政策的滞后性，新疆棉区棉花生产总量在2002年只有150万吨，比2001年下降4.45%，其他年份新疆棉区的棉花生产都得到了较稳定的发展，到2006年棉花播种面积达到1664.43千公顷，总产量达到267.53万吨。

2010年国家实施国家收储政策，收储政策一方面稳定了棉花市场价格，另一方面保护了新疆棉区棉花生产。由于库存的急剧增长，出现了一系列脱离市场价格的现象。

2014年3月，国家出台目标价格政策，在新疆棉区试点实施，该政策使棉花价格回归市场，对新疆棉区棉花长远发展起到了保护作用。

第二节　新疆棉区棉花产业链各环节对棉花价格波动的影响

新疆棉区棉花生产购销包括整个棉花产业链，新疆棉区棉花产业链各环节与价格波动存在较大关系，分析如下。

一　棉花产业链概念及内涵

一般而言，产业链是指由产品、市场与技术、价值与信息等具有前后相互关联的产业组成，各产业在空间上相互联系、相互渗透，在时间上顺序发展，有机衔接。从产业链理论形成与实践历史来看，产业链是在社会分工与商品市场化高度发展条件下的产物，是产业价值实现和增值的根本途径，各环节不仅实现了产业价值在不同部门的分割①，也实现了商品价格的最终形成②。

棉花产业涉及的范围较广，前后环节具有较强的关联性，以棉花生产种植为中心来划分，可将棉花产业链分为产前（指产业链前端）、产中、产后（指产业链后端）三个环节。棉花产业链产前环节主要涉及的行业包括棉花生产提供生产资料和服务的制种、农药、化肥、农膜、植保、技术服务、专业机械制造、维修及租赁等行业或部门，产中环节主要涉及提供生产或管理的家庭农户（农场）、农业工人或雇用的劳动力、专业化的服务组织等，产后环节主要涉及棉花收购加工、运输及仓储、销售、纺织印染、服装制造、油脂加工、饲料工业、医药工业、建材工业、精细化工以及围绕着棉花产供销展开的政策法规服务、教育科技服务、市场信息服务、资金信贷服务和内外贸易营销等，具体构成体系如图 4 - 1 所示。

因此，棉花产业链可定义为，与棉花生产高度相关的，具有前向、后向联系的包含良种繁育、棉花生产种植、收购加工、纺纱织布、印染与服装制造等环节在内的整个功能流程，也包括围绕棉花的产供销而发展起来的各种相关服务③。

二 棉花产业链各环节价格形成及对价格波动的影响

（一）产前环节对棉花价格波动的影响

棉花价格波动与产前环节生产资料价格波动具有正相关关系，但是价格弹性不同，彼此的影响并不对等④。一般而言，化肥、农药、

---

① 张莉莉：《产业链整合的影响因素》，《物流科技》2010 年第 12 期。

② 王伟国、支小军：《我国棉花价格波动及其成因分析》，《新疆农垦经济》2013 年第 5 期。

③ 柳翠茹：《怎样看待棉花流通体制的改革》，《农业发展与金融》2000 年第 5 期。

④ 张雯丽、李秉龙：《我国棉花短期价格波动研究——基于时间序列》，《技术经济》2009 年第 4 期。

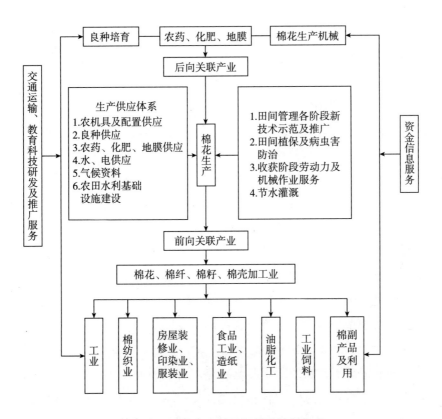

图 4 – 1　棉花产业链及相关联行业构成

资料来源：刘晏良：《棉花发展战略研究》，中国统计出版社 2006 年版，第 211 页。

农膜、滴灌带、棉种、劳动力等价格上涨，会带动棉花价格上升，产前环节价格具有一定的刚性和惯性，下跌幅度一般低于棉花价格的波动，因此割裂的产前和产中环节，往往会加大产中环节的市场风险。农业保险公司作为产前环节，有助于产中环节抵御自然风险，有助于棉花种植的稳定，长期来看，有稳定市场价格、熨平市场价格波动的作用。但目前中国的农业保险制度还不完善，农业保险的作用没有充分发挥。

（二）产中环节与棉花价格波动的关系

产中环节作为棉花的供给方，其供给量的大小与棉花价格符合经济学中的供求关系变化。农户种植棉花，从而增加棉花供给量，棉花供给大于需求，棉花价格又会下降，当棉花价格跌到种植户成本区间造成棉花种植规模降低，供给量下降、棉花价格升高；如果市场对棉花需求量波动不大，由于棉花供给量减少，棉花价格就又会上升。由于棉花生产对象的特殊性，棉花生产受自然风险影响也较大，一般而言，自然灾害严重时期，会导致棉花减产，从而使棉花供给量减少，导致价格上涨。在市场信息不通畅的情况下，因为棉花生产的特殊性，农户棉花种植决策与市场价格波动具有一定的滞后性，因此常出现加大市场价格波动的现象。价格大幅波动，对棉花产业健康持续发展非常不利，一方面容易挫伤种植户的种植积极性，也会对财政扶持资金带来较大的压力；另一方面加大纺织服装企业的成本，因为较多纺织企业为了应对市场供求波动和价格波动，会进行棉花存货调配，如果波动剧烈，会占用较多的资金，并且也会增加市场风险，对产业持续健康发展不利。

（三）产后环节与价格波动的关系

一般情况下，棉纺织服装品价格与棉花价格具有互动关系。品牌影响力较强的企业①，转移价格上涨引起成本上升的能力较强，一般会提高棉纺织销售价格，这样易形成棉花价格与纺织服装品价格呈螺旋式互促上升的局面②，带动棉花价格上涨；纺织服装价格下降时，两者会出现螺旋式互促下跌的局面，带动棉花价格下跌。

从国内外棉花产业发展历程来看，各产业形成的链条较短、链条直接关系松散，抵御市场价格波动风险的能力相对较弱，因此目前各国或各地区棉花价格竞争，不单单是种植的竞争，更是不同产业链条的竞争，这也迫使各地区棉花产业链向前、向后不断延伸，以增强抵御价格波动引致的市场风险的能力。

---

① 张军：《棉花价格波动对纺织服装行业的影响——兼谈棉花期货的上市》，《北京纺织》2004年第5期。

② 周俊兰：《浅析棉花价格波动对我国棉纺出口企业的影响》，《中国商贸》2009年第10期。

三　棉花产业链主要表现形式

如上所述，如果一个企业或协会，在棉花产业中具有较长的产业链，其抵御市场价格波动风险的能力就相对较强，因此很多涉棉企业都想扩大经营规模、延伸产业链条。棉花产业链常见的几种经营模式表现如下。

（一）棉纺织服装企业龙头 + 基地

该产业链主要由大型的棉纺织企业集团组成，拥有自己的棉纺织服装企业和棉花生产基地及加工厂。比如新疆棉区的罗布卓尔纺织集团和新疆棉区生产建设兵团的中国彩棉、昌恒纺织和银河纺织等，这类产业链减少了棉花流通的中间环节，降低了棉花加工过程的管理费用和财务费用，保障了棉花原料的质量和供给稳定，降低了中间流通环节的交易成本，形成了企业与农户的利益与风险共担机制。这类产业链模式中龙头企业在最终产品价格中将成本价格转移的能力方面，后向转移的能力大于向前转移的能力，因此原棉价格上涨的影响远小于价格下跌的影响。

（二）棉纺织龙头企业 + 农户（家庭农场）

这是具有代表性的产业链经营模式，主要通过企业与农户签订购销合同的模式，即"订单"收购模式。一般棉纺织龙头企业可以直接与农户签订长期供求合同，一方面保障了种植户的利益，另一方面也可通过对棉种、棉花种植和收获环节提出统一化、标准化生产建议，保障棉花的质量，解决企业原料问题。这类模式在新疆棉区比较常见，如溢达、雅戈尔等。这类龙头企业业务也会延伸到产前环节，比如棉种的研发与培育，棉花种植技术的推广，种植信息的提供，化肥、农药生产，甚至可以提供金融服务，这类龙头企业在美国等发达国家较多，这类产业链条抵御国际棉价波动的能力比较强。

（三）商贸流通龙头企业或行业组织 + 农户

这类产业链经营模式是最普遍的。这类产业链条主要是以商贸流通企业或行业协会为龙头，一方面这类公司拥有丰富的棉花销售经验与稳定的客户，同时也与种植户（农场）具有较稳定的契约关系，可以把农户与市场连接起来。一般而言行业协会组织在美国、澳大利亚等国家较为普遍，我国主要是棉麻公司等流通企业作为龙头企业比较普遍。这类企业往往拥有较强的和完善的籽棉加工、检验能力，较完备的仓储和棉花配送、运输体系，还参与产前的棉种培育、化肥与农药生产、棉花种植技术推广、市场信息传递等，这类企业往往具有快捷和灵通的市场和生产环节的信息，因此具有稳定国内外市场价格的能力，这在某种程度上对棉花价格形成起到了关键作用。这类商贸流通企业或者协会在国外，是棉花种植户自发或者自愿参与的，经营行为是市场行为；在国内，这类企业多是国有企业，市场化运作的能力需要提高，在国际棉花价格形成中，影响力度较小。

第三节　宏、微观棉花市场与价格波动的关系

一　宏观市场因素对棉花价格波动的影响

通过对比多年对新疆棉区棉花宏观市场对棉花价格波动进行分析得出以下结论，如表4-2所示。

表4-2　近几年新疆棉区棉花宏观市场因素与价格波动关系

年度	市场运行情况	原因	价格
2007—2008	价格大跌的一年	种植面积大增，国内棉花大量种植、国外棉花大量进口	24000元/吨降到15000元/吨
2008—2009	价格继续下跌半年，见底之后，后半年度开始缓慢上升	受金融危机的冲击，到年度末期，中国商业库存的积压逐步消化，为下年度棉花价格的上涨奠定了基础	15000元/吨涨到17000元/吨

续表

年度	市场运行情况	原因	价格
2009—2010	价格持续上涨的一年	中国及世界棉花的种植面积降到了近40年来的最低，单产因气候下降，上年度的期末库存消化，世界经济复苏，棉花用量明显增长	18000元/吨涨到30000元/吨
2010—2011	大涨大跌	与国内棉花市场趋势一样，涨也疯狂，跌也疯狂。既包含了市场对棉花供需面变化的反应，也有货币因素及过度投机的影响	30000元/吨涨到50000元/吨，50000元/吨跌到30000元/吨
2011—2012	价格小幅下跌的一年	主要受纺织下游经营不景气影响，棉市整体低迷	30000元/吨跌到25000元/吨
2013—2014	棉花价格下跌	全球棉花供给过剩，中国取消棉花收储政策，进口配额减少，投资者看淡后市，棉花价格下跌	20400元/吨跌到19800元/吨

分析表4-2发现新疆棉区棉花价格常年波动，通过第二章棉花生产分析，可以总结对新疆棉区棉花价格的影响因素较多，由于我国人口规模较大，也就必然是纺织品的消费大国。随着我国居民生活水平的不断提高，人们对棉制品的需求比例还会进一步上升。因此，从长期趋势看，国家宏观经济形势的发展成为带动棉花价格稳定和上升的重要影响因素[1]。但从短期来看，受全球性经济危机的影响和国内经济发展转型升级的影响[2]，国内经济增速明显放缓，受此影响棉花价格仍会持续低迷。整体看棉花价格波动频繁[3]，本章对影响新疆棉区棉花价格的因素进行总结分析，为稳定棉花产业

---

[1] 孙良斌：《棉花价格波动与市场有效性实证分析》，《合作经济与科技》2011年第4期。

[2] 谭砚文、温思美：《中国棉花价格波动分析》，《价格理论与实践》2004年第10期。

[3] 胡东林：《1978年以来中国棉价波动与市场避险途径选择研究》，博士学位论文，北京工商大学，2006年。

发展奠定好的基础。

二 微观棉花市场因素对价格波动的影响

(一) 棉花生产者与价格波动关系

新疆棉区棉花生产者由两部分组成，新疆生产建设兵团农场和地方植棉农户[①]。目前，新疆生产建设兵团有 110 多个植棉团场、新疆全区有近 60 个县种植棉花，棉花产值占全疆农业总产值的 45%。新疆生产建设兵团植棉职工和广大新疆地方棉农的植棉积极性保证了新疆棉区优质棉花向国内外棉花市场的供应，且直接影响到新疆棉区棉花的产量和价格[②]，对全国乃至世界棉花市场都会产生较大的影响，如表 4 – 3 所示。

表 4 – 3　　　新疆棉区棉花生产者与棉花价格波动的关系

生产者构成	生产特点	与棉花价格关系
新疆生产建设兵团农场	110 个植棉团场，产量占新疆棉区棉花的一半，新疆棉区棉花最大的供给者，高度组织化、综合素质高、先进农业科学技术及优良棉种推广迅速，精准农业生产技术	劳动力生产率水平、生产机械化水平、国际竞争力远远低于美国、澳大利亚、乌兹别克斯坦的家庭农场。兵团与地方棉农的植棉积极性保证新疆棉区优质棉花向国内、国际市场供应，影响新疆棉区棉花产量与价格，影响中国及世界棉花市场
地方植棉农户	近 60 个县，种植规模小、承担风险能力弱	

(二) 棉花营销中介与价格波动关系

棉花营销中介是指协助促销棉花及配销棉花产品给最终棉花购买者的企业或个人。针对棉花产品特点，新疆棉区棉花的营销中介主要有棉花分销机构、棉花营销服务机构及金融机构，棉花营销活

---

① 吴兴华：《我国棉花价格波动的原因分析》，《商场现代化》2007 年第 2 期。
② 周斌：《新疆变棉花大区为纺织服装业强区的思考》，《实事求是》2014 年第 5 期。

动的开展必须通过这些中介机构的协助才能顺利进行，棉花营销中介与棉花价格波动有一定的关系，如表4-4所示。

表4-4　　　新疆棉区棉花营销中介与棉花价格波动的关系

营销中介构成	功能特点	与棉花价格关系
棉花分销机构	棉花仓储、棉花运输、棉花保管、储存运输等	新疆棉区远离国内棉花市场，棉花产品的外销离不开运输、储存中介协助，金融机构业务活动的变化可以影响棉花的营销活动，比如银行贷款利率上升会使涉棉企业成本增加，信贷资金来源受到限制会使涉棉企业经营陷入困境，涉棉产品价格上涨
棉花营销服务机构	广告公司、市场调研公司、营销咨询公司、财务公司等提供专业棉花营销服务；确立棉花市场定位，进行棉花市场推广，对棉花营销活动产生直接影响	
金融机构	银行、信托公司，进行资金融通	

棉花营销中介机构在新疆棉区棉花市场营销中是不可缺少的，大多数涉棉企业的棉花营销活动必须通过它们的协助才能顺利进行。新疆棉区远离国内棉花市场，其棉花产品的顺利外销离不开棉花运输、棉花储存中介的协助，它们为新疆棉区棉花的顺利销售提供了保障，使得新疆棉区棉花价格稳定实现。

棉花分销机构指进行棉花保管、储存、运输的物流机构，包括棉花仓储公司、棉花运输公司等。棉花分销机构主要任务是将棉花产品运往销售目的地，完成棉花产品空间位置的移动，到达目的地之后，还有一段待售时间，需要协助保管和储存。

棉花营销服务机构指提供专业棉花营销服务的机构，包括广告公司、市场调研公司、营销咨询公司、财务公司等。其主要任务是确立棉花市场定位，进行棉花市场推广，对棉花营销活动产生直接的影响。

金融机构指在棉花营销活动中进行资金融通的机构，包括银行、信托公司等。金融机构业务活动的变化可以影响棉花的营销活动，比如银行贷款利率上升会使涉棉企业成本增加，信贷资金来源受到限制会使涉棉企业经营陷入困境。

（三）新疆棉区棉花需求者与价格波动关系

新疆棉区棉花的直接需求者是中国国内外棉纺织企业。棉纺织企业的经济实力和资信状况是新疆棉区棉花营销工作中需要考虑的重要因素，只有那些有经济实力的棉花需求者才是真正的棉花市场需求者。

1. 国内棉花需求者

新疆棉区棉花的国内需求者由新疆棉区区内纺织企业和区外纺织企业两部分组成。新疆棉区的纺织企业主要包括化纤、棉纺织、毛纺织、麻纺织、印染、针织等企业，其中以棉纺织企业为主体。新疆棉区棉花资源优势极为明显，按照生产力布局，理应成为中国棉纺工业大区，但从近年状况来看，新疆棉区棉纺工业企业连续多年亏损，大多数棉纺企业产业链延伸度很低，只限于纺纱，能完成纺纱、织布再到成衣的企业几乎没有①。

表 4 – 5　　　　　　　新疆棉区棉花需求者价格波动的关系

国内棉花需求者	新疆棉区内纺织企业	化纤、棉纺织、毛纺织、麻纺织、印染、针织等企业	棉纺织工业连年亏损、产业链延伸度低，需求一般，对新疆棉区棉花价格影响一般
	新疆棉区外纺织企业	山东、江苏、浙江、湖北、河南、河北等棉纺织企业，中国香港和台湾纺织企业	产业链延伸度高，需求大，对新疆棉区棉花价格影响较大
国外棉花需求者	棉花进口大国的纺织企业	日本、韩国、德国、法国、意大利等国的纺织企业	大量进口棉花，对新疆棉区棉花需求及潜在需求影响新疆棉区棉花价格

新疆棉区棉花的区外需求者主要是山东、江苏、浙江、湖北、

———————

① 马杰：《守着"棉花堆"也临生死劫?》，《中国纺织报》2013 年 3 月 19 日。

河南、河北等棉纺织业发达省份的棉纺织企业，这些省份的棉纺织企业是新疆棉区棉花的需求者或者是潜在的需求者。另外，中国香港和中国台湾每年都要购进大量棉花，也是新疆棉区棉花国内消费者市场的重要组成部分，当国内棉花需求者的需求上升时，新疆棉区棉花价格大幅上升。

2. 国外棉花需求者

中国出口棉花的很大比例来自新疆棉区的优质棉花（如表2 - 14 所示）。2000—2013 年新疆棉区棉花出口量占中国棉花总出口量的比例最高达到93.51%，最低为2.33%，新疆棉区棉花在中国出口棉花总量中所占位置非常重要。

新疆棉区棉花的国外需求者主要是一些棉花进口大国的棉纺织企业。世界上主要的棉花进口国家有日本、韩国、德国、法国、意大利等。另外，世界上最大棉花出口国——美国的棉花出口目的地除了中国之外，1990 年主要出口到日本、韩国、印度尼西亚、意大利，2013 年主要出口到墨西哥、土耳其、印度尼西亚、韩国、泰国。新疆棉区棉花的质量高，在这些国家也较受欢迎。由于这些国家每年都需大量进口棉花，这些国家的棉纺织企业是新疆棉区棉花的需求者或潜在需求者，国外棉花需求者影响新疆棉区棉花出口贸易，间接影响新疆棉区棉花国内供给，与国内棉花需求者争夺资源，抬高棉花价格，使棉花价格短期波动。

（四）棉花竞争者与棉花价格关系

中国西北内陆棉区的新疆棉区，由于具有得天独厚的水、光、热资源而成为世界上最大的手摘细绒棉产区，也是中国唯一的长绒棉生产区，新疆棉区棉花的竞争者主要是国内其他棉花产区和国外棉花主产国生产的棉花，市场经济发展使得新疆棉区棉花与国内外棉花市场竞争加剧，在有限需求市场情况下，竞争者的棉花价格成为影响新疆棉区棉花价格的重要因素，当棉花竞争者的棉花出现波动时，新疆棉区棉花价格也随之出现波动，如表4 - 6 所示。

表 4 - 6   **新疆棉区棉花竞争者与价格波动的关系**

国内竞争者	中国国内其他棉花产区长江流域、黄河流域、西北内陆其他产区生产的棉花	棉花品质整体高于内地产区，经济效益远远高于全国平均水平，价格高于国内均价
国外竞争者	其他产棉大国	棉花品质及轧花质量低于其他棉花主产国，较美国优势不明显，单独分析品质，价格应低于其他产区

其他产棉大国的棉花及棉花品质成为影响新疆棉区棉花价格的又一重要原因。棉花品质及轧花质量低于其他棉花主产国，较美国优势不明显，单独分析品质，价格应低于其他产区。

（五）社会公众与新疆棉区棉花价格波动关系

社会公众对新疆棉区棉花价格的波动作用是值得注意的。社会公众这一微观营销环境因素的影响，根据新疆棉区棉花产品的特性，政府公众、金融公众及保险公司三个因素对新疆棉区棉花价格波动影响较大，如表 4 - 7 所示。

表 4 - 7   **社会公众对新疆棉区棉花微观市场环境及价格的影响**

对象	部门	职能	与价格波动关系
政府公众	中央及新疆棉区棉花所在地的各级政府	为新疆棉区棉花的生产与销售提供政策支持与指导	提高了新疆棉区棉农的植棉积极性，保证棉花价格稳定
金融公众	农业发展银行	为新疆棉区棉花的生产、销售提供政策性财力支持的金融机构	为棉花收购、加工、销售等提供政策性贷款支持，为新疆棉区棉花产业的健康发展、维护社会稳定、保护棉农利益、价格稳定做出了巨大的贡献

续表

对象	部门	职能	与价格波动关系
保险公司	政策性保险公司	发生自然灾害时提供赔付	降低了新疆棉区棉花生产与销售风险，解决了农民不愿意大面积种植棉花的问题，并促进新疆棉区农村社会经济稳定，有利于新疆棉区棉花的生产和销售，实现新疆棉区棉花价值转化

　　政府公众主要指中央及新疆棉区棉花所在地的各级政府，它们为新疆棉区棉花的生产与销售提供政策支持与指导，并通过政府各部门之间的联系来沟通棉花的供需信息。金融公众是为新疆棉区棉花的生产、销售提供政策性财力支持的金融机构，主要是农业发展银行，它们在各级政府相关政策的引导下为新疆棉区棉农的生产和新疆棉区涉棉企业的棉花收购、加工、销售等提供政策性贷款支持，例如农业保险[1]。

　　政府公众的政策对新疆棉区棉花价格波动影响短暂但剧烈，新疆棉区棉花种植的良种补贴、保险补贴、价格补贴等，如2014年国家出台针对新疆棉区的目标价格政策，国家出资400亿元对新疆棉区棉花进行针对棉农的直接补贴，鼓励了新疆棉区棉农种植积极性、保证棉花供给稳定，保障了棉花价格波动幅度在合理范围之内。政府、政策性金融机构及农业保险公司的存在提高了新疆棉区棉农的棉花生产、涉棉企业的棉花收购、加工和销售的积极性，也促进了新疆棉区棉花营销活动的顺利开展，有力地推动了新疆棉区棉花产业发展及棉花价格的稳定。

　　三　本章结论

　　对新疆棉区棉花生产与购销环节与价格波动关系分析后，发现

---

　　①　彭美秀：《我国棉花价格波动的原因及其稳定措施研究》，《中外企业家》2012年第21期。

上述环节引起价格波动的主要原因如下。

（一）政府现行的管理体制改革滞后

出现多头管理，割裂了产业链条。农业部门只管农业生产本身，与其他部门之间信息不够畅通，存在某种内耗和不协调[①]。农民、企业、政府往往很难得到真实、有效的市场信息，从而导致了国家和自治区宏观决策、企业经济方向和农民种植计划的多重失误。在现行分散式农业管理体制下，难以实现对棉花生产、流通、贸易进行灵活、有效的宏观调控，具有明显的体制劣势。

（二）棉农生产地位较低

受到买方压级、压秤、压价的干扰，棉农均不具备为自己的棉花确定品级、长度、含杂量和重量的手段。因此棉农在出售棉花时，不能像工业品那样，由制造方自己对产品品质做定性鉴别，而是由棉商确定棉花品质和价格，这样，就经常出现购方对棉农压级、压秤、压价的现象。

对新疆棉区南疆库尔勒轮台县调研发现棉花加工厂存在对棉花压级、压秤、压价的现象。压秤现象：棉农 1 吨棉花抽检 5 千克，5 千克无形损失，除潮、除杂等扣除率较高。压级现象：棉农将棉花送往加工厂评级全由加工厂内部人员评定，结果较差，因为棉花不易区别生产农户，有关系的人棉花品级较差时会替代没有关系棉农品质较高的棉花。压价现象：棉花加工厂会统一价格进行压价，这一现象在 2014 年目标价格实施后较为严重。新疆棉区目标价格实施后，政策将棉花补贴直接发放给棉农，限制了棉农将棉花卖给商贩的销售途径，商贩受新疆棉区棉花政策影响不能将新疆棉区的棉花择市（疆外的棉花加工厂）而售，限制了棉花的流通，棉农只能将棉花卖给当地的棉花加工厂，而此时棉花加工厂会联合统一压价，控制价格，实际影响棉农的切身利益。

---

① 厉为民等：《"WTO 与中国农业"座谈会专家观点摘编》，《农业经济问题》2002 年第 2 期。

（三）订单农业极不规范

缺乏保护农民利益和约束农商双方的机制。现在农村中的"订单"（合同），在手续上很不完备，多数只有买卖双方一纸"君子协议"，既未通过工商行政部门监证，也没有办理公证手续，只靠双方诚信道德约束，缺乏法律保障，即使一方不执行合同，行政管理部门也无法处理。在棉花产量丰收，库存积压非常严重的情况下，农民的植棉面积也不一定下降。

（四）棉农市场竞争优势较低

棉花生产经营主体在参与棉花市场竞争过程中自身劣势十分明显，主要表现在以下方面。

（1）棉农生产规模极小，在与国内外两个市场对接中没有能力获得充分的市场信息，并做出有效决策，生产盲目性很大，产品市场认同感和竞争力较低[①]。生产规模小、产量小，在与棉花加工厂博弈时处于劣势地位。

（2）棉农合作组织尚处于初级阶段，棉农没有形成代表自身利益的组织或团体，在市场谈判中处于被动地位，棉农利益得不到保障。

（3）棉花流通企业同样缺乏协调行业内部竞争与合作的行业组织，再加上历史包袱重，经营机制转变缓慢，面对国内、国外集团化企业的竞争，在市场竞争中处于不利地位。

---

① 邱军平等：《我国加入 WTO 在棉花领域的承诺及义务》，《中国棉花》2003 年第1 期。

第五章

新疆棉区棉花价格波动
影响因素分析

新疆棉区棉花价格波动既受一些共性因素的影响，也受一些地方性特殊因素的影响。这就启示我们在研究新疆棉区棉花价格波动中，必须探寻出影响新疆棉区棉花价格波动的各种因素，把握关键因素及其作用机理。本章将根据在跟随新疆棉区棉花经济研究中心调研期间作者问卷调查获取的样本数据，运用定量分析方法找出新疆棉区棉花价格波动的关键影响因素，并分析其对新疆棉区棉花价格波动的内在影响，以为提出推动新疆棉区棉花产业发展调控政策提供重要依据。

第一节　新疆棉区棉花价格波动影响
因素理论分析

张雯丽、李秉龙（2009）采用 ARCH 族模型对国内短期棉花价格波动的影响因素进行了研究。结果显示棉花流通体制改革和市场宏观调控政策对棉花价格波动分别表现为正向影响和负向影响；棉花当期价格受一期和八期滞后价格影响，这显示出市场主体预期对市场变动趋势具有一定影响；国内持续上涨的需求对棉花市场价格波动的影响相对不显著，而供需缺口的变动是影响国内棉花价格波动的重要因素；棉花进口量的增加有利于减弱国内棉花价格波动；国际市场棉花价格波动对国内价格波动存在显著的正向影响。短期内棉花价格呈现明显的季节特征，这种季节特征与市场预期、供需变化有较大关联；棉花种植者的价格预期行为及其决策上符合传统的蛛网模型，导致棉花播种生产面积和价格波动频繁[1]。段玲玲[2]通过对影响新疆棉区棉花市场的因素进行分析，结果表明：新疆棉区特殊的地理位置及其他原因，新疆棉区棉花市场与全国乃至世界棉花市场变化并不相同，新疆棉区棉花市场及其价格主要受国际国内形势与政策、国内外棉花市场供需、新疆棉区特殊的地理位置及其自然条件等因素的影响。唐海荣[3]在研究棉花价格影响因素分析中指出：国内棉花市场供求结构依然是影响新疆棉区棉花价格波动的最主要因素，其中棉花种植面积和总产量的变动对棉价波动的影响更为明显，同时由于价格和产量之间的相互影响，导致市场最终受到的影响表现出持续性。阿依米沙·吾布力、单小红[4]认为由于主观因素和客观因素的影响，棉花价格每年都在发生波动。就新疆棉区棉花市场调查分析其价格影响因素，指出影响新疆棉区棉花价格波动的因素为进口比例、国际市场价格、替代产品、纺织产品出口量、运输费用、投资、农资价格、种植规模等。另外还总结出人民币升值、棉纺企业倒闭速度的加快等因素与棉花价格的升降有直接关系。新疆棉区棉花企业贷款比重很大，所以也会受央行的存贷款基准利率影响，这也是新疆棉区棉花企业成本变化的原因之一。程云洁[5]在分析新疆棉区棉花国际竞争力时指出降低经营成本，提高

① 张雯丽、李秉龙：《我国棉花短期价格波动研究——基于时间序列》，《技术经济》2009年第4期。
② 段玲玲：《影响新疆棉花市场因素分析》，《中国棉花加工》2010年第3期。
③ 唐海荣：《棉花价格波动影响因素的分析》，硕士论文，北京交通大学，2010年。
④ 阿依米沙·吾布力、单小红：《新疆棉花价格影响因素及调控对策分析》，《新疆农业科技》2008年第6期。
⑤ 程云洁：《新疆棉花国际竞争力发展研究》，《当代经理人》2006年第1期。

棉花价格是增强其国际竞争力的一个重要方面。

随着棉花流通体制的改革及国际贸易的发展，新疆棉区棉花在世界棉花产业中的地位越来越重要①。新疆棉区棉花价格受政策、产量、消费量、进出口量、替代品、国际市场等的影响，从下述几个方面分析新疆棉区棉花价格波动的影响因素②。

一 政府政策对新疆棉区棉花价格波动的影响

棉花生产、加工产业都属于劳动密集型产业，其可容纳的就业人数高达数亿人，棉花价格水平直接影响了棉农和棉加工人员的实际收入。为此，政府需在一定程度上利用政策合理调控棉花价格，防止棉花价格过分波动③。

政策会对价格产生短期、剧烈的影响④。2012 年新疆棉区棉花95% 入储，入储价格为 20400 元/吨，当期棉花市场价格为 18900元/吨，美国棉花进口到岸价为 15900 元/吨。2014 年新疆棉区实施目标价格政策，当期价格为 19800 元/吨左右，新疆棉区实行棉花收储政策保护了棉农利益，保障了市场供应，但也使纺织服装产业陷入采购成本上涨的困境，引起棉花下游产业的抱怨。由此可见，政策因素在新疆棉区棉花价格波动方面的作用是重要因素之一。

（一）政府的宏观政策

政府宏观政策主要分为政治与经济两种，但不管是哪种宏观政策，都会对棉花价格和棉花期货价形成较大影响。值得关注的是，在分析棉花价格及棉花期货价是如何受政府宏观政策影响时，必须考量国务院或其他政府部门下发的文件，因为它们可能在一定程度上影响棉花价格。

---

① 高运福等：《浅议影响棉花价格波动的几个因素》，《经济师》2000 年第 9 期。
② 岳会等：《我国棉花价格波动及影响因素分析》，《价格理论与实践》2013 年第11 期。
③ 王玉霞、高维全：《影响我国棉花价格波动的因素及对策分析》，《价格理论与实践》2010 年第 11 期。
④ 张立杰、彭利：《中国棉花价格波动特征及趋势分析》，《中国棉花》2012 年第 9 期。

（二）行业组织政策

在市场经济发展中，行业组织起到不可或缺的作用。如著名的中国棉花协会通常会根据棉花市场行情制定相关的产业政策，进而使棉花生产行情，包括棉花的生产规模与销售量等受到影响。

（三）国家收储政策

国家拍卖收储棉花时的价格、棉花市场的需求量以及国内棉花价格都是影响棉花价格的重要因素。我们在计算价格的时候也要有所考虑。

在我国经济发展中，棉花是重要战略物资，它也关系着我国棉花产业的生产加工与工作人员的收入。1984年，我国实现了430万吨的棉花收储量，规模属上等水平。一直到90年代末期，我国棉花价格始终未降至低位，且棉纺织产业对棉花的需求量也在不断加大。因此，政府部门采取了大肆抛售收储棉花以调整棉花价格的措施，导致棉花价格骤减，国家收储的棉花数量几乎为零。2003年，我国又根据现行的棉花流通体制提出了相关改革意见，明确指出以国家原有的供销总量为底，建立中国储备棉管理总公司[①]。该公司是以政府收储政策为核心，专门管理棉花产业的央企，其监管部门由国家监督管理委员会成员组成，主要监督各个棉花生产企业贯彻落实国家颁布的收储政策。在公司经营管理监督与宏观调控综合管理下，棉花企业盈亏自负[②]。

为确保棉花产业的可持续发展，我国在2008年出台了保障棉农与棉企利益的相关政策。政策规定，在市场供求稳定的情况下，增加国家的棉花储备总量，使收储价格具备一定的保障。2008年到2009年，国家收储了272万吨棉花，有效稳定了棉花价格；而2010年到2011年，我国又通过抛储政策避免了棉花价格的大幅上涨。

---

① 胡东林：《1978年以来中国棉价波动与市场避险途径选择研究》，硕士学位论文，北京工商大学，2006年。

② 《规避棉花价格波动风险——访"全国棉花交易市场"市场总监孙娟女士》，《纺织导报》2012年第3期。

2011 年以来，我国棉花收储就实现了每吨 19800 元的价格，当期棉花交易总量达 313 万吨，仅新疆棉区交易量就达到了 171 万吨；2012 年收储价格为 20400 元/吨，并实行敞开收购，稳定了国内棉花价格，保护了广大棉农的利益，但由于其价格高于国际市场价格，给纺织行业造成压力①。具体来看，我国政府调控棉花价格主要是通过国家棉花收储规模与收储价格来实现的。

（四）他国棉纺织品政策的影响

新疆棉区棉花价格在一定程度上也受各个国家发布的农业补助政策与棉纺织品进出口政策影响。我国棉花价格的形成，除受供求状况、政府政策等影响外，还受他国颁布的棉纺织品政策、棉花配额管理政策、农业补助政策、滑准税等多方因素影响。

（五）棉花进出口政策影响

我国实行的棉花交易，主要以进口为主，且市场对棉花进口的依赖性也在显著提升，它在一定程度上对国内棉花价格起到了反向作用，也减少了进口配额及提高了配额外关税，进口贸易量会降低，对棉花价格影响变小。增加棉花出口量、减少进口配额、提高配额外关税等对保证国内棉花价格合理波动以发挥价格优势作用。

我国人口众多，对棉花的需求量与消耗量巨大，因此，我国也是国际上不可或缺的棉花贸易国。随着我国经济的飞速发展，我国对外棉花贸易领域也急剧拓展。美国农业部公布的《棉花市场与贸易展望》报告显示中国进口棉花数量位居全球第一，而出口则较少。国内棉花价格影响了我国出口与进口棉花的数量，而棉花的进口量也会反过来影响棉花价格，出口量影响相对较小。从国外大量进口低价棉花，会在一定程度上打击国内棉花价格，促使国内棉花价格发生经常性波动，进而对棉花产业的发展产生负面冲击。因此，在贸易竞争背景下，为保证发挥国内及新疆棉区棉花的价格优

---

① 祝宏辉等：《中国棉花贸易依存度及其影响因素研究》，《世界农业》2014 年第 4 期。

势、提高国内棉花贸易竞争力、棉花产业的可持续发展等提出应对策略十分必要。

（六）国家棉花流通体制改革

新疆棉区棉花流通是影响其价格的重要因素，棉花流通体制关系到棉花市场及其价格形成，对其深入分析很有意义。

为了使棉花价格发展能够顺应市场经济发展要求，我国在 1998 年贯彻落实了棉花流通体制，并进一步确定了该流通体制改革的目标。此外，在国家实行的宏观调控政策之下，相关部门又以市场机制为核心构建了合理配置棉花资源的新型体制。棉花价格体制的形成是在棉花储备、进出口等各项管理的基础上实现的。棉花流通体制的建立，不仅增加了棉花管理的渠道，完善了棉企经营管理机制，也有效节约了棉花流通成本，使棉花产销关系得以进一步稳定。但就目前而言，我国棉花流通企业还未形成强烈的自主经营意识，对棉花生产经营的自负盈亏也无成熟的概念；加之棉花市场监督机制不完善，有序竞争还缺乏多渠道支持，棉花质量无法得到有效保障；宏观调控机制不够完善，使得棉花流通体制难以完全发挥作用。

为了有效推进棉花流通体制改革，国务院在 2001 年下发了《关于进一步深化棉花流通体制改革的意见》，明确提出在棉花收购方面既要避免行业垄断，也要尽可能打破地区封锁，全面实现市场公平竞争，并由此拓展经营渠道，进而促使棉花生产与流通得到市场机制的支持[①]；把社会组织与企业分开，着重改革清产核资和产权界定部分，使棉花生产、加工与销售不再以供销社单一组织为主；分清棉花储备与棉花经营两大环节，避免两者继续融合一体操作，进而保障储备棉花的高质量；利用宏观调控政策大力提升棉花产业相关人员的利益收入，使棉花供求状况与棉花价格保持稳定水

---

① 张新德、何家新：《棉花质量检验体制改革进展情况及问题》，《中国棉麻流通经济》2007 年第 6 期。

平；强化棉花市场管理，推动相关监督部门贯彻落实自身的监督职能，特别是在棉花采购、销售和加工方面，更需要有效地监督；进一步完善棉花贷款管理，使政策性贷款不再干预棉花市场；以市场为核心推进棉花生产经营的产业化，利用先进技术生产棉花，提高棉花生产加工效益。经过十多年的努力，这一系列措施对棉花流通体制和市场产生了很大的影响，了解这一形势及未来走势对把握新疆棉区棉花价格的形成很重要。

二　产量对新疆棉区棉花价格波动的影响

由于供需是决定棉花价格的刚性条件，产量对于棉花价格波动的影响是显著的。近 20 年来新疆棉区棉花年均产量在 250 万吨左右，2012 年产量为 354 万吨，占同期全国棉花产量的 51.75%。图 5 - 1 为新疆棉区棉花价格与产量之间的关系，分析可知，新疆棉区棉花价格与产量在波形上呈相反关系[1]。上期棉花价格会影响本期产量，本期产量又对价格产生影响，使新疆棉区棉花价格波动具有其他农产品价格与产量之间所体现出的"蛛网"特性[2]。

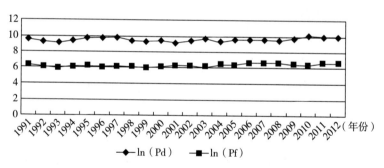

图 5 - 1　新疆棉区棉花价格与产量对数变量关系

对于棉花来说，当期产量是一个不断变化的量，因为其会受到

---

①　刘向辉、顾水根：《棉价波动新疆棉花市场现隐忧》，《中国城乡金融报》2011 年 10 月 12 日。

②　张立杰、王宾：《中国棉花价格与产量及生产成本相关性研究》，《湖北农业科学》2013 年第 16 期。

当前的播种面积还有单产的影响。在棉花播种面积不变的情况下，由于棉花的生长周期相对来说较长，受到气候变化的影响相对较大。在棉花生长的一些比较关键的阶段，特别是8、9、10月的气候对于棉花的生长情况有特别大的影响，继而最终影响到棉花的产量。一般情况下，棉花种植面积类似于其他主要经济作物，往往上一年度棉花的市场价格将对本年度播种面积起到很重要的作用，上年度如果棉花价格比较高的话，则本年度的播种面积将会增加；反之，则种植面积相对减少。棉花行业的利益相关者如果能够充分考虑棉花栽种面积的变化趋势、气候条件的变化、生长条件的变化、生产成本未来的状况，以及国家农业政策与产业政策等要素的变动情况，对当期棉花产量将会有一个较合理的预测，一般来说偏差度不会太过明显。

三　生产成本对新疆棉区棉花价格的影响

成本是价格的构成部分，成本与该商品价格成正比例关系，价格随着成本的增加而提高，反之则降低，二者是紧密相关不可分离的。图5-2为新疆棉区棉花价格与成本之间的关系图示，由该图可以看出价格波动曲线与成本曲线存在一一对应关系，进一步分析可知两者在波形上呈正相关关系，初步分析成本上升时会带动棉花价格上扬。

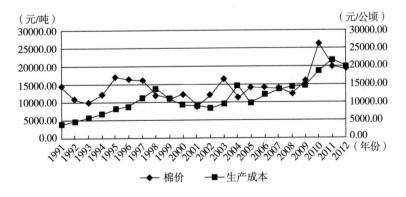

图5-2　新疆棉区棉花价格与生产成本关系

机械采摘收益率高于人工采摘收益率，将机械采摘看作大数据时代农业的改进，因为机械采摘对棉花生产过程的要求较高，假设为大数据时代的产业转变。

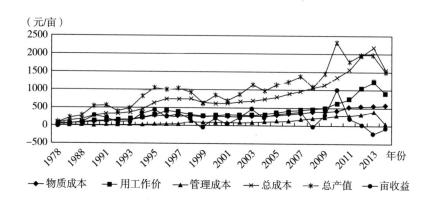

（元/亩）

图 5 - 3　新疆棉区棉花生产成本收益

分析图 5 - 3 可知，1978 年以来我国棉花生产成本呈波动上涨趋势，其中物质成本与用工作价对总成本影响较大，30 多年来管理成本变化较小，2000 年以后管理成本有所增加；棉花生产总产值波动较大，主要归因于每年棉花主产品价格的波动性。在成本上涨带动下新疆棉区棉花价格与成本变化趋势保持一致。

四　消费量对新疆棉区棉花价格波动的影响

新疆棉区是我国主要产棉地区，我国也是棉花消费大国，我国棉花的消费量对新疆棉区棉花价格的影响较大。棉花的消费量随着多种因素的变化而变化，主要因素主要有：消费者购买力、政府政策等。我国是棉花消费大国，95% 的棉花用来纺纱、织布，加工成服装出口，国际市场的消费量间接影响我国棉花价格的波动。消费量对新疆棉区棉花价格的影响可以收集国内外棉花消费数据进行分析，全面了解棉花消费对其价格的具体影响。

五　国内期货市场对新疆棉区棉花价格波动的影响

1978 年以前，我国棉花基本实行统购统销。1978—1998 年，国家在统购统销基础上探索了棉花交易的双轨制、合同订购等，并探索市场在资源配置中的基础性作用。1999 年，通过进一步对棉花流通体制改革，我国棉花流通的现货市场逐步形成，成为棉花价格形成的主要渠道[①]。

为促进农产品市场的发育，20 世纪 90 年代，我国开始探索农产品期货市场的建立，经过清理整顿和调整，2000 年以后逐步走向规范。其中棉花期货交易于 2004 年正式启动，期货市场在发现棉花价格、商家避险等方面的作用日益突出，对于其现货生产和流通起到了一定的指导作用[②]，逐步成为较有代表性的价格。但是由于我国棉花期货市场以个人投资为主，法人投资者比重偏低，尤其缺乏机构投资，造成期货市场的投机性行为时有发生，对新疆棉区棉花市场也造成一些不利影响。棉花期货市场的发展成为把握新疆棉区棉花价格走势的关键因素。

六 棉花的金融属性对新疆棉区棉花价格的影响

近年来，具备金融衍生品属性的棉花期货快速发展，导致棉花价格发生了较大幅度的波动。而在期货市场还未形成之前，人们对棉花的交易主要以现货为主，此时棉花的价格也不受金融市场风险的影响。但随着棉花期货不断发展且其所具备的保值投资功能、投机作用不断加大，加之计算机技术的进步，棉花期货在投资市场变得越来越热。综观当前金融市场，期货所具备的金融属性在一定程度上为大宗商品定价保驾护航，原因如下。

第一，大宗商品定价时，期货市场有参与定价的权利。期货投资对应的产品是一定标准下的金融合约，该合约本身存在价格功能。从全球经济发展状态来看，金融衍生品市场的规范性正在不断加强，其经济形态也逐渐偏向虚拟经济，期货市场开始掌握大宗商

---

① 朱厚岩等：《国内外棉花现货价格与期货价格的互动关系研究》，《价格理论与实践》2012 年第 11 期。

② 刘重：《利用棉花期货市场规避价格风险》，《辽宁经济管理干部学院学报》2009 年第 1 期。

品的定价权，进而促使棉花现货逐步减弱原有的定价功能。

第二，提高市场价格是期货投资者获得收益的重要手段。避免远期投资带来的风险是期货市场的主要目的，也是套期保值投资者远离投机市场高风险的手段。在这些参与者中，主要是短期投资者。在期货投资中，投机者通常会采用短期行为来获取高收益，因此会频繁扰乱市场价格，导致大宗商品价格大幅波动。

第三，保证金与杠杆比例交易强化了棉花等大宗商品的投资特性。采用保证金交易，投资者只需花费一定的资金就可获得更高资金量，进而参与投资，由此也增加了投资者强化市场价格波动性的机会；杠杆比例交易则在一定程度上降低了参与者进入期货市场的难度，使得投机者大量进入期货市场。

第四，期货功能容易产生大影响力的"羊群效应"。金融衍生品的形成与发展是虚拟经济发展的重要环节。相比虚拟经济，实体经济采用的是以商品为中介的货币到货币循环流程，即将成本投入商品生产中，然后通过商品流通重新获得增值货币。此时，决定商品价格的是商品的生产与流通；采用杠杆交易，使得投资者能够将未来的资金用来交易，这个过程实现的是货币与货币的直接流程。在这个定价过程中，预期是虚拟产品价格形成的主要依据，而这个心理预期往往会形成"羊群效应"，这也使虚拟经济的定价速度远快于实体经济。

从历时角度分析可知，棉花价格的波动受投资需求影响显著，而投资者的投机炒作极可能将棉花价格推离其内在价值。由此可见，真正决定棉花价格的，是棉花市场的供求关系；棉花期货作为金融投资产品，可直接通过棉花价格的暴涨暴跌来影响市场；但由于棉花期货等金融属性并不稳定，因此其无法真正替代棉花本身具有的商品属性，也无法在定价环节中占据主导性地位。从2010年9月开始，我国新疆棉区的棉花价格就呈现大幅波动，甚至一度达到每吨18002元。但到2011年8月底，新疆棉区棉花的价格又迅速至每吨 19307 元，整个行情变动犹如"过山车"①。这个价格变动也说明，真正决定新疆棉区棉花价格的并不是棉花作为大宗商品期货所具备的金融属性，而是棉花市场本身的供需关系。

七　进出口量对新疆棉区棉花价格波动的影响

进出口量影响棉花供给，供给影响价格。20 多年的进出口数据显示，2011 年我国棉花进口量为 520.40 万吨，同期出口量为 2.57 万吨，中国成为世界最大的棉花进口国，出口量则保持较低水平。中国棉花近年来进口量整体保持增长态势，但波动幅度较大，影响新疆棉区棉花价格波动。

假定生产量和前期库存量不变，棉花的进出口数量很明显地直接改变了总体供应量的多少。进口量如果变大，则国内的棉花供应量就会升高，最终新疆棉区棉花市价就会出现下降的情况；若是出口量变大，那么国内的供给量就变小，国内市场中棉花价格就极有可能变高。于是我们计算棉价的时候应该非常关注棉花进口量的实际变化情况，并且应该最大可能地通过一些方法来获得其他国家棉花产量以及价格的变化，当然还有进出口等政策的变化。

国内外对棉花产业链多从纵向研究，主要将棉花生产资料供应—棉花生产—棉花加工—棉花经营—涉棉产品消费作为完整的棉花产业链进行研究，较少将进口出口棉花列为棉花产业链的一部分，我国加入 WTO 后，棉花国际贸易量迅速增加②，新疆棉区、国内、国际棉花价格的相互影响越来越大，进口棉花成为棉花供给的重要部分，对整个棉花产业链的影响较大，从横向传递方向上对进口棉花价格对新疆棉区棉花价格的影响研究具有较大意义。

对新疆棉区棉花价格与进口棉花价格进行统计，具体如图 5-4 所示。

---

① 张国庆、郭玮：《控制波动促进棉花产业稳定发展》，《农业经济问题》2011 年第 12 期。

② 李岳云：《我国农产品贸易逆差成因及诱发因素分析》，《国际贸易问题》2005 年第 11 期。

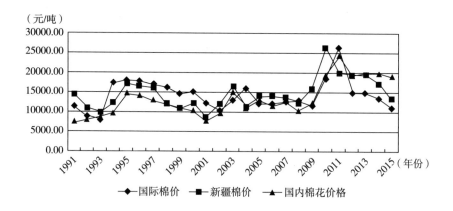

图 5 - 4　新疆棉区棉花价格与进口棉花价格比较

由图 5 - 4 可知，1991—1993 年，新疆棉区棉花价格高于进口棉花价格，1994—2001 年，新疆棉区棉花价格低于进口棉花价格，2001 年前我国尚未加入 WTO，对棉花流通实施价格管制，较少受到国际棉花市场影响。2002—2015 年，新疆棉区棉花价格对于进口棉花价格时高时低，本阶段我国棉花体制经历了价格管制、目标价格 + 市场价格、进口关税调控等制度，但两者波形相似，国内棉花受国际市场影响较大，与进口棉花价格关系紧密，除去个别年份价格差异较大，长期价格差异分布均匀，两者长期保持相似波形，关系紧密，表现出一定的传递效应。

八　替代品对于新疆棉区棉花价格波动的影响

我们在研究影响棉花价格因素的时候一定要将棉纱的主要替代品——化纤考虑在内。化纤价格的变化直接影响对棉纱的需求，会间接影响到棉花的价格和需求量。受 2003 年我国棉花价格上升的影响，其下游产品棉纱价格上扬，导致化纤需求量增加。而那段时间，原油价格持续处于高位，涤短上游原料 PAT 和 MEG 的价格更是不断攀升，不断推升着涤短价格一路走高，出现涤短行情水涨船高，伴随而来的是不断增加的销售压力。近年来，世界石油价格飞涨，导致化纤原料价格猛升，使得很多原先使用这些替代品作为原材料的企业转而改用棉花作为原材料，这也导致了棉花价格上涨。

九　自然条件对新疆棉区棉花价格的影响

新疆棉区的气候条件适宜棉花生长，在这里有丰富的日照，同时土地肥沃，可以为棉花提供生长必备的条件，在新疆棉区广阔的原野上还便于大型机械作业，有利于规模化生产。新疆棉区在我国的西北部，幅员辽阔，全年日照时间为2550—3500小时，在全世界来说也是首屈一指的，这就在日照水平上为产出优质的棉花提供了有利条件。同时由于实施规模化经营，棉花种植的机械化水平和科技含量较高，新疆棉区棉花单产平均水平高出全国40%，兵团更高出全国水平88%。另外，新疆棉区还出产长绒棉和彩棉，这两种棉花的产量和销量在世界上占有很高的份额。

但是过大的棉花种植面积对水资源的供应和土地的保护构成威胁，对其形成不利因素。与很多经济作物类同，市场对于棉花种植面积有很大的影响，如果上一年的价格较高，在下一年就会有很多农户种植棉花；如果价格很低，在下一年种植棉花的农户就会大幅减少。很多生产棉织品的商家对于棉花的种植面积会有自己的分析，不仅对不同年份的气候、水分、生长态势、种植的总面积有具体的分析，还会根据国家的政策对本年度棉花的产量有合理的预期，且在客观预期方面所形成的偏差相对较小。

十　国际市场对于新疆棉区棉花价格波动的影响

国际棉花价格对新疆棉区棉花价格的影响主要是通过国际棉花进出口中国来实现的。以美棉为例，美国以较低的价格出口到中国，2012年美国棉花进口到岸价为15900元/吨，导致我国棉花价格整体下滑。这种"通缩输出"使国际市场成为影响新疆棉区棉花价格波动的因素之一。

（一）国际经济发展形势

随着我国对外开放程度的不断深入，全球经济发展状况已与国内经济发展紧密相连。就长期趋势而言，全球经济发展的上升态势会日益提高人们的生活水平，对于纯天然纤维产品的需求会持续增加。多个国内外棉花研究机构预测 2020 年对棉花的需求会增加 100 万—200 万吨，2050 年对棉花的需求会增加 300 万—500 万吨。随着信息技术的发展和各国对国民经济管理水平的提高，十年来全球经济发展较为平稳，但经济发展的周期性波动仍不可避免，特别是局部地区经济发展波动仍将十分剧烈，这必然影响人们对棉花的生产和消费。我国是棉花生产和消费大国，是纺织品服装出口大国，全球经济发展形势的好坏直接影响到国内纺织服装产业的效益，进而对棉花价格产生影响。

分析当前全球的经济形势，很多国家并不好，如欧洲深陷债务危机，许多行业不景气，在欧盟成员中，有 27 个国家的消费者对市场失去信心。最近几年，欧洲的失业率始终处于 10% 以上的高位且当前没有任何下降的迹象。对欧元区各项数据的分析表明欧元区经济在不断萎缩，经济的衰退不可避免。美国经济数据也不容乐观。根据 2011 年芝加哥的有关采购经理人指数达 62.6，我们可以分析出，虽然这个指数有上升的趋势，但是还有很多服务行业的指数在持续下降；根据美国失业率数据分析，2011 年 11 月美国的失业率最高，加之其他数据的研究可知，美国的经济复苏还需要很长的时间。在这种情况下，国家层面对棉花的需求量持续下降造成了整个新疆棉区棉花行业的低迷。

（二）国际市场棉花供需格局

在市场经济条件下，市场的供需关系决定了产品的价值状况，在过去的十年中，世界人口数量不断增多，总体上大约增加了 7 亿人，2015 年大约 70 亿的人口生活的地球上。对于棉花的消费越来越多，在全球范围内中产阶级会成为棉花消费的中坚力量。对于亚洲棉花消费在量上会有新的突破，因为新增的中产阶级绝大部分在亚洲，尤其是中国和印度。从长远来看，人口的增长对于棉花的消费会持续增多。就棉花供给而言，受全球自然资源的制约，全球棉花种植面积增长空间不大，甚至不排除有所下降的趋势。还有另一个影响因素就是科技的进步，人们不断探索发明新的技术，不仅可以提高棉花的产量，还可以提高生产棉花的效率，从而使在世界上棉花的供给不成问题。从供需上分析棉花价格可知，在未来国际棉花的价格会有稳步提升。但就短期来看，近年来国际棉花处于供大于求的状态，据国际棉花咨询委员会，2012/2013 年度以来全球棉花消费量有所下滑，为 2300 万—2400 万吨。

（三）国际棉花库存状况变化

棉花库存量是会对棉花价格产生直接影响的因素之一，一般来说，库存的多少与棉花价格成反比，因此多数研究将棉花库存量作为其预测棉花价格变动趋势的重要参数。

有关部门预计，受新冠肺炎疫情影响 2019 年消费下调，库存大幅度增长，库存数量将会达 1990 万吨。截至 2019 年底，全球棉花库存量将在全球棉花消费量中所占比例高达 71%，世界库存的 37.8% 在中国，为近十年新高，2020 年中国去库存任务较重。受库存扩大的影响，预计未来棉花价格将低位运行，同时全球棉花产量将有所下降，且消费量将有所上升。

在棉花的供给数量的构成中，前期的库存量是其重要的组成部分，库存量的多少会在很大程度上影响本年度棉花的价格，前期的库存数量少，在当期供应量就会减少，棉花价格就会相应提升；如果供应量充足，当期的价格就会下降。

（四）人民币汇率的变化

2010 年央行决定对人民币施行弹性汇率，人们在一定程度上可以得出，人民币汇率政策不仅对我国的经济发展有很重要的影响，同时对于世界经济也有很大影响。在新疆棉区棉花价格上，人民币汇率的弹性变动会在进出口上改变新疆棉区棉花的价格。

从进出口贸易角度来进行分析，人民币升值的情况下，棉花的进口量会增多，出口量会减少，导致国内的棉花数量增多，呈现供大于求的局面，因而导致棉花价格持续走低。反之，人民币贬值的情况下，棉花的进口量相应减少，同时出口量不断增加，国内棉市场呈现供不应求的局面，价格自然就会升高。

我国是纺织品大国，有很多进出口贸易，人民币汇率上升，对于出口公司有很大影响，出口量会减少，生产量随之也会受到影响，这就会在需求上减少棉花的数量，棉花的价格会出现不同程度的下滑。一些棉纺织品企业由于销路问题而影响企业的正常运转，造成企业无力维持而破产，进一步减少了对棉花的需求，棉花价格就会出现更大的下滑。因此，维持人民币汇率变动的稳定性，给国内纺织企业、棉花种植地区一个适应过程是国家应该关注的重要问题[①]。

第二节　新疆棉区棉花价格波动影响因素的选择

一　新疆棉区棉花价格波动影响因素的指标汇总

任何国家或者地区棉花价格都要受到国外因素的影响，其中生产、购销、加工、对外贸易、棉花产销预测、棉花期货指标、价格指标等国际、国内市场供求格局和国际贸易环境直接影响着价格波动。新疆棉区棉花价格波动同样不可避免地受到这些因素的影响（见表 5 - 1）。

二　新疆棉区棉花价格波动影响因素的指标选择

为能够全面系统科学地考察影响新疆棉区棉花价格波动的各项因素，根据第四章提及与价格波动存在关系的各环节，通过以下步骤筛选出新疆棉区棉花价格波动影响因素的细分指标。首先，在回顾相关学术文献并对其进行全面深入研究的基础上，按分析框架分类收集整理出六大环节 104 个与上述影响因素相关的合理因素作为

---

① 刘杰：《影响新疆棉花价格波动的因素及应对的对策分析》，硕士学位论文，新疆农业大学，2013 年。

表 5 – 1   影响新疆棉区棉花价格波动的相关经济指标分析

一级指标	二级指标	单位	指标属性
棉花生产指标（A1）	春播（栽）进度表（B1）		适度
	中国棉花生长指数（B2）		–
	中国棉花景气指数（B3）		–
	全国总产量（B4）	吨	–
	棉花单产（B5）	吨/公顷	–
	植棉意向（B6）		–
	种植面积（B7）	公顷	–
	计划种植面积（B8）	公顷	–
	单位面积种植成本（B9）	元/公顷	+
	单位面积收益（B10）	元/公顷	+
	杂质率（B11）	%	+
	回潮率（B12）	%	+
	衣分率（B13）	%	+
	平均长度（B14）	mm	+
	长度（B15）	mm	+
	马克隆值（B16）		+
棉花购销指标（A2）	收储成交量（B17）	%	依市
	棉花供需缺口（B18）	%	+
	收购进度（B19）	%	依市
	加工进度（B20）	%	依市
	销售进度（B21）	%	+
	交售率（B22）	%	+
	采摘进度（B23）		依市
	纱产销率（B24）	%	+
	布库存折天数（B25）		–
	布产销率（B26）	%	+
	新棉加工率（B27）	%	+
	收购量（B28）		+
	交售进度（B29）		依市
	皮棉加工进度（B30）		+

一级指标	二级指标	单位	指标属性
棉花购销指标 （A2）	皮棉销售进度（B31）		+
	计划抛储量（B32）		依市
	实际成交量（B33）		依市
	平均价（B34）		+
棉花价格指标 （A3）	棉籽价格（B35）	元/吨	+
	折标准级棉价格（B36）	元/吨	+
	进口棉花价格指数（B37）	元/吨	−
	中国棉花收购价格指数（B38）	元/吨	+
	中国棉花价格指数（B39）	元/吨	+
	月平均收购价格（B40）	元/吨	+
	平均进口价格（B41）	元/吨	−
	国家棉花价格 A 指数（B42）	元/吨	+
	国家棉花价格 B 指数（B43）	元/吨	+
	中国进口棉价格指数（B44）	元/吨	−
	中国棉花收购价格指数（B45）	元/吨	+
	国际棉花指数折人民币价格（B46）	元/吨	−
	ICE 期货近月合约折算价（B47）	元/吨	+
	籽棉收购折皮棉成本月平均价格（B48）	元/吨	+
	32 支纯棉纱（B49）	元/吨	+
	涤纶短纤（B50）	元/吨	−
	涤、棉价差（B51）	元/吨	+
	棉、纱价差（B52）	元/吨	+
	纺织品服装出口金额（B53）	万美元	+
棉花期货指标 （A4）	开盘价（B54）	元/吨	+
	最高价（B55）	元/吨	+
	最低价（B56）	元/吨	+
	收盘价（B57）	元/吨	+
	结算价（B58）	元/吨	+
	成交量（B59）	吨	+
	持仓量（B60）	吨	+

一级指标	二级指标	单位	指标属性
棉花期货指标（A4）	现货期货价差（B61）	元/吨	+
	撮合交易近月合同（B62）		+
	棉花库存（B63）	吨	−
	郑州棉花期货近期合约结算均价（B64）	元/吨	+
	电子合约近期撮合均价（B65）	元/吨	+
	ICE 棉花期货主力合约结算价（B66）	元/吨	+
	Cotlook 棉花价格指数（B67）	元/吨	+
	ICE 棉花期货成交统计（B68）	吨	+
	美棉出口周报（B69）		依市
	USDA 全球棉花供求月度预测表（B70）		+
	ICAC 全球棉花供求月度预测表（B71）		+
	USDA 全球棉花年度平衡表（B72）		+
	ICAC 全球棉花年度供求表（B73）		+
	国际棉花指数（B74）		+
	中国棉花综合价格指数（B75）		+
	全国仪器化公证检验量（B76）	吨	+
	ICE 棉花期货主力合约结算价（B77）	元/吨	+
	国际棉花指数（B78）		+
	折人民币进口成本（B79）	元/吨	+
	与国内三级棉价差（B80）	元/吨	+
	国家棉花价格 B 指数（B81）		+
	原粮收购价格指数（B82）		+
棉花贸易指标（A5）	一般贸易（B83）	吨	−
	来料加工（B84）	吨	−
	进料加工（B85）	吨	−
	边境小额贸易（B86）	吨	−
	保税区仓储转口（B87）	吨	−
	棉花进口量（B88）	吨	−
	棉花出口量（B89）	吨	+
	纱进口量（B90）	吨	−

一级指标	二级指标	单位	指标属性
棉花贸易指标（A5）	纱出口量（B91）	吨	+
	布进口量（B92）	吨	−
	布出口量（B93）	万米	+
	纱产量（B94）	吨	+
	布产量（B95）	万米	+
	库存数量（B96）	吨	−
棉花产销预测指标（A6）	期初库存（B97）	吨	
	产量（B98）	吨	
	进口量（B99）	吨	
	消费量（B100）	吨	+
	出口量（B101）	吨	+
	期末库存（B102）	吨	−
	库存消费比（B103）		−
	年度均价（B104）	元/吨	+

变量的备择选项；其次，根据自己的个人研究能力及访谈多位熟悉新疆棉区棉花产业并咨询自治区农业局领导，以及与石河子大学棉花经济研究中心校内专家和部分校外研究学者讨论之后，得到影响新疆棉区棉花价格波动的各环节代表性变量作为实证分析的对象。其中，全国棉花总产量、新疆棉区棉花总产量、棉花单产、种植面积、单位面积种植成本、单位面积收益作为棉花生产指标对新疆棉区棉花价格影响因素；收购量作为购销指标，进口棉花价格指数、中国棉花收购价格指数、中国棉花价格指数、平均进口价格、国家棉花价格 B 指数、中国进口棉价格指数、中国棉花收购价格指数作为价格指标对新疆棉区棉花价格影响因素；棉花库存、国际棉花指数作为棉花期货指标对新疆棉区棉花价格影响因素；棉花进口量、棉花出口量作为棉花贸易指标、棉花产销预测指标对新疆棉区棉花

价格影响因素。

第三节　新疆棉区棉花价格波动影响因素实证分析

一　模型构建

基于上述文献及影响因素的评述，为进一步检验各个影响因素对新疆棉区棉花价格的具体影响，需要对上述影响因素和棉花价格的时间序列进行因果关系检验。1969 年提出的格兰杰因果关系检验法可以帮助我们分析棉花价格与影响因素间的因果关系，作为进一步分析的依据。该方法是相关研究的基础，运用较为广泛。上述方法的主要思路：如果 X 是引起 Y 变化的原因，则 X 与 Y 之间存在等式关系，在等式中 Y 对 X 的回归中，可以增加回归的解释能力。

为了实证分析，直接构建包括被解释变量 $\ln Y_{1t}$ 以及解释变量 $\ln X_{1t}$、$\ln X_{2t}$、$\ln X_{3t}$、$\ln X_{4t}$、$\ln X_{5t}$、$\ln X_{6t}$、$\ln X_{7t}$ 的非线性模型进行实证分析。

构建模型如下：

$$\ln Y_{1t} = \beta_0 + \beta_1 \ln X_{1t} + \beta_2 \ln X_{2t} + \beta_3 \ln X_{3t} + \beta_4 \ln X_{4t} + \beta_5 \ln X_{5t} + \beta_6 \ln X_{6t} + \beta_7 \ln X_{7t} + \mu \tag{5-1}$$

其中，Y_{1t} 为新疆棉区棉花价格，X_{1t} 为世界棉花价格，X_{2t} 为生产成本，X_{3t} 为产量，X_{4t} 为国内库存，X_{5t} 为国内进口，X_{6t} 为棉花消费量，X_{7t} 为替代品产量。

二　实证检验与结果分析

（一）相关检验与结果

1. 进行单位根（ADF）检验（结果见表 5 - 2）

平稳性检验结果表明，时间序列一阶差分是平稳的。

表 5 - 2　　　　　　　　　　各变量 ADF 检验结果

变量	检验方式（C，T，N）	ADF 检验值	5% 临界值	结果
$\ln Y_{1t}$	（C，T，2）	-2.93	-3.64	不平稳
$\Delta\ln Y_{1t}$	（C，T，2）	-4.53	-3.67	平稳
$\ln X_{1t}$	（C，T，1）	-2.93	-3.66	不平稳
$\Delta\ln X_{1t}$	（C，T，1）	-4.09	-3.67	平稳
$\ln X_{2t}$	（C，T，1）	-2.62	-3.64	不平稳
$\Delta\ln X_{2t}$	（C，T，1）	-4.97	-3.66	平稳
$\ln X_{3t}$	（C，T，1）	-1.64	-3.67	不平稳
$\Delta\ln X_{3t}$	（C，T，1）	-5.04	-3.67	平稳
$\ln X_{4t}$	（C，T，1）	-2.35	-3.66	不平稳
$\Delta\ln X_{4t}$	（C，T，2）	-4.22	-3.69	平稳
$\ln X_{5t}$	（C，T，1）	-2.62	-3.66	不平稳
$\Delta\ln X_{5t}$	（C，T，4）	-3.91	-3.73	平稳
$\ln X_{6t}$	（C，T，1）	-2.43	-3.66	不平稳
$\Delta\ln X_{6t}$	（C，T，1）	-4.56	-3.69	平稳
$\ln X_{7t}$	（C，T，1）	-1.48	-3.64	不平稳
$\Delta\ln X_{7t}$	（C，T，1）	-5.25	-3.66	平稳

注：检验方式（C，T，N）分别表示常数项、趋势项和滞后阶数；$\Delta\ln Y_{1t}$ 表示 $\ln Y_{1t}$ 的一阶差分，其他类推。

2. 协整检验（Johansen）（结果见表 5 - 3）

进行 Johansen 协整检验验证 7 个变量间是否存在长期的均衡关系，协整检验结果表明，上述变量存在长期均衡关系。

表 5 - 3　　新疆棉区棉花价格与因素变量的 Johansen 检验结果

原假设	特征值	迹统计量	5% 临界值	P 值	最大特征值统计量	5% 临界值	P 值
None	0.939808	161.6456	125.6154	0.0001*	59.01461	46.23142	0.0014*
At most 1	0.865543	102.6310	95.75366	0.0154*	42.13669	40.07757	0.0289*
At most 2	0.679948	60.49434	69.81889	0.2205	23.92471	33.87687	0.4611

续表

原假设	特征值	迹统计量	5%临界值	P 值	最大特征值统计量	5%临界值	P 值
At most 3	0. 591579	36. 56963	4785613	0. 3681	18. 80460	27. 58434	0. 4298
At most 4	0. 520915	17. 76503	29. 79707	0. 5835	15. 45343	21. 13162	0. 2584
At most 5	0. 102729	2. 311599	15. 49471	0. 9896	2. 276341	14. 26460	0. 9830
At most 6	0. 001678	0. 035258	3. 841466	0. 8510	0. 035258	3. 841466	0. 8510
At most 7	0. 103328	1. 354301	3. 998766	0. 6671	1. 354301	3. 998766	0. 6671

注：＊表示在5%水平下拒绝原假设。

3. 格兰杰因果关系检验（结果见表5－4）

上述因果关系检验结果表明所列变量除消费、替代品外其余都是新疆棉区棉花价格波动的原因，是影响新疆棉区棉花价格波动的因素，符合本章影响因素分析。剔除消费与替代品两个因素，为进一步分析各影响因素对新疆棉区棉花价格波动的具体影响，进行回归分析。

表5－4　　　　新疆棉区棉花价格与其他变量的因果关系检验

假设	$\Delta\ln X_{1t}$ 不是 $\Delta\ln Y_{1t}$ 变化原因	$\Delta\ln X_{2t}$ 不是 $\Delta\ln Y_{1t}$ 变化原因	$\Delta\ln X_{3t}$ 不是 $\Delta\ln Y_{1t}$ 变化原因	$\Delta\ln X_{4t}$ 不是 $\Delta\ln Y_{1t}$ 变化原因	$\Delta\ln X_{5t}$ 不是 $\Delta\ln Y_{1t}$ 变化原因	$\Delta\ln X_{6t}$ 不是 $\Delta\ln Y_{1t}$ 变化原因	$\Delta\ln X_{7t}$ 不是 $\Delta\ln Y_{1t}$ 变化原因
F 值	0. 84	1. 03	1. 59	2. 21	2. 85	1. 41	1. 14
Pro	0. 002	0. 0038	0. 005	0. 001	0. 009	0. 3508	0. 35
滞后阶数	1	2	2	3	2	2	2
结论	拒绝假设	拒绝假设	拒绝假设	拒绝假设	拒绝假设	接受假设	接受假设

（二）回归分析

因果关系检验表明所分析的5个变量是中国棉花价格波动的原因。可以进行回归分析，找出自变量与因变量之间的具体关系。对影响因素进行回归得到回归方程：

$$\ln Y_{1t} = 216.38 + 0.53\ln X_{1t} + 0.1558\ln X_{2t} - 0.094\ln X_{3t} - 2.92\ln X_{4t} - 0.0323\ln X_{5t}$$
$$(171.35)(0.1549)(0.1444)\quad(0.2395)\quad(22.7364)\quad(0.02547)$$
$$(5-2)$$

$R^2 = 0.9012$　Adjusted $R^2 = 0.8970$　D. W. $= 2.3152$　P. $= 0.0001$

（三）误差检验

利用 ECM 误差修正模型对各变量间的短期关系进行考察。结果显示误差修正项 ECM 的系数 C $= -149.77$，$R^2 = 0.8601$，Adjusted $R^2 = 0.8542$，D. W. $= 2.4202$，P. $= 0.0002$。符合反向修复机制，说明长期均衡对短期波动影响不大。

（四）结果分析

公式（5-2）反映了新疆棉区棉花价格、国际棉花价格、生产成本、产量、库存、进口的变化对新疆棉区棉花价格的影响。

回归结果分析可知，单独分析国际棉花价格、生产成本、产量、库存、进口对新疆棉区棉花价格的影响得知当保持其他因素不变，上述某一因素变化1%时，则当年新疆棉区棉花价格依次变化0.53%、0.1558%、-0.094%、-2.92%、-0.0323%。这与理论分析基本相符。

国际棉花价格对新疆棉区棉花价格影响显著，说明国际棉花价格对于新疆棉区棉价有传递效应，或者两者相互影响，原因主要是国家棉花市场放开，经营方式趋于市场化、国际化。此外，世界棉花期货市场的发展对于这种影响也有增大的趋势；生产成本与棉花价格呈正相关。棉花成本每上涨1%，新疆棉区棉花价格上涨0.1558%，这种变化与经济学分析中的成本价格理论相一致；产量、库存、进口量对棉花价格的影响主要是通过改变棉花供应量来影响棉花价格的，三者与棉花价格呈现负相关，与理论分析相符；消费量与替代品不是影响棉花价格的主要因素，主要是国内、国际棉花消费量常年保持稳定，替代品产量也不会明显影响棉花价格的波动。上述分析对棉花价格的影响也符合经济学原理。

三　本章结论

全国棉花总产量、新疆棉区棉花总产量、棉花单产、种植面积、单位面积种植成本、单位面积收益作为棉花生产指标对新疆棉区棉花价格影响因素；收购量作为购销指标，进口棉花价格指数、中国棉花收购价格指数、中国棉花价格指数、平均进口价格、国家棉花价格 B 指数、中国进口棉价格指数、中国棉花收购价格指数作为价格指标对新疆棉区棉花价格影响因素；棉花库存、国际棉花指数作为棉花期货指标对新疆棉区棉花价格影响因素；棉花进口量、棉花出口量作为棉花贸易指标、棉花产销预测指标对新疆棉区棉花价格影响因素。

对 1991—2013 年新疆棉区棉花价格及其影响因素进行测算与分析，分析结果表明，棉花价格波动受多个因素影响，国际市场价格和国内棉花生产成本对中国棉花价格波动起主要作用，国内产量、库存、进口量对棉花价格上涨呈现负相关关系，三者通过改变棉花供给量影响棉花价格。

第六章

新疆棉区棉花价格波动传递效应分析

根据西方经济波动理论，经济波动的产生是由于经济系统内传导机制与外部冲击机制一起作用的后果。经济周期波动传导机制对经济体系在遭受冲击过程中，经济波动及扩散过程展开分析。而外部冲击机制指的是系统外随机或非随机的冲击，借助系统内部的传导引发的经济运动。棉花的价格同样受到"空间价格传导"和"垂直价格传导"的影响①。

价格波动首先沿着国际市场—国内市场的空间传导路径进行传播，进入国内市场后主要按照生产原料价格或进口价格—批发价格—零售价格的产业链价格进行传导。具体来讲，国际市场棉花价格波动主要包括三种途径：贸易替代路径、价格直接传导路径和产成品成本传导路径②。由于国际棉花市场复杂多变，价格波动受多重因素的影响，自然灾害、储备降低、棉花减产、跨国公司市场控制、国际基金的参与和农产品贸易投机，都会对棉花价格产生极大的影响。伴随棉花市场进一步朝向国际化及资本化方向的发展，新

---

① 周望军等：《价格传导问题综述及量化分析》，《北京交通大学学报》（社会科学版）2008 年第 2 期。

② 陈阵等：《对我国棉花国际定价权缺失的研究——基于国内外棉花价格关系的视角》，《价格理论与实践》2011 年第 3 期。

疆棉区棉花的价格变化也越来越明显①。尤其是在我国加入 WTO 之后，国际贸易量大增，加剧了新疆棉区棉花价格和国内、国际棉花价格间的影响。且影响是基于价格差异基础上的，新疆棉区棉花与国内、国际棉花价格差异度，不仅表明不同棉花市场发展程度的差异，对棉花产区的经济产生了极大的影响，甚至会对整个棉花产业产生了极大的影响。加上国际期货市场的投机活动，都加大了新疆棉区棉花价格变化的趋势。因此，分析棉花价格波动的传导机制，识别价格波动的传导途径与传导机理，对于完善新疆棉区棉花价格机制、平抑棉花价格波动具有重要的现实意义。

在既有研究文献中，多数研究是以国家为经济体，研究棉花生产购销、价格波动、棉花价格传递效应，关于棉花价格波动的研究主要集中在宏观政策及效应方面，国内外对于价格传递的文献多集中在汇率传递效应、农产品价格传递效应、进出口价格传递效应上。从横向传递②③④、纵向传递⑤路径对不同国家经济体、同一经济体产业链对农产品价格传递进行分析⑥，国内外学者围绕棉花产业，就棉花贸易政策与行为、棉花价格、棉花生产技术与效率、棉花经济溢出（生态、福利）等内容进行了深入研究，研究方法较为成熟和完善，研究结论明确可信，将为本书的研究提供良好的借鉴。本部分棉花价格传递效应从国内外价格差异视角上进行全面、系统研究，在差别定价视角下对新疆棉区棉花与中国棉花和进口棉

---

① 白雪梅、吴德：《我国生产者价格和消费者价格的传导机制研究》，《财经问题研究》2009 年第 12 期。

② 周曙东：《中国棉花长期波动的规律及深层次原因》，《农业经济问题》2001 年第 6 期。

③ 张雯丽、李秉龙：《我国棉花短期价格波动研究——基于时间序列》，《技术经济》2009 年第 4 期。

④ 张立杰、彭利：《中国棉花价格波动特征及趋势分析》，《中国棉花》2012 年第 9 期。

⑤ 王莉、杜珉：《我国棉花生产的价格反应研究》，《中国棉花》2009 年第 6 期。

⑥ 李哲敏等：《中国禽蛋产业链短期市场价格传导机制》，《中国农业科学》2010 年第 23 期。

花价格差异进行价差模型实证研究，对两者价差过大的原因及传导效应进行分析，确定中国棉花价格、进口棉花价格、汇率对价差率的贡献率，给出确定两者价格差异的合理范围，提出稳定中国棉花产业的政策及建议。

第一节　新疆棉区棉花价格
波动横向传递效应

一　国际—国内—新疆棉区棉花之间的横向价格波动传递分析

价格波动首先沿着国际市场—国内市场的空间传导路径进行传播，进入国内市场后主要按照生产原料价格或进口价格—批发价格—零售价格的产业链价格进行传导，具体来讲，棉花价格传导主要包括三种途径：贸易替代路径、价格直接传导路径和产成品成本传导路径。新疆棉区棉花价格横向、纵向传递路径理论分析如图6-1所示。

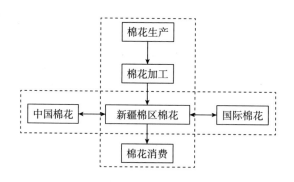

图6-1　棉花价格传递理论路径

国内外对棉花产业链多从纵向研究，主要将棉花生产资料供应—棉花生产—棉花加工—棉花经营—涉棉产品消费作为完整的棉花产业链进行研究，较少将进口棉花列为棉花产业链的一部分，在我国加入 WTO 后，棉花国际贸易量迅速增加，新疆棉区棉花与国内、国际棉花价格的相互影响越来越大，进口棉花进入国内后成为棉花供给的重要部分，对整个棉花产业链的影响较大①，本部分从横向传递方向对进口棉花价格的传递效应进行分析具有较大意义。对中国棉花价格与进口棉花价格进行统计。

1991—2015 年，除去个别年份新疆棉区棉花价格低于国内、国际棉花价格表现出自身的资源优势，2011 年国家实施收储政策以后新疆棉区棉花价格开始走高且高于国内、国际价格。2001 年前我国尚未加入 WTO，对棉花流通实施价格管制，较少受到国际棉花市场影响。2009—2015 年新疆棉区棉花价格基本保持高于国内棉花价格的水平，本阶段我国棉花体制经历了价格管制、目标价格 + 市场价格、进口关税调控等制度，但三者波形相似，受国内、国际市场影响较大，与国内、国际棉花价格关系紧密，除去个别年份价格差异极大，长期价格差异分布均匀。国内棉花价格与进口棉花价格波动较为剧烈，两者长期保持相似波形，关系紧密，表现出一定的传递效应。新疆棉区棉花价格与国内棉花价格、国际棉花价格传递效应分别通过价格直接传导、外贸途径传导产生影响，本书选取棉花国际价格 (P_t^I)、中国棉花现货价格 (P_t^D)、汇率 I（汇率 I 为美元对人民币的当期汇率值）对价格传导效应进行研究，在此基础上确定 P_t^I、P_t^D、I 对价格差异率的贡献率。

（一）新疆棉区棉花价格与国内棉花价格、国际棉花价格差异分析

我国加入 WTO 后，棉花国际贸易量迅速增加，棉花流通体制改革后新疆棉区棉花市场与国内、国际棉花市场的相互影响越来越大，且影响是基于价格差异的基础上的，新疆棉区棉花与中国棉花、国际棉花价格差异度，不仅表明不同棉花市场发展程度的差

---

① 王芳、陈俊安：《中国养猪业价格波动的传导机制分析》，《中国农村经济》2009 年第 7 期。

异，影响棉花种植地区经济发展水平，更大的差异会影响整个棉花产业的长远发展。因此，分析新疆棉区棉花价格与中国棉花价格、国际棉花价格传递效率首先应对三者的差异进行分析，从价格差异模型出发研究三者价格差异率的高低，是对三者价格传递进一步分析的基础。

（二）数据来源及选择

本书所有指标计算以联合国商品贸易统计数据库（Comtrade）中数据为基准，选取 1991 年以来新疆棉区棉花价格年度数据、国家棉花 328 价格指数、我国棉花贸易年度数据作为新疆棉区棉花价格、国内棉花价格、国际棉花价格的数据进行分析。

我国棉花贸易年度数据涉及的贸易方式不同，统计的数据有较大差别，本书选取棉花贸易年度一般贸易数据作为研究对象。中国棉花价格指数当年国内 328 级棉花的综合平均价格水平，其计算日期为当年 1 月 1 日至 12 月 31 日，国际棉花进口价格指数反映进口棉花到我国主港的综合报价水平，新疆棉区棉花价格为我国分省统计棉花价格新疆棉区 328 级棉花价格指数。

（三）模型构建

新疆棉区棉花价格与国内棉花价格、国际棉花价格差异率可以反映国内、国际棉花替代新疆棉区棉花价格节省比例，反映三者的价格差异程度。通过对新疆棉区棉花价格与国内、国际棉花价格的差异率情况分析三者价格差异是否合理，提高新疆棉区棉花在国内、国际棉花市场上的地位。

建立价格差异模型研究新疆棉区棉花与国内棉花、国际棉花价格差异程度。

新疆棉区棉花与国内棉花价格差异率 = （新疆棉区棉花价格 − 国内棉花价格）/国内棉花价格 ×100%；

新疆棉区棉花与国际棉花价格差异率 = （新疆棉区棉花价格 − 国际棉花价格）/国际棉花价格 ×100%；

价格差异率 $K_t^D = (P_t^X - P_t^D)/P_t^D \times 100\%$；

价格差异率 $K_t^I = (P_t^X - P_t^I)/P_t^I \times 100\%$ 。

其中，P_t^X 为新疆棉区棉花价格，P_t^I 为国际棉花价格，P_t^D 为国内棉花价格，K_t^D 为新疆棉区棉花价格与国内棉花价格差异率，K_t^I 为新疆棉区棉花价格与国际棉花价格差异率，具体如图 6 - 2 所示。

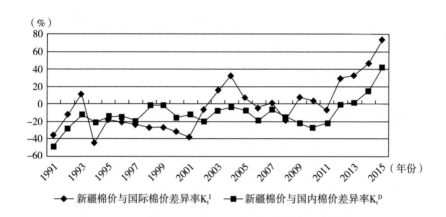

图 6 - 2　新疆棉区棉花价格与国内、国际棉花价格差异率

由图 6 - 2 可知，新疆棉区棉花价格与国内棉花价格差异率多集中在 - 20% 左右，25 个数据显示有 20 个数据在 - 20% —0，价格差异率在 1991—2012 年均为负值，说明新疆棉区棉花价格长期低于国内棉花价格，在销售市场上具有价格优势。2011 年国家实施收储政策以来新疆棉区棉花价格与国内棉花价格差异率降低，主要受国家入储价格影响，与国内棉花价格差异减小。2014 年国家取消棉花收储政策改为针对新疆棉区实施的目标价格政策，此后新疆棉区棉花价格高于国内棉花价格，说明新疆棉区棉花价格受政策保护并未完全进入市场，与国内、国际棉花价格有一定的差距。新疆棉区棉花价格与国内棉花价格差异率均在国家实施政策改革时间点出现差异极值点，说明新疆棉区棉花市场受国家政策影响较大，棉花价格波动率在政策交换点变化不大。

2001 年之前，新疆棉区棉花价格与国际棉花价格差异率大多小于零，此阶段新疆棉区棉花价格低于国际棉花价格。2001年之前我国棉花价格实施国家管制政策，加入WTO以后中国棉花逐渐加入国际市场，新疆棉区棉花市场变得更加复杂多变，不仅受我国棉花政策的影响，还受国际市场的影响。2002—2015年新疆棉区棉花价格长期高于国际棉花价格，新疆棉区棉花产业的资源优势变小，国际棉花对国内消费者的吸引更大，随着进口量的增加国际棉花对新疆棉区棉花的影响力变大。

二 向量误差修正等计量模型的选择与应用

（一）向量误差修正模型

本书采用的是向量误差修正模型（VECM）和广义脉冲响应函数来分析新疆棉区棉花价格与国际棉花价格的关系，建立VECM模型必须满足两个条件，一是每个变量都是1阶单整，二是变量之间有协整关系[①]。

分析的具体步骤如下。

（1）利用ADF检验进行平稳性检验看各变量是否是一阶单整；

（2）利用Johansen检验看棉花的新疆棉区市场价格、国内市场价格之间是否有协整关系，协整方程为：

$$\ln P_t^d = \alpha_0 + \sum_{m=1}^{K} \alpha_m \ln P_{t-m}^d + \sum_{n=1}^{K} \beta_n \ln P_{t-n}^i + \mu_t \qquad (6-1)$$

公式（6-1）中，$\ln P_t^d$、$\ln P_t^i$ 分别表示新疆棉区棉花价格、国际棉花价格的自然对数，α_m、β_n 表示所估计的系数。

（3）如果Johansen检验显示这三个变量之间存在长期均衡的关系，然后对协整方程做VECM模型进行转换公式（6-2）：

$$\Delta \ln P_t^d = \varphi_0 + \varphi_1 ecm_{t-1} + \sum_{m=1}^{k-1} \varphi_m \Delta \ln P_{t-m}^d + \sum_{n=1}^{k-1} \eta_n \Delta \ln P_{t-n}^i + \varepsilon_i$$

$$(6-2)$$

公式（6-2）中，ecm_{t-1} 表示滞后一阶的误差修正项；Δ 表示

---

① 潘苏、熊启泉：《国际粮价对国内粮价传递效应研究——以大米、小麦和玉米为例》，《国际贸易问题》2011年第10期。

差分形式，$\Delta P_t = P_t - P_{t-1}$；$\varphi_0$、$\varphi_1$、$\varphi_m$、$\eta_n$ 表示所估计的系数；ε_i 表示随机误差。

协整方程和 VECM 方程的系数表示的经济意义如下。

由于各变量数据都经过对数化处理，那么协整方程 β 的估计值为国际棉花价格对新疆棉区棉花价格的长期弹性，即价格传递的长期弹性。对于进口棉花来说，误差修正项的系数（φ_1）反映的是调整的速度，取值范围 $[-1, 0]$。误差修正项表示前一期和长期关系中新疆棉区棉花价格和国际棉花价格之间的偏差或者误差，如果误差为正（在长期关系中新疆棉区棉花价格较高），那么 φ_1 的值为负可以纠正此误差。φ_1 的绝对值越大（即越接近 -1），表示新疆棉区棉花价格（P_t^d）回到与国际棉花价格（P_t^i）的均衡状态的速度也越快。

$$0 < \sum_{n=1}^{k} \beta_n < 1 \qquad\qquad (6-3)$$

公式（6-3）中，国际棉花价格 P_t^i 的系数 η 是新疆棉区棉花价格对国际棉花价格变化的短期弹性，取值范围为 $[0, \beta]$。

（二）脉冲响应函数

脉冲响应函数代表扰动项中加进标准差大小的冲击，并借助变量间的动态联系对变量的现值与未来产生的影响，即系统对某变量扰动的冲击所表现出的动态反应，并通过它对变量时滞关系展开判断。本章基于对构建的 WAR 模型的分析，发现对模型变量次序的扰动项矩阵的广义脉冲函数能够对本章内容提供支持，但不代表将产生依赖性。方差分解借助对全部结构冲击对内生变量产生的变化的贡献情况进行分析，并进一步评价不同结构冲击的重要程度。

三　模型数据来源与处理

（一）模型构建

根据农业经济学及价格理论，棉花的价格受到生产成本、需求和外部变量的影响，为此设定棉花价格决定模型如下：

$$P_t^X = C + \alpha_1 P_t^I + \alpha_2 P_t^D + \alpha_3 D_t + \alpha_4 I_t + \mu_t \qquad (6-4)$$

公式（6-4）中，C 为常数项，P_t^X 表示新疆棉区棉花价格，P_t^I 表示国际棉花价格，P_t^D 表示国内棉花价格，D_t 表示国内棉花需求，I_t 表示汇率，μ_t 为随机误差项。根据研究需要简单设定新疆棉区棉花价格模型公式（6-5）：

$$P_t^X = C + \alpha_1 P_t^I + \alpha_2 P_t^D + \alpha_4 I_t + \mu_t \qquad (6-5)$$

公式（6-5）中，C 为常数项，P_t^X 表示新疆棉区棉花价格，P_t^I 表示国际棉花价格，P_t^D 表示国内棉花价格，μ_t 为随机误差项。

（二）变量的选取与数据来源

随着新疆棉区棉花在国际市场中地位的重要性提高，其价格波动除了受国内、国际市场影响外也会对国内、国际市场价格产生一定的影响，其价格波动会对两个市场价格有传递效应[①]。还可能会影响到供应链下游产品的价格（如棉布和棉纱），但本书仅研究新疆棉区棉花价格对其自身及国内、国际价格的影响。同时，价格传递主要有两个途径：一是外贸途径，二是期货市场途径。由于本书所研究的新疆棉区棉花期货市场不健全，因此本书着重于从进口途径来考察加入 WTO 以来新疆棉区棉花价格与国内、国际棉花价格的影响。选择的变量和资料来源如下[②]。

本书所有数据来源查询收集《中国棉花年鉴》《中国统计年鉴》，中国海关总署、国际棉花咨询委员会统计资料（ICAC）；美国农业部（USDA）、FAO Statistics；国家棉花市场监测系统、中国棉花协会、中国棉花信息网、国际贸易网等相关数据由作者整理所得。新疆棉区棉花价格、国内棉花价格、国际棉花价格分别用 XCP、ZCP、ICP 表示。

---

① 吕剑：《人民币汇率变动对国内物价传递效应的实证分析》，《国际金融研究》2007 年第 8 期。

② 范润梅、庞晓鹏、王征南：《蔬菜市场批零价差和价格传递机制分析——以北京市为例》，《商业研究》2007 年第 11 期。

四　实证模型结果与分析

（一）平稳性检验

表 6 - 1 检验结果，变量一阶单整序列，存在协整关系。

表 6 - 1　　　　　　　　　变量 ADF 检验结果

变量	检验方式 （C，T，N）	ADF 检验值	5% 临界值	结果
ln$XCPt$	（C，T，1）	- 2.22	- 3.18	不平稳
Δln$XCPt$	（C，T，1）	- 3.53	- 3.07	平稳
ln$DCPt$	（C，T，1）	- 2.62	- 2.88	不平稳
Δln$DCPt$	（C，T，1）	- 4.53	- 3.67	平稳
ln$IMPt$	（C，T，1）	- 4.38	- 4.88	不平稳
Δln$IMPt$	（C，T，1）	- 4.33	3.23	平稳

注：数据为 1991—2015 年，其中 2015 年数据选取 1—3 月平均值代替年度平均值；检验方式（C，T，K）为单位根检验，C、T、K 分别表示常数项、时间趋势、滞后阶数；Δ 表示序列一阶差分。

（二）格兰杰因果关系检验

表 6 - 2 结果显示，新疆棉区棉价与国内、国际棉价之间存在双向因果关系，但是新疆棉区棉价与国际棉价之间关系较弱，汇率与新疆棉区棉价存在单向因果关系。表明新疆棉区棉价与国内棉价之间存在双向传导效率，新疆棉区棉价与国际棉价之间传导效率较低，汇率对新疆棉区棉价的传导效应是单向的。

（三）协整检验（Johansen）

如表 6 - 3 所示，进行 Johansen 协整检验验证在 5% 显著性水平下，迹统计量和最大特征值统计量都表明，新疆棉区棉价与国内棉价、国际棉价、汇率之间存在协整关系，即当国内棉价、国际棉价发生变动后，新疆棉区长期均衡价格也必然受到影响。

表 6 - 2　　　　新疆棉区棉花价格与其他变量的因果关系检验

假设	$\Delta\ln P_t^X$ 不是 $\Delta\ln P_t^X$ 变化原因	$\Delta\ln P_t^D$ 不是 $\Delta\ln P_t^X$ 变化原因	$\Delta\ln P_t^I$ 不是 $\Delta\ln P_t^X$ 变化原因	$\Delta\ln I$ 不是 $\Delta\ln P_t^X$ 变化原因
F 值	0.74	1.13	1.29	1.09
Pro.	0.001	0.0024	0.0005	0.0015
滞后阶数	1	2	2	2
结论	拒绝假设	拒绝假设	拒绝假设	拒绝假设

表 6 - 3　　　　新疆棉区棉价与其他棉价变量的 Johansen 检验结果

原假设	特征值	迹统计量	5% 临界值	P 值	最大特征值统计量	5% 临界值	P 值
None	0.900325	151.4657	115.6243	0.0001 *	49.01325	37.23324	0.0016 *
At most 1	0.874546	112.4568	90.35645	0.0161 *	39.13327	33.25557	0.0288 *
At most 2	0.774667	65.48927	68.87213	0.2235	20.56765	31.88976	0.3577
At most 3	0.670006	102.4348	95.56765	0.0031 *	40.13256	30.21124	0.0154 *

注：＊表示在 5% 水平下拒绝原假设。

（四）误差修正模型

以上的协整检验表明新疆棉区棉花价格与国际棉花价格存在长期均衡关系，因此，对它们建立 VECM 模型。首先，根据 AIC 准则选择滞后阶数，它们的最优滞后阶数均为 2 阶，建立 VECM 模型分别如下：

$$\Delta\ln XCP_t = -0.006ECM + 0.67\Delta\ln XCP_{(t1)} - 0.26\Delta\ln XCP_{(t2)} -$$
$$0.01\Delta\ln ICP_{(t1)} + 0.02\Delta\ln ICP_{(t2)} + 0.004 \qquad (6-6)$$

$$\Delta\ln XCP_t = -0.025ECM + 0.50\Delta\ln XCP_{(t1)} - 0.19\Delta\ln XCP_{(t2)} +$$
$$0.08\Delta\ln ZCP_{(t1)} - 0.02\Delta\ln ZCP_{(t2)} + 0.004 \qquad (6-7)$$

由公式（6 - 6）、公式（6 - 7）可知，误差修正系数为 - 0.025，代表其具备从短期变动至长期均衡调整的自我修正动态，同时证实新疆棉区棉价与国际棉价存在稳定关系收敛的发展势头。若当期国际棉花价格对新疆棉区棉价存在负向影响，则下期的误差修正项便将慢慢降低影响，让它能恢复到长期均衡路径中。由于棉花误差的修正项系数绝对值比较大，所以，新疆棉区棉价由对均衡水平的短期偏离朝向长期均衡回归的速度极快。新疆棉区棉花价格对国际棉价变化的短期弹性等于0.02，该值比长期弹性要低。

（五）脉冲响应

由脉冲响应函数图可以知，当在本期给国内、国际棉价一个正冲击后，新疆棉区棉价均在第3期达到最高点，然后开始下降，之后保持稳定至第12期后趋于0，这表明国内、国际棉价的某一冲击会给新疆棉区棉价带来正向的传导，即国内、国际棉价的上涨均会在3年后对新疆棉区棉价产生最大传导作用。当在本期给汇率一个正冲击后，新疆棉区棉价在第2期达到最高点，然后开始下降至第4期的最低点后开始上升保持反向影响，这表明汇率的某一冲击会给新疆棉区棉价带来反向传导，即汇率的上调在当期对新疆棉区棉价上涨产生拉动作用，之后对新疆棉区棉价产生反方向传导（图6-3）。

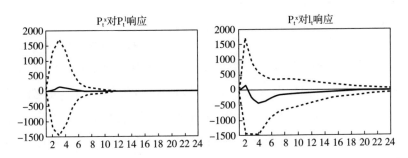

图6-3　新疆棉价脉冲响应

（六）方差分解

从方差分解表6-4可知，新疆棉区棉价对其自身的影响较大，保持在93%以上；国内棉价、国际棉价对新疆棉区棉价的传导率分别在第5期与第6期以后稳定在4.1%、2.5%；汇率对新疆棉区棉价的传导率在4%以上。

表 6 - 4   PTD、PTI 与 I 与 PTX 的传导率

Period	PTX	PTD	PTI	I	Period	PTX	PTD	PTI	I
1	100	0	0	0	13	100	4.1	2.5	4.10
2	99.1	1.5	0.7	0.17	14	99.1	4.1	2.5	4.12
3	96.8	1.5	1.5	1.57	15	96.8	4.1	2.5	4.13
4	95.6	2.8	1.5	2.78	16	95.6	4.1	2.5	4.13
5	94.7	4.1	1.8	3.45	17	94.7	4.1	2.5	4.14
6	93.9	4.1	2.2	3.79	18	93.9	4.1	2.5	4.14
7	93.5	4.1	2.4	3.92	19	93.5	4.1	2.5	4.14
8	93.4	4.1	2.5	3.96	20	93.4	4.1	2.5	4.15
9	93.4	4.1	2.5	3.98	21	93.4	4.1	2.5	4.15
10	93.4	4.1	2.5	4.01	22	93.4	4.1	2.5	4.15
11	93.3	4.1	2.5	4.05	23	93.3	4.1	2.5	4.15
12	93.3	4.1	2.5	4.08	24	93.3	4.1	2.5	4.15

注：PTX 为新疆棉区棉花价格，PTD 为国内棉花价格，PTI 为国际棉花价格，I 为汇率。

据表 6 - 5 分析可知，新疆棉区棉价自身对价格差异率 K_t^I 的影响较大，新疆棉区棉花价格变化 1%，价格差异率变化 20% 左右，1994—2002 年，国际棉花价格拉低了新疆棉区棉花与国际棉花价格之间的差异，2003 年至今国际棉花价格对价格差异率的影响主要起到拉大作用，国际棉花价格对价格差异率的影响与汇率对价格差异率的影响保持方向一致，国际棉价每变化 1%，价格差异率变化 0.5% 左右；汇率变化 1%，价格差异率变化 1% 左右。

据表 6 - 6 分析可知，新疆棉区棉价自身对价格差异率 K_t^D 的影响较大，新疆棉区棉花价格变化 1%，价格差异率变化 35% 左右，1997—2007 年新疆棉区棉花价格与国内棉花价格之间的差异较小，2007 年至今新疆棉区棉花价格与国内棉花价格差异变大，且新疆棉区棉花价格对价格差异率 K_t^D 的影响主要起到拉大作用，国内棉花

表 6 – 5   PTD、PTI、I 对 K_t^I 的贡献率

Period	PTD 对 K_t^I 的贡献率	PTI 对 K_t^I 的贡献率	I 对 K_t^I 的贡献率	Period	PTD 对 K_t^I 的贡献率	PTI 对 K_t^I 的贡献率	I 对 K_t^I 的贡献率
1	26.34	0	0	13	25.85	0.6928	1.1361
2	21.22	0.1499	0.0364	14	−27.34	−0.7325	−1.2072
3	23.98	0.3716	0.3889	15	16.11	0.432	0.7137
4	−28.67	−0.4499	−0.8337	16	15.13	0.4058	0.6703
5	−4.62	−0.0877	−0.168	17	8.25	0.2213	0.3664
6	−6.71	−0.1573	−0.271	18	−4.60	−0.1235	−0.2045
7	−5.60	−0.1438	−0.2348	19	36.35	0.975	1.6146
8	−24.71	−0.6615	−1.0478	20	39.78	1.0673	1.7716
9	−24.13	−0.646	−1.0284	21	−22.98	−0.6165	−1.0234
10	−17.63	−0.472	−0.7571	22	27.98	0.7505	1.2458
11	−27.46	−0.7358	−1.1919	23	29.41	0.789	1.3097
12	16.77	0.4492	0.7332	24	25.04	0.6718	1.1151

注：PTX 为新疆棉区棉花价格，PTD 为国内棉花价格，PTI 为国际棉花价格，I 为汇率，K_t^I 为新疆棉区棉花与国际棉花价格差异率。

表 6 – 6   PTX、PTD 对 K_t^D 的贡献率

Period	PTX 对 K_t^D 的贡献率	PTD 对 K_t^D 的贡献率	Period	PTX 对 K_t^D 的贡献率	PTD 对 K_t^D 的贡献率
1	30.32	0	13	29.57	0.7091
2	29.24	0.2508	14	−37.24	−0.9012
3	26.68	0.3908	15	15.18	0.342
4	−30.44	−0.8876	16	19.93	0.60
5	−9.45	−0.1265	17	10.35	0.3323
6	−10.22	−0.2503	18	−7.69	−0.2221
7	−8.60	−0.2356	19	36.39	1.09
8	−30.11	−0.7809	20	42.77	1.113
9	−29.23	−0.5	21	−30.97	−1.0065
10	−19.43	−0.3282	22	22.28	1.0005
11	−29.56	−0.9878	23	30.49	1.0789
12	19.67	0.9088	24	28.98	0.9080

注：PTX 为新疆棉区棉花价格，PTD 为国内棉花价格，K_t^D 为新疆棉区棉花与国内棉花价格差异率。

价格对价格差异率 K_t^D 的影响中，国内棉价每变化 1%，价格差异率 K_t^D 变化 0.5% 左右。

（七）模型分析结果

第一，新疆棉区棉花价格受国内、国际棉花价格和汇率影响，国际棉花价格、汇率对新疆棉区棉花价格的传导较大，两者对新疆棉区棉花价格影响同向。

第二，新疆棉区棉花价格与国际棉花价格差异率波动较大，2001 年以前多集中在 20% 以上，价格差异率在 2015 年达到最高值为 73.46%，随着市场的放开两者关系越来越紧密，整体价格差异波动上涨，表现出新疆棉区棉花价格高于国际棉花价格，其资源优势越来越弱。新疆棉区棉花价格与国内棉花价格差异率波动也较大，但其价格差异率稳定在 -20% 左右，近期国家实施收储政策，到 2014 年开始实施针对新疆棉区的目标价格政策，新疆棉区棉花价格与国内棉花价格差异率值增大，新疆棉区棉花价格近期明显大于国内棉花价格，其全国范围的价格优势也开始消失。

第三，新疆棉区棉价对其自身的影响较大，保持在 93% 以上；国际棉价对新疆棉区棉价的传导率第 6 期以后稳定在 2.5%；国内棉价对新疆棉区棉价的传导率第 5 期以后稳定在 4.1%；汇率对新疆棉区棉价的传导率在 4% 以上。

第四，新疆棉区棉价自身对价格差异率的影响较大，新疆棉区棉花价格变化 1%，价格差异率 K_t^D、K_t^I 变化 20%、30% 左右；国际棉花价格对价格差异率的影响与汇率对价格差异率的影响保持方向一致，国际棉价每变化 1%，价格差异率 K_t^I 变化 0.5% 左右，汇率变化 1%，价格差异率 K_t^I 变化 1% 左右。

（八）对棉花价格传递不完全的主要原因

以上实证结果表明，我国加入 WTO 以来国际棉花价格对新疆棉区棉花价格传递作用不完全，原因有很多，但本书主要从以下两个方面来解释：一是价格传递的物质媒介，即棉花进口量；二是政府实施的政策。

1. 加入 WTO 以来国内对棉花进口需求较大

1991 年以来，新疆棉区棉花生产连年丰收，产量不断增加，需求也不断增加。新疆棉区棉花的产量从 63.95 万吨增长到 2013 年的 402.13 万吨，增加了 338.18 万吨，平均每年增加 15.37 万吨。近几年新疆棉区棉花价格波动上涨，引起全国棉花价格较高，国内对于国产棉的需求逐渐低于对进口棉的需求，且我国成为进口棉花量最大的国家，所以国际价格的传递作用较大，且有加大的趋势。

2. 政府政策在国际价格传递中起主导作用

在新疆棉区，棉花被赋予了重要的政治、经济意义，立足于新疆棉区生产是解决新疆地区政治、经济问题的基本方针，因此政策在棉花生产和进口上的影响不容忽视。加入 WTO 意味着新疆棉区及我国棉花市场的进一步开放，为了防止国际价格波动对新疆棉区棉花生产带来不利的影响，政府在棉花进口和价格上仍实施了重要政策，如进口关税及滑准税和国家收储政策、目标价格政策等托市政策。长期以来，国家棉花收储政策、新疆棉区棉花目标价格政策对新疆棉区棉花价格稳定起到了一定的作用，说明行政力量在棉花价格中依然起着重要的作用。当国际棉花价格发生变化时，政府会更倾向于用提高关税税率直接增加或者减少进口数量，因为这种方式比市场机制调节的作用更迅速和明显。2010 年，国内棉花价格急剧上涨，在市场机制调节下我国应该进口更多的棉花，事实也是这样，这段时间内棉花的进口量加大，这就说明政府利用对进口量的控制来调节新疆棉区棉花价格上涨对国内棉花价格的冲击。

这也就是为什么在 2011 年至 2014 年 3 月国家对棉花实施收储政策，国内棉花价格急剧波动时，新疆棉区棉花价格仍能保持稳定的重要原因之一。在政策方面，新疆棉区从 2014 年 3 月开始对棉花实施目标价格政策，一方面为生产提供了保障，是保护新疆棉区棉花生产的主要政策措施之一，从而稳定新疆棉区棉花价格。另一方面，目标价格政策拉低了新疆棉区棉花价格回归市场的作用，加快了国际棉花价格对新疆棉区棉花价格的传递作用，缩短了传递时间。

五 主要结论与讨论

开放经济条件下，新疆棉区棉花与国内、国际棉花价格差异较大，国际棉花价格与汇率对新疆棉区棉花价格的影响也越来越大，随着中国棉花进口规模的扩大，价格传导越来越紧密，对价格差异率影响越来越大。新疆棉区棉花价格"过山车"波动，特别是2010年以来，棉花价格变化剧烈，给涉棉产业带来较大影响。因此，经济全球化背景下，如何确保新疆棉区棉花价格稳定增长，保证棉花产业长期安全发展，总结本部分研究内容得出结论并提出建议如下。

（1）根据1991—2013年年度数据，本书运用协整分析、误差修正模型以及脉冲响应函数等方法分析了我国加入WTO对新疆棉区棉花价格与国际市场棉花价格波动的影响，得到结论，新疆棉区棉花市场与国际市场是整合的，但整合度不高。从长期来看，新疆棉区棉花价格与国际棉花价格之间存在均衡关系，说明两个市场是整合的。新疆棉区棉花的价格对国际价格弹性达到了0.53，充分反映出棉花的国际价格传递不够彻底，新疆棉区、国际市场并没有完全融合在一起。从国外购买的棉花数量大，比较开放，导致新疆棉区棉花价格和国际棉花价格之间的关系更加紧密。

（2）国际棉花价格的短期波动对新疆棉区价格影响较小。误差修正模型的分析说明，在短期内，国际棉花价格变动对新疆棉区价格弹性值达到0.02。误差项的系数为负，表明新疆棉区棉花价格与国际棉花价格有向稳定关系收敛的趋势，它们的调整速度为0.025。误差修正项系数的绝对值较大，因此新疆棉区棉花价格由短期偏离向长期均衡回归的速度较快。

（3）尽管国际棉花价格对新疆棉区棉花价格波动的作用越来越大，但整体来看依旧有很大的提升空间。这一标准差的存在，给国际棉花价格造成了重创，新疆棉区棉花价格变动趋势在前6个月价格增速较快，从第10个月开始保持稳定。研究人员因此总结出一条结论，国际棉花价格给新疆棉区棉花价格带来的作用程度的高低，和棉花开放度之间呈正相关。2003 年以来，国内棉花需求持续上升，而且偏向于进口棉花。同时，由于行政力量在棉花进口贸易中仍占主导地位，当国际棉花价格上涨，政府可以利用行政手段减少进口量来阻断国际价格向国内传递，这种方式比市场机制调节迅速。进口关税的控制，使棉花国际价格对国内传递效应持续时间较长。国际棉花价格通过两种渠道对新疆棉区棉花价格进行传递。一为进口机制，二为期货机制。国内期货价格通过各种方式获取到国际棉花期货价格后，就会有针对性地进行预期，从而导致新疆棉区现货价格出现波动。不过由于金融市场期货数据并不是公开的，难以获取，因此本书对期货机制这一渠道不予考虑，留待以后进行研究。

第二节　新疆棉区棉花价格波动纵向传递效应

一　棉花生产者—购销企业—加工企业之间的纵向价格波动传递分析

在生产者和消费者之间价格具有一定传导性，这也是当前业界十分重视的问题。消费者的价格指数可以通过通货膨胀程度来进行衡量，通过消费者价格指数，就能够较为真实地反映当前居民的生活成本，而生产者的价格指数则是直接反映棉花的生产成本。

根据经济理论，一般把生产者价格指数（PPI）作为消费者价格指数的先导指标，而 CPI 对 PPI 也有反馈机制。究竟这种传导机制是如何作用的，国内外学者做了大量的研究，但结论不尽相同。Cushing（1990）对美国的价格传导机制的实证分析表明，从生产者价格到消费者价格的传导机制比从消费者价格到生产者价格的传导机制更重要。Todd E. Clark（1995）全面分析了生产者价格对消费者价格的传导机制的各种可能原因并且运用回归分析和向量自回归（VAR）模型对美国数据做了实证分析，得出从生产者价格到消费者价格的传导机制比较微弱的结论[①]。

刘芳等运用格兰杰因果关系检验，对我国生产者价格和消费者价格的传导机制进行分析，发现生产者价格是消费者价格最重要的影响因素[②]。这可能意味着，从长期看，影响国内通货膨胀的因素供给方的作用相对要大于需求方。何新华（2006）分析了不同价格指数间的区别及联系，通过仔细观察各价格指数的变化情况以及使用中国宏观经济季度模型建立了工业品出厂价格指数和原材料购进价格指数间的误差修正模型，得出上下游工业的价格传导规律并未发生变异的有益结论。张延群（2007）采用了二阶单整协整向量自回归模型，对 CPI、PPI 商品销售价格指数和原材料、燃料、动力购进价格指数进行了研究，从而建立起一个长期动态的关系。通过该模型，就能够得出 CPI 的重要性，而且根据各项指数之间的关系，建立起一个一阶单整协整向量自回归模型，从而表明了各指数之间的关系。

短时间内对各指数进行分析，可以看到原材料、燃料及动力购进价格指数的变化会直接影响到其他指数的变化。此外，程建华等（2008）运用格兰杰因果关系检验和 K - L 信息量、时差相关分析等技术，其主要分析了宏观经济变量对其他指数的影响，并给出了两者之间的先行关系；他还对我国的经济传导机制进行了分析，从而主要分析了生产价格到消费者价格之间的传导以及从生产质量到其他消费品之间的传导。贺力平等（2010）根据我国从 2001 年 1 月到 2008 年 7 月之间的 CPI 和 PPI 数据进行分析，同时采用格兰杰因果关系来对此进行检验，这样就得出 CPI 是 PPI 变动的格兰杰原因，从结果来看两者之间是一种单向关系，而非双向关系。许世卫等

---

① 刘芳等：《我国生猪市场价格预警体系研究》，《农业技术经济》2013 年第 5 期。
② 刘芳、何忠伟：《果蔬产品产销间价格传导机制研究》，《农业技术经济》2012 年第 1 期。

（2010）重点对农产品的价格指数和消费指数进行了分析，将其作为产销价格信号，然后利用向量误差修正模型、脉冲响应函数和方差分解法来对此进行分析研究，这样就得到了对我国产销问题的具体机制进行的实证分析。

从上述国内外的研究文献可以看出，当前针对新疆棉区棉花的生产消费价格的传导机制研究不多。特别是对于棉花的生产地价格和消费者价格之间是怎样传导，其传导的价格变化有多大、效率有多高、怎样面对棉花市场价格对于新疆棉区棉花的冲击、棉花零售价格如何反应等问题都值得深入探讨。

棉花生产者—加工企业—购销企业之间的价格传递是棉花价格的纵向传递路径①。本章对棉花生产者及消费者之间的价格传递作为新疆棉区棉花价格的纵向传递路径上的研究对象，研究基础为新疆棉区棉花生产价格指数和棉花零售价格指数。本部分在运用基于向量自回归（VAR）模型的格兰杰因果关系检验的基础上，主要从以下两个方面来分析新疆棉区棉花的生产者价格指数对零售价格指数的传导机制。一是从长期均衡的角度，主要采用协整分析的方法，讨论新疆棉区棉花生产价格总指数（CPPI）与销地市场零售价格指数（CRPI）之间的价格传导效应。二是短期波动的引致关系。主要是在向量误差修正模型分析的基础上，采用脉冲响应函数和方差分解方法，进行冲击反应和贡献度的分析。

二　向量自回归模型的应用与分析

（一）向量自回归模型（VAR）

根据数列的特性，使用 VAR 模型来对样本进行分析，这样就可以将每一个内生变量通过系统对其产生的滞后值进行分析，这样能够通过一个函数来表现该关系式，其构建模型的时候，首先从单一时间序列变量的自回归模型逐渐拓展到由多元时间序列变量构成的"向量"自回归模型，这样就可以构建出一个合理模型。对于 VAR

---

① 王秀清：《纵向关联市场间的价格传递》，《经济学》2007 年第 3 期。

模型来说，其具有较高的性价比，而且其操作较为简单，具有较高
的灵活性，广泛应用于对其他指标的分析当中。不仅如此，MA 和
RMA 也可以在一定条件下来对其进行转化，这样就可以得到 VAR
模型，或者说是 VAR 模型的延伸和扩展，这也引起国内外学者的注
意。下面是 VAR 模型的具体表达公式：

$$\alpha_{t} = a_1\alpha_{t-1} + \cdots + a_p\alpha_{t-p} + b\beta_t + \varepsilon_t \quad t = 1, 2, \cdots, T \qquad (6-8)$$

公式（6-8）中，α_t 代表了内生变量列向量，β_t 代表外生变量
列向量，而使用 α_t、β_t 分别表示 k 维向量、d 维向量，而使用 P、T
分别表示滞后阶段和样本个数。

在下列公式中，a_1，$\cdots$，a_p 为一个待估计的系数矩阵，而 $k \times d$
则是用来维持待估计的一个系数矩阵，ε_t 是 k 维下的扰动向量。同
时需要指出的是，扰动项不能和上述公式产生的变量相关，当然也
不能和自己发出的滞后值相关。因此根据上述描述，就能够建立相
应的正定矩阵，得出下列公式，然后对其进行运算。

$$\begin{pmatrix}\alpha_{1t}\\a_{2t}\\\vdots\\a_{kt}\end{pmatrix} = a_1\begin{pmatrix}\alpha_{1t-1}\\\alpha_{2t-1}\\\vdots\\\alpha_{kt-1}\end{pmatrix} + \cdots + a_p\begin{pmatrix}\alpha_{1t-p}\\\alpha_{2t-p}\\\vdots\\\alpha_{kt-p}\end{pmatrix} + b\begin{pmatrix}\beta_{1t}\\\beta_{2t}\\\vdots\\\beta_{kt}\end{pmatrix} + \begin{pmatrix}\varepsilon_{1t}\\\varepsilon_{2t}\\\vdots\\\varepsilon_{kt}\end{pmatrix}$$

$$t = 1, 2, \cdots, T \qquad (6-9)$$

公式（6-9）又叫非限制性向量自回归模型（unrestricted
VAR）。从上述公式当中就能够得到 VAR（p）模型，该模型主要是
公式中的方程数量与该时间序列是基本保持一致的，即一个变量对
应一个方程。在上面这个公式当中，时间 t 没有任何意义，也就是
说该系统的冲击向量就是通过噪声向量 t 进行表示的，为了建立该
模型，首先就需要对 VAR 进行分析，在该公式的右侧，只有内生变
量滞后值。所以只需要采用一般的最小二乘法来对其进行估计，就
能够得到 VAR 的有效估计量。该扰动向量由于受到其他因素的影
响，特别是相同的回归量。虽然受到扰动量的影响，但是 OLS 估计
还是十分有效的，而且这种二乘法和其他二乘法是相互等价的。实

际上，这种扰动项的设计并不十分严谨。因此我们采用了更多的扰动项来对此进行分析，从而解决任何与序列相关的问题。

（二）脉冲响应函数

这里的函数就是为了对扰动项的影响进行分析，主要分析出任意两个变量之间是如何传递的，主要是对该过程进行研究，也就是利用该时间序列模型对影响该传递关系的向量进行实证分析。这样就能够得到下列公式，通过该公式来说明脉冲函数的两个变量之间的实现过程。

$$\begin{cases} h_t = a_1 h_{t-1} + a_2 h_{t-2} + b_1 z_{t-1} + b_2 z_{t-2} + \varepsilon_{1t} \\ z_t = c_1 h_{t-1} + c_2 h_{t-2} + d_1 z_{t-1} + d_2 z_{t-2} + \varepsilon_{2t} \end{cases} \quad t = 1, 2, \cdots, T$$

$$(6-10)$$

公式（6-10）中，a、b、c、d 均为该公式的参数，t 用来表示该公式的扰动项。然后对于白噪声向量 Σ 进行条件设定，满足下列条件公式（6-11）：

$$\begin{cases} E(\varepsilon_t) = 0, \quad \forall t \\ \mathrm{var}(\varepsilon_t) = E(\varepsilon_t \varepsilon_s') = \Sigma, \quad \forall t \\ E(\varepsilon_t \varepsilon_s') = 0, \quad \forall t \neq s \end{cases}$$

$$(6-11)$$

公式（6-11）中如果 $h_1 = h_2 = z_1 = z_2 = 0$，而且在 0 期的时候，扰动项 $\varepsilon_{10} = 1$，$\varepsilon_{20} = 0$，同时设定滞后两者均为 0，那么就可以用 0 期来对该模型进行运行，这样就得到了第 0 期变量给 h 以脉冲引起 Z 的变化的响应函数关系式。将该假设倒置，就能够得到 Z 的脉冲引起的 h 的响应函数和 Z 的响应函数关系式。将用经济模型来对其进行计算，得到的分析结果是一样的，在上述的模型当中，很显然通过脉冲响应函数要比其他函数效果更明显。

但是，再将脉冲函数引入 VAR 模型，这个过程当中存在一个核心问题，由于我们在进行假设协方差矩阵的时候，就将其设定为非对角矩阵，也就是说，此时的扰动项向量中的所有元素都会随着第 i 个元素 ε_{it} 的变化，而随之发生变化，此时这种变化与假定的变化产生矛盾，因此我们必须引入一个正交化的脉冲函数来克服这一矛盾，常用的正交化方法是 Cholesky 分解。

三 数据来源与处理

本书选择了新疆棉区棉花生产价格和消费价格之间的传导数据来进行分析，在研究该传导机制的过程当中，可以根据当前棉花价格的变化绝对值，也可以使用棉花的价格指数来对其进行分析，两者共同点：选择哪一种方法都能够对棉花后期价格的变动方向以及变化的大小进行反映，但是它们也存在较大的差异。前一种是根据机器价格值的比值作为研究的数据，后一种则是采用棉花的实际价格作为研究的数据，如果选择价格指数作为研究的数据，那么该数据就可以减少数据之间的异方差性，这样就可以提高序列的稳定性并且对于传导的结果不会产生任何影响。所以，本书通过新疆棉区棉花的生产价格和销售价格之间的波动，对于棉花市场产生的短期效应和长期效应，通过实证进行分析。本书选取了 1991—2013 年的价格指数进行了深入细致的研究，为了更好地研究这种价格之间的传导机制，选择了新疆棉区棉花生产价格的 CPPI 和 CRPI 作为具体的数据来源进行研究。

四 实证模型结果与分析

（一）数据基本统计分析

从表 6 - 7 可以看出，就价格指数而言，1991—2013 年，新疆棉区棉花生产者价格指数（CPPI）平均值为 100.02，零售价格指数（CRPI）平均为 112.09；从价格波动性来看，棉花的生产者价格指数和零售价格指数的波动性要高；表 6 - 7 给出了新疆棉区棉花的生产者价格指数（CPPI）和零售价格指数（CRPI）序列可以看出，生产者价格和消费价格之间的同步性较强，波动的趋势总体是一致的。在分析中应用 Eviews 7.0 软件对两者的相关性进行了分析。结果显示两者高度相关，相关系数分别达到 0.8 以上。

表 6 – 7   1991—2013 年新疆棉区棉花价格指数序列的基本统计量

指标代码	新疆棉区棉花生产者 价格指数（CPPI）	新疆棉区棉花零售 价格指数（CRPI）
均值	100.02	112.09
中位数	98.50	99.10
最大值	189.20	190.23
最小值	75.21	78.98
标准差	9.89	8.95
偏度	1.32	2.89
峰度	5.66	7.22
正态检验	33.90	45.90
统计量的概率值	0.00	0.00

本书选取新疆棉区棉花生产者价格指数（CPPI）、棉花零售价格指数（CRPI）作为棉花价格传导链条上游和下游价格信号，从 2013 年《中国统计年鉴》《中国农村统计年鉴》上采集到上述变量数据，采用国家统计局公布的 1950—2013 年的年度数据，运用分布滞后动态模型、脉冲响应函数和方差分解法对新疆棉区棉花从产销链条的上游到下游的价格传递机制进行了实证分析。由于消费者价格指数最早编制年限为 1994 年，因此在分析价格指数传导过程中，样本区间为 1994—2013 年。

（二）变量的平稳性检验

分析变量的水平序列的平稳性。从 ADF 检验结果（见表 6 – 8）可以看出：在 1% 的显著性水平下，拒绝存在单位根的非平稳变量的原假设，认为各个变量的水平序列都是平稳序列。

格兰杰因果检验。经济时间变量的时间先后顺序通常会使用因果关系检验，不过它不代表因果关系存在的必然性，我们还需要结合模型、经验以及理论判别其因果关系存在与否。为了对 CPPI 和 CRPI 平稳序列的价格传导方向进行考察，我们将各自开展格兰杰因果检验。由表 6 – 9 可见，零售价格指数 CRPI 的格兰杰原因可归结为新疆棉区棉花生产价格指数 CPPI，但棉花生产价格指数 CPPI 的格兰杰原因并非棉花零售价格指数 CRPI，它们相互间有单项引导关系存在。

表 6 - 8   变量的 ADF 检验结果

变量	ADF 统计值	(c, t, k)	显著性	结论
CPPI	- 5. 12	(c, 0, 0)	0. 0000 **	平稳
CRPI	- 5. 29	(c, 0, 0)	0. 0000 **	平稳

注：CPPI、CRPI 分别表示新疆棉区棉花生产者价格指数、棉花零售价格指数；表中 c 为常数项，t 为趋势项，k 为滞后阶数；滞后期 k 的选择标准是以 AIC 为准则，*、** 、*** 分别表示 10%、5% 、1% 的统计显著水平。

表 6 - 9   变量的格杰格兰杰因果检验

原假设	样本量	F 值	P 值
CPPI 不是 CRPI 的格兰杰原因	22	1. 598	0. 102
CRPI 不是 CPPI 的格兰杰原因	22	3. 010	0. 034

（三）价格波动的长期传导效应研究

经过平衡性检验可知，每一变量皆表现稳定，所以回归分析时可以使用分布滞后动态模型。利用加权最小二乘法，利用 Eviews 6. 0 软件平台上用分布滞后动态模型仿真了零售价格指数和新疆棉区棉花生产价格指数，表 6 - 10 为自模型软件获得的结果。

表 6 - 10   CRPI 与 CPPI 分布滞后动态模型软件输出结果

变量	回归系数	t 值	伴随概率
CPPI	0. 75	30. 5	0. 000 ***
CPPI （- 1）	0. 21	6. 43	0. 000 ***
CPPI （- 2）	0. 05	1. 89	0. 073 *

续表

变量	回归系数	t 值	伴随概率
F 值	90.0		0.0000**
调整后的 R² 值	0.93	DW 值	1.86（无自相关）

注：*、**、***分别表示 10%、5%、1%的统计显著水平，下同。

从表 6 – 10 可以看出，模型的拟合优度 R^2 达到 0.93，F 值达到了 1% 的统计显著水平，DW 值显示模型不存在序列相关性，整体模型的拟合效果较好，模型估计结果是可信的。

从模型估计结果看，新疆棉区棉花生产价格指数对零售价格指数也存在长期的影响。棉花生产价格指数每变动 1%，会引起当年棉花零售价格指数朝相同方向变动 0.75%；滞后 2 期的棉花生产价格指数对棉花零售价格指数亦存在正向的影响，棉花生产者价格波动向零售价格的传导是通畅的。

（四）价格波动的短期传导效应研究

变量短期波动的关系是短期传导效应的重点也是需要关注的内容，也就是销地农产品零售价格的波动是如何受到产地农产品生产价格波动的影响的。因此本书采用脉冲响应函数（Impulse Response Function，IRF）和方差分解（Variance Decomposition）。其中，VAR 模型中某个内生变量冲击造成的其他内生变量所受的改变通过 IRF 描述。换言之，其描述的主要内容是由于某个变量扰动时系统可触发的动态反应，同时依据此反应评定不同变量存在的时滞关系。尤其要关注的是，系统对一个内生变量的冲击效果可通过脉冲响应函数进行追踪，也就是假设系统仅受单一的变量冲击，而不受剩余变量的干扰与作用。该结果的正确有效性是基于如下假设：随机扰动项属于白噪声序列。

第二种系统动态变化描述方式即方差分解法。对内生变量变化受到各个结构冲击的程度进行分析，对不同结构冲击的重要程度进行审定。对以上相对重要性信息因时间而发生的改变进行比较，即可大致估算获得其作用时滞，并且据此还能够对每个变量效应的相对大小进行估算，也就是总贡献中变量冲击所提供的百分比。

1. 脉冲响应函数分析

本章的研究意图是销地棉花零售价格指数受到新疆棉区棉花生产价格指数的影响程度。引入使用 Choleskey 实现分解 VAR 回归残差的功能，为对结构冲击进行识别，将构建结构方程扰动与回归残差的相关关系。之后的分析使用了方差分解分析以及脉冲响应函数，目的是更深层次地考量 CRPI 和平稳序列 CPPI 的影响程度。脉冲响应函数作为一个标准差冲击可用于随机扰动项的衡量，并考察其影响内生变量当前及未来取值的程度。脉冲响应函数（IRF）刻画了误差变化大小的反应。也就是各个内生变量的冲击或是变动，作用于其他内生变量或者其自身。指定价格冲击为 1% 时，考核 10 个年度中 CPPI 对 CRPI 在价格冲击方面的反应路径。

棉花生产价格指数与零售价格指数的短期传导效应分析。图 6 - 4 显示，CPPI 对其自身的一个标准差随机扰动（也称新息）立刻有较强反应，价格上涨了约 11.5，随后 4 年正向影响迅速回调，在第 4 年和第 6 年间，仍为正方向影响，而后基本消失；但它对 CRPI 的影响比自身要弱很多，影响为反向影响，且存在 1—2 年的滞后期，从第 2 年开始影响渐强，到第 3 年下降约 3 个强度，到第 7 年基本消失。反之，CRPI 的一个标准差随机扰动对 CPPI 的影响较大，CPPI 当期上涨了约 9.5，随后 5 年正向影响迅速回调，而后趋于零；其对自身的影响也很强，当年上涨约 6.5，二年内迅速下降为零，之后继续下降，到第三年反向影响达到 2，而后回降，到第 7 年后影响衰减为零。下降到第 3 年反向影响，达到 2，而后反弹到第 7 年后影响衰减为零。由图 6 - 4 可知，棉花生产价格总指数对其零售价格总指数的传导顺畅，但存在一年滞后期。

2. 贡献度分析

为考察影响生产价格指数和零售价格指数波动的因素，本书采用方差分解分析。

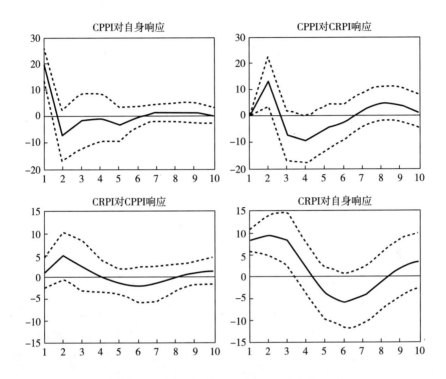

图 6－4　CRPI 和 CPPI 预期误差的方差分解

从销地市场价格传递链的影响力构成看：随着预测期的增加，CRPI 对其自身价格变动的影响逐渐减弱，CPPI 对 CRPI 的影响逐渐增大，但存在一期滞后。当预测期为 1 期时，CRPI 的波动 100% 来源于其自身；当预测期增大时，CRPI 和 CPPI 的信息份额逐渐稳定，到第 5 期，销地市场的信息份额为 92.1%，产地市场的信息份额为 7.9%，见表 6－11。

表 6－11　　CRPI 和 CPPI 预测误差的 CHOLESKI 方差分解结果

预测期	生产		零售	
	CRPI	CPPI	CRPI	CPPI
1	65.10	34.90	100.00	0.00
2	63.80	35.20	97.60	3.00

预测期	生产		零售	
	CRPI	CPPI	CRPI	CPPI
3	59.40	40.50	92.50	8.00
4	58.20	41.30	92.30	8.10
5	58.20	42.00	92.10	8.10
6	58.20	42.00	92.10	8.10
7	58.20	42.00	92.10	8.10
8	58.20	42.00	92.10	8.10
9	58.20	42.00	92.10	8.10
10	58.20	42.00	92.10	8.10

从产地市场的价格传递链的影响力构成看，销地市场的棉花零售市场价格对产地市场的棉花生产价格的波动影响逐渐减少，但效果却非常明显，第 4 期以后稳定在 58.20%，而自身波动的影响逐渐增大，但只有 42%。

3. 价格传导率分析

价格传导是指上游产品价格变化会对下游产品产生同向影响。本书将通过价格传导率指标具体量化分析棉花产业链条上价格的传导机制。从表 6 - 12 和图 6 - 5 可知，1991 年以来，棉花生产价格波动对零售价格的影响呈现出波动性。

表 6 - 12　　1991—2013 年新疆棉区棉花纵向价格传递效率

年份	传递效率	年份	传递效率	年份	传递效率	年份	传递效率
1991	1.00	1997	0.87	2003	1.00	2009	0.97
1992	0.98	1998	0.76	2004	0.89	2010	0.87
1993	0.94	1999	0.85	2005	1.00	2011	1.00
1994	0.98	2000	0.98	2006	1.00	2012	0.98
1995	1.00	2001	1.00	2007	0.89	2013	0.95
1996	1.00	2002	1.00	2008	0.98		

注：纵向价格传递效率 = 棉花零售价格指数/棉花生产价格指数。

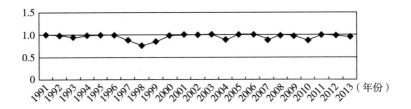

图 6 – 5　1991—2013 年新疆棉区棉花纵向价格传递效率

从棉花价格传导看,"七五"以前棉花价格传导为萎缩式,"八五""九五"为扩张性,价格传导率平均为 1.05,扩张系数达到 5%;之后经过"十五"期间 2%的轻微萎缩后进入"十一五""十二五"期间的扩张性传导阶段,2012 年接近 10%,目前仍呈扩张性传导,并据此估计近期将继续呈现扩张性传导的态势。

(五)新疆棉区棉花价格纵向传递效应研究结论

以上从产业链条价格传导机制的角度对产销间价格传导进行了分析,研究发现以下几点。

(1)新疆棉区棉花生产价格指数波动产生后,传导至零售价格指数需要较长的周期,经常会遇到传导不畅的各种阻力。

(2)棉花零售价格指数增长传导至生产价格指数阻力较小,棉花零售价格指数的变化与棉花生产价格指数的变化呈现出一致性,不过棉花零售价格指数接收棉花生产价格指数传导的影响时经常有相应的滞后发生,并且随着时间的流转,新疆棉区棉花产地市场价格传递至销地市场的零售价格的效应越发显著,但能看到的效果却是非常轻微;并且产地市场生产价格受到销地市场零售价格的作用慢慢减少,影响十分明显。我们对棉花销售价格指数,应当选取棉花生产者价格指数作为其预警性指标。

(3)棉花生产者价格波动对棉花零售价格波动的影响呈现出波动性。"九五"期间为扩张性传导,"十五"期间上下游价格波动传导率较为平稳,"十一五""十二五"期间呈现出中间萎缩式传导而后扩张性传导的变动趋势,估计近期将继续呈现扩张性传导的态势①。

所以说，新疆棉区本地应当更大力度地研究分析产地棉花生产者价格形成机制，对市场价格反馈体系和棉花生产成本动态监测预警系统进行优化改进，引导棉农进行适宜的生产活动，促进新疆棉区棉花产业能够积极向上发展。

五　本章结论

（1）新疆棉区棉花市场与国际市场是整合的，但整合度不高。从长期来看，新疆棉区棉花价格与国际价格之间存在均衡关系，说明两个市场是整合的。相对于国际棉花价格，新疆棉区价格保持着0.53的长期弹性，可以看出国际上与新疆棉区当地市场整合不够，棉花的国际价格传递出现了断层的现象。棉花进口开放度高，贸易比重大，所以国际价格对新疆棉区价格的影响十分明显。

（2）国际价格的短期波动对新疆棉区价格影响较小。国际价格变动对新疆棉区价格的短期弹性为0.02。误差项的系数为负，表明新疆棉区棉花价格与国际价格有向稳定关系收敛的趋势，它们的调整速度为0.025。误差修正项系数的绝对值较大，因此新疆棉区棉花价格由短期偏离向长期均衡回归的速度较快。国际价格对新疆棉区棉花价格变动的贡献度不断增加，但仍处于较低水平

（3）新疆棉区棉花生产价格指数波动产生后，传导至零售价格指数需要较长的周期，经常会遇到传导不畅的各种阻力。

（4）棉花零售价格指数增长传导至生产价格指数阻力较小，棉花零售价格指数的变化与棉花生产价格指数的变化呈现一致性，不过棉花零售价格指数接收棉花生产价格指数传导的影响时经常有相应的滞后发生，并且随着时间的流转，新疆棉区棉花产地市场价格传递至销售地市场的零售价格的效应越发显著，但能看到的效果却非常轻微；并且产地市场生产价格受到销地市场零售价格的作用慢慢减少，影响十分明显。我们对棉花销售价格指数，应当选取棉花

---

① 刘芳等：《我国生猪市场价格预警体系研究》，《农业技术经济》2013年第5期。

生产者价格指数作为其预警性指标。

（5）棉花生产者价格的变化影响棉花零售价格的变化也相当不稳定。因而，新疆棉区应当更大力度地研究分析产地棉花生产者价格形成机制，对市场价格反馈体系和棉花生产成本动态监测预警系统进行优化改进，引导棉农进行适宜的生产活动，促进新疆棉区棉花产业能够积极向上发展。

第七章

研究结论与政策建议

本书通过对中华人民共和国成立以来尤其是改革开放以来新疆棉区棉花生产、新疆棉区棉花价格波动特征、波动周期、波动原因、影响因素、价格传递效应等进行了实证分析，并深入探讨了未来新疆棉区棉花价格波动趋势。本章将在总结以上各章研究结论的基础上，提出在 WTO 框架下抑制价格波动、稳定发展新疆棉区棉花产业的政策建议。

第一节　研究结论

新疆棉区的棉花价格具有典型的波动特征，尤其是改革开放以来，其波动的强度超过任何主要的农作物价格，而且在世界棉花价格波动中，新疆棉区的棉花价格波动强度也是最高的。棉花是大宗经济作物，从生产到消费需要经历较长的产业链，每一个环节的价格波动都会导致纺织工业的经济效益受到影响，并且影响国民经济的发展，对其产生较大的冲击。因此，对新疆棉区棉花的价格波动进行分析，重点探索其波动的规律和成因能够为行业稳定健康发展提供理论支持，同时对于新疆棉区甚至全国农业产品的经济稳定发展有一定的推动作用①。

（一）新疆棉区棉花价格波动特征

第一，表现出明显的集簇性；第二，无高风险和高回报特征；第三，价格波动非对称性。

（二）新疆棉区棉花价格波动原因

第一，国家政策的影响。棉花价格波动集簇性产生的原因为现阶段国家棉花政策指导、棉花市场与宏观经济走向联系越来越密切，以及相关信息产生的序列相关性。

第二，交易非市场化的影响。棉花市场没有高风险、高回报的特征，分析其主要原因是中国棉花相关政策限制棉花的完全市场化，棉花市场信息较为透明，不易炒作，使得棉花价格较其他经济作物稳定。

第三，种植面积的影响。棉花的价格变化无对称性，且价格上涨引起的波动大于下降引起的波动，主要归因于除新疆棉区棉花种植面积较为固定外，内地棉花种植跟随价格变化较大。

（三）新疆棉区棉花价格波动影响因素

第一，从国际环境上分析，当棉花的价格、产量、库存、生产成本和进口量等因素，当其他因素不变，上述某一因素变化1%时，则当年新疆棉区棉花价格依次变化0.53%、0.1558%、－0.094%、－2.92%、－0.0323%，这与理论分析基本相符。

第二，国内棉花价格对新疆棉区棉花价格有显著影响。国内棉花价格和新疆棉区棉花价格之间有一定的传递效应，两者在价格上互相影响，主要原因是国家对棉花实行的是开放性的市场供应，在经营方式上是国际化经营，因此，外界的棉花价格变动势必导致新疆棉区棉花价格波动。此外，随着世界棉花期货市场的不断完善发展，外界因素对新疆棉区棉花价格的影响越来越大，从相关分析结果看，棉花的价格和生产成本之间存在明显的正向相关性。比如棉

---

① 谭砚文：《中国棉花生产波动研究》，博士学位论文，华中农业大学，2004年。

花的成本上升1%，对应的棉花价格将会上涨0.16%，这种结果与经济学分析得出的结论相吻合。棉花产量、库存量和进口量也会对棉花的价格产生影响，主要是通过改变供应量实现的对价格的影响，三者和棉花价格之间都呈现负相关性，也与经济学分析的结果相吻合。替代品和消费量表示的是国内外的棉花消费状况，对新疆棉区棉花的价格并没有显著影响，而替代品的数量变化也没有对价格产生影响，结论符合经济学原理。

（四）新疆棉区棉花价格传递效应

1. 横向价格传递效应结论

第一，国内外棉花价格和汇率对新疆棉区棉花的价格影响较大，国内、国际棉花价格以及汇率和新疆棉区棉花价格之间存在相同的影响。

第二，新疆棉区棉花价格与国际棉花价格差异率波动较大，2001年以前多集中在20%以上，价格差异率在2015年达到最高值为73.46%，随着市场的放开两者关系越来越紧密，价格差异出现明显的波动，说明了相比于国际棉花，新疆棉区棉花的竞争优势不断降低。此外，国内棉花价格和新疆棉区棉花的价格差异率明显，但其价格差异稳定在-20%左右，近期国家实施收储政策，2014年开始实施针对新疆棉区的目标价格政策，新疆棉区棉花价格与国内棉花价格差异率值逐渐增大，新疆棉区棉花价格近期明显大于国内棉花价格，其全国范围的价格优势也趋于消失。

第三，新疆棉区棉价对其自身的影响较大，保持在93%以上；国际棉价对新疆棉区棉价的传导率第6期以后稳定在2.5%；国内棉价对新疆棉区棉价的传导率第5期以后稳定在4.1%；汇率对新疆棉区棉花价格的影响传导率超过4%。

第四，新疆棉区棉价自身对价格差异率的影响较大，新疆棉区棉花价格变化1%，价格差异率分别为K_t^D、K_t^I变化20%、30%左右；国际棉花价格对价格差异率的影响与汇率对价格差异率的影响保持方向一致，国际棉价每变化1%，价格差异率K_t^I变化0.5%左右，汇率变化1%，价格差异率 K_t^l 变化1%左右。

2. 纵向价格传递研究结论

第一，棉花生产价格和零售价格之间的传导存在滞后，并且在传导过程中存在阻力，传导不通畅。

第二，零售价格的变化对生产价格指数影响的通路顺畅，生产价格变化对当年零售价有显著影响。在生产价格和棉花零售价格指数之间的传导存在1期滞后，并且当地价格对新疆棉区棉花零售价格的传递效应影响较大。销售地的棉花零售价对产地本身的生产价格的影响较小，棉花生产价格指数可以作为指导零售价的预警指标。

第三，棉花生产价格和零售价格之间存在显著关联。"九五"期间为扩张性传导，"十五"期间上下游价格波动传导率较为平稳，"十一五""十二五"期间呈现出中间萎缩式传导而后扩张性传导的变动趋势，并且在近期也会出现明显的扩张态势。

为此，新疆棉区要加强对棉花产地价格的控制，研究产地价格变动的相关机制，健全产地成本动态监测，形成完善的市场价格反馈体系，对棉农生产和新疆棉区棉花产业的发展进行合理的引导。

第二节　政策建议

随着市场经济的发展，尤其是我国加入WTO之后，政府干预在市场中的作用越来越低，因此不能完全依靠政府行政手段对棉花生产和市场管理进行全面调控。前文分析指出，棉花是一种供给弹性很大的产品，单纯性地依靠市场的自我调节也会出现问题，不仅会抑制波动还会使市场紊乱，当下我国市场经济体系建设相对不健全，政府机构需要在市场经济发展的过程中给予一定的行政干预以指引市场经济健康有序地发展。因此，在市场经济形势下，政府干预的方式并不是和计划经济时代下的方式相同，而是对市场管理体系不断完善，为经济发展建立良好的市场环境，与此同时，建立灾害处理应急预案，提高棉花抵抗灾害的能力以提升棉花的产量，从而实现对价格的调控。

（一）保持政策的稳定并及时完善棉农直接补偿机制

我国是全球棉花生产和消费大国，棉花生产的合理供给是稳定棉花价格、国家棉花安全和提高棉花价格话语权的基本保证，也事关广大棉农的生活、纺织产业的稳定发展和职工的就业。因此，对棉花产业的持续政策支持是必要的。目标价格政策试点的基本目的是保护农户基本收益，市场决定棉花价格，实现棉花生产供给的平稳过渡。经过一年的试点表明政策的目的基本达到，效果明显。为巩固政策的试点效果，一方面要合理确定棉花目标价格。在规避世贸组织"黄箱"规则下，循序渐进地下调目标价格，给新疆棉区棉花产业结构调整一个过渡期，给棉花生产、加工、流通企业一个适应期，使其由数量型向质量型转变。另一方面加大配套政策支持力度。加大棉花生产的"绿箱"和"蓝箱"支持力度，把新疆棉区优质棉基地建设纳入"十三五"规划，提高棉花科技研发和技术推广支持力度，重点支持品种研发、国内采收和加工设备研发，新型栽培模式推广和技工设备的技术改造；加强环境保护的补贴力度，重点是残膜回收和滴灌技术的推广应用；基于新疆棉区农业结构调整资金支持；加大新型产业组织模式的支持力度；探索棉花产量保险政策和休耕补贴政策等；对于特定地区也可考虑实施农户收入补贴政策。

对新疆棉区棉花支持政策效率不高，补贴力度还是不大，这样无法达到政策预期目标。较大的政策支持可以保证棉农的收入，保护其种棉积极性，在此基础上政策支持应该确定明确的目标，应继续实施目标价格补贴政策。2014 年实施的目标价格政策，目的较明确，皆在保护新疆棉区棉花种植，发展区域优势作物生产。相信高效的支持政策可以为棉花产业发展提供较好的政策环境。

2014 年国家出台在新疆棉区试点实施目标价格政策对棉农直接

补贴，这种直补在一定程度上保护了棉农的利益，长远看保护了新疆棉区棉花生产。与其他经济作物和粮食不同，棉花是高风险经济作物，这种风险来自两个方面，一是市场风险，因为棉花的商品率极高，有90%的产量进入市场，极易受到市场波动的冲击；二是自然风险，棉花不仅生产周期长，而且收获期也长，在收获期和生长期常遇到低温、干旱、阴雨、冰雹、洪涝、病虫害等自然灾害的袭击，各种因素都可能造成棉花减产。因此，建立一种补贴棉农的利益补偿机制，有效地保护棉农的利益，帮助棉农避免因各种风险造成的损失，对于抑制棉花价格波动、促进棉花价格的稳定发展是非常必要的[①]。

虽然棉花与粮食作为关系国民经济健康发展的重要农产品受到国家政府的高度重视，但是与粮食相比，棉花所受到的政府保护程度较低。2014年新疆棉区棉花生产采用"目标价格补贴"是"市场对资源配置起决定性作用"的有益尝试[②]。由于种植面积不稳定，以及大量开荒地存在，完全按照面积补贴不合理。按照产量补贴存在时间跨度问题，因此较为合理的补贴方式是："60%面积＋40%产量"。开展棉花目标价格改革试点，探索推进农产品价格形成机制与政府补贴脱钩的改革，将棉花价格形成交由市场决定，使市场重新发挥资源配置作用。

1. 对棉农直接补贴的依据

（1）在WTO里有提及对棉农进行补贴。依据WTO《农业协议》，新疆棉区可以实行直接、良种、农机费、商品流通以及出口等方式的补贴。除此之外，该协议里的"绿箱"政策也有很多政府补贴相关的规则，像是不挂钩收入补贴、结构调整投资补贴、环境补贴、生产者退休资助、资源停用援助、（贫困）地区性补贴、利益损失保险补贴、自然灾害损失补贴等。

---

① 程昊、孙寒冰：《我国棉花生产波动的原因探析》，《安徽农业科学》2007年第11期。

② 狄升：《对棉花目标价格补贴的初步认识》，《农业发展与金融》2014年第8期。

（2）世界上有很多国家通过直接补贴来实现棉花产业的发展。按照国际棉花咨询委员会（ICAC）以及美国农业部（USDA）的调查结果，自1999—2000年到2001—2002年三个生产年度，全球在棉花种植方面的补贴累积达到174.35亿美元。这里面美国就占了89.33亿美元，是全球补贴金额的51.24%。欧盟的棉农补贴为24.91亿美元，是全球的14.29%，而希腊与西班牙给予棉农的资金补贴甚至高出全球棉花均价的100%。调查显示欧盟就棉花的生产保护补贴来说，要比玉米以及油料农作物等粮食性农产品的生产超出3—4倍。对于我国新疆棉区的棉花产业来说，基于WTO推行棉农补贴，保持棉花的市场价格稳定性，也尽量避免了棉农的收入风险，保护生态环境不受破坏，不失为推进新疆棉区棉花产业稳定发展的一个有效手段。

2. 直接补贴方案的基本思路

2013年10月，国家发改委的相关部门依据国务院的第八次常务会议内容，不断分析研究提出了《关于完善农产品价格和市场调控机制的意见》（以下简称《意见》），首次提出要进行农作物生产的"目标价格补贴"方案。而第二年中央1号文件就对此提出了"健全粮食以及一些国家重点作物的价格形成体系，以市场为基础，不断完善作物价格形成体系和国家补贴支持脱钩的机制，形成合理的农作物目标价格体系，若是市场价格太大就对低收入的消费者进行必要的补贴，若是市场价格太小就对农民们进行必要的差额补贴"。另外在2014年，国家开始推行东北以及内蒙古大豆和新疆棉区棉花三处目标价格补贴试点工作。同年4月，国家发改委、财政部以及农业部共同推出了《关于发布2014棉花目标价格的通知》（发改电〔2014〕84号），"推行新疆棉区棉花生产的目标价格补贴政策的试验工作"，在这个政策下，不再推行临时收储方案，让棉农们依照市场价格将棉花出手[①]。若是市场价格和目标价格相比较

———————————

① 狄升：《对棉花目标价格补贴的初步认识》，《农业发展与金融》2014年第8期。

低，那么政府就要按照二者的差值以及种植范围、产量和销售量等方面来补贴棉农；若是较高，那么就不进行。

按照以上意见，目标价格即为直接的支持补贴，让农民的利益至少维持在目标价格的程度。而目标价格要依据生产投入以及基本收入来判定。若是市场价格相比目标价格较低，那么按照其差值进行补贴。2014 年的棉花目标价格补贴政策试验区域是新疆棉区，目标价格则是每吨达 19800 元，且主要对棉农进行补贴和支持。我国推行这种政策是为了保证棉花的市场价格以及农民的收入，减轻棉花的生产和销售受市场和自然的风险损害，进而稳定市场的直接补贴政策。

3. 直接补贴政策完善

棉花生产受天气自然灾害等影响较大，在极端天气时容易造成棉花减产给棉农带来损失，且这种损失由棉农自己承担。强化棉花生产保险，在遭受自然灾害时可以保障棉农收入，不会打击棉农生产积极性影响下一年度的棉花生产。美国农业保险制度对于美国的棉花产业的保护值得借鉴。我们国家可以由政府强制推行棉花生产保险制度让棉农接受这种制度，研制符合中国实际情况的农业保险制度保护棉花产业可持续发展。棉花目标价格支持政策在新疆棉区实行时间不长，有些问题还未显现，处于"摸着石头过河"的起步阶段。棉花的目标价格补贴机制在新疆棉区也开展时间不长，因此一些隐藏的问题尚未暴露，仍处于摸索的时期。但是就美国来说，这个机制已运作了几十年，已经是成熟的政策机制。所以我国可以借鉴美国在这方面的相关经验，形成针对中国国情的农产品目标价格补贴机制。

（1）充分发挥国家对于市场的宏观调控职能。目标价格补贴机制大大地缓解了对于市场造成的不稳定性，避免了直接干预市场价格现象的出现，然而从支持棉价到补贴收益的过程中，国家的调控职能依旧存在。就棉花这类弱势产业来说，完全由市场进行配置发展是不行的，国家必须发挥宏观调控职能。我国新疆棉区的棉花种植相关产业规模小而且分布不集中，没有形成一定的气候，而棉农往往会出现跟风的行为，从而引发"棉贱伤农"。除此之外，棉价上浮所带来的收益多数属于中间商，大大降低了棉农的种植热情。从此现状出发，国家必须充分发挥其应有作用，除了直接干预价格的手段，还可宏观调控棉花的各个生产环节。

（2）从政策和法律方面给予此政策以支持。政策法规为国家充分发挥作用调控市场的切实有效的手段。在此方面可以借鉴美国，把这个政策制度化，并颁布相应的法律文件进行保护。除此之外，目标价格补贴机制中确立的目标带有时效性，会因为经济的发展而变化，因此在政策法规方面亦要及时进行相应调整。

（3）不断健全国家信息网络系统，及时发布相关的价格信息以保证稳定生产。目标价格补贴机制推行的核心即为目标价格与市场价格的判定。美国农业部就此构建了一个全国性的信息网络体系，来采集和发布相关的农业信息，保障了这两个价格确定的正确性。还有就是美国会在生产期前发布目标价格信息，保证稳定生产。所以我国首先要构建一个针对农产品流通和农业发展相关的信息体系，针对新疆棉区的棉花目标价格补贴机制的推行和价格的确定提供参考，更早发布目标价格信息，稳定棉花生产。

（4）借鉴其他国家在这方面的经验，摸索出一套具有中国特色的目标价格补贴机制。政府发挥农产品市场调控职能的相关政策法规要根据经济环境来及时确定并完善，新疆棉区推行价格补贴机制不能完全按照美国的方式，要按照当地现状，建立一个针对新疆棉区的地区目标价格补贴机制。

（5）完善棉花保险制度，成立棉花收入风险保险计划体系。徐春华、李辉（2010）等人研究发现，因为没有行之有效的市场交易方式，新疆棉区棉花就不能作为优势资源对应到经济发展的优势之上，而棉花价格的滞后使其生产种植与市场的供求关系并不匹配，从而使棉花市场供求失衡，棉价也十分不稳定，导致新疆棉区棉花产业变得"无所适从"。另外，新疆棉区的棉花流通体系也不够完善，极易有丰收时因恐慌心理抛售而需求较大时又哄抬价格的现象，还有很多中小型的私营机构进行粗加工并且低价抛售棉花也使棉花市场存在很大的不稳定性。所以，通过最小方差套期保值法既能够规避风险，也能够降低投入资金的占用量，使相关机构在进行套期保值时可以更加有效地配置资金。

棉花生产受天气自然灾害等影响较大，在极端天气时容易造成棉花减产给棉农带来损失，且这种损失由棉农自己承担。大力发展棉花种植保险工作，在自然灾害出现时保障棉农的利益，也保证了他们继续生产的积极性。关于此点，美国通过农业保险制度来保障棉花生产是非常典型的案例。新疆棉区推行的目标价格确定方法与美国有一定的相似性，国家依据历史资料来判断市场的供求关系从而确定目标价格，而世界的市场价格会因为供求关系波动，最后弱势市场价格与目标价格相比较高，国家则对低收入的消费者进行一定的补贴支持，若较低则将差值补贴给棉农。目标价格政策是"黄箱政策"，可以对棉花价格稳定起到一定作用，但长远不利于棉花价格回归市场。必须不断探索完善棉花保险体系，尽量避免棉花生产中的风险对价格造成的不稳定性。

4. 完善补贴方式

（1）兼顾产量和质量，建立优质多补的补贴导向。新疆棉区按照《新疆棉区棉花目标价格改革试点实施方案》采取按产量发放差价补贴。试点结果表明，在新疆棉区按产量发放补贴是有效的，既有利于鼓励适合植棉区生产和抑制次宜棉区的退出，又有利于减少补贴发放的核实工作。因此，建议新疆棉区今后继续实施按产量进行补贴的方式。具体而言，一是国家按棉花产量下拨补贴资金，并延长采价期。以 2015 年为例，2015 年皮棉目标价格为 19100 元/吨，采价期确定为 9—12 月，则国家补贴资金 =（19100 – 采集皮棉试产均价）×新疆棉区棉花核实产量。二是新疆棉区以籽棉产量为基础给予质量系数进行补贴资金发放。随着棉花市场决定价格机制形成，棉花质量的高低成为棉花销路好坏的关键因素，进而影响生产效益和品牌树立。单纯地按籽棉产量补贴使农户或单位更重视产量而忽视质量的提升，为激发农户提高棉花质量的积极性，探索实施在产量基础上给予质量权衡，从而形成籽棉标准补贴产量。如，籽棉标准补贴产量＝一级籽棉交售量×1.1＋二级籽棉交售量×1.05＋三级籽棉交售量×1＋四级籽棉交售量×0.9 等，从而实现优质多补，引导棉农和经营单位进一步重视棉花质量①。

（2）建立兑现价格报告评估制度，规避市场风险。由于新疆棉区存在两种管理模式，在兵团采用师—团场—农户三级棉花统一管理模式，棉农生产的籽棉全部交售给团场，团场加工为皮棉后再统一交由师棉麻公司统一销售。在临时收储期间，由于收储价格明确且收储进度快，团场对农户的棉花兑现价格以收储价格扣除加工费及基本的管理费倒算确定兑现价格，核算相对简单，基本无市场风险。目标价格实施后，棉麻公司直接向市场销售棉花，棉花价格的不确定性增强且销售期延长，从而造成难以测算最终皮棉销售价格，进而形成对农户倒算兑现价格无据可依的状况。为此兵团应建立兑现价格报告评估制度。具体而言，一方面整合兵团师棉麻公司，实行集团化经营，集团首要的工作在于做好当年及未来一段时间棉花的销售价格调研和预测工作，从而及早确定基层团场对农户棉花的初步兑现市场价格；另一方面，对当期棉花年度的销售实际状况进行核算，并与前期预测价格对照，评估初步兑现价格，形成最终兑现价格，实施多退少补。另外，为保证兑现价格评估制度的公平公正，应建立听证制度，从而平衡各方利益，实现风险共担。在地方采用自治区—市—农户三级棉花统一管理模式，棉农生产的籽棉卖给加工厂或中间商，棉花加工厂对于棉花收购价格根据国家发表的目标价格为基础，考虑市场风险最终给定籽棉收购价格，目标价格实施后棉花销售问题与团场存在同样问题，因此，应建立兑

---

① 计算由新疆棉花经济研究中心调研及专家访谈整理而来。

现价格报告评估制度，规避市场风险①。

5. 简化中间环节

（1）优化面积统计核实方法。按照 2014 年棉花目标价格实施方案，棉花种植面积的统计核算次数多，工作量大，行政成本高。基于此，2015 年应优化棉花种植面积的统计核算办法。具体而言，年初开展农户棉花种植意愿调查，在此基础上结合市场形势确定各师团棉花种植面积的计划，计划一旦下达，可仿照订单农业的模式，多种或少种均应承担一定责任，使实际种植面积和计划面积保持最大的一致性，后续的面积核实主要在于检查计划的落实状况，以减少反复统计核查面积的工作量。对于未纳入年初计划的种植面积可考虑不予补贴。调整棉花测产工作时间，将原由 8 月底完成测产延后到 9 月中旬，使产量预测更科学。

（2）尝试在场监管，优化公检方式。2014 年目标价格政策实施方案下，所有皮棉均采用在监管库公检的方式，目的是消除转圈棉和棉花掉包问题。临时收储政策的取消实际上已消除了转圈棉存在的基础，同时棉花产量还受种植面积×预测棉花单产约束，虚报产量的可能很小。棉花加工厂和棉麻公司棉花直面市场客户，棉花掉包会直接导致质量诉讼和经营信誉，亦不会有掉包的动机。与此同时，目前的在库监管造成了两方面的弊端，一方面增加了加工厂和棉麻公司的运输装卸等费用，另一方面延迟了棉花销售的响应时间，造成了销售风险。因此"在库"监管是否必要？建议新疆棉区实施棉花"在场"监管，在棉花加工厂设立监管区，由公检人员到场提取棉花包样本。棉麻公司或加工厂可自主选择是否计入棉花交易信息库。

（3）因地制宜制定补贴发放方式。在棉花种植面积和测产及公检基础上，确定各师团棉花产量，并对照核实和审核最终结果核拨资金。各级单位可根据具体情况因地制宜确定补贴发放方式，对于

---

① 新疆棉花经济研究中心整理。

棉花种植户可采用兼顾产量和质量，建立优质多补的方案；对集体所有权土地单位可参照自治区补贴发放方式；对其他经营单位可自行选择按团属或集体补贴方式，也可直接按产量补贴方式。

（二）加大基础设施建设，加强对病虫害的防治工作

基础设施建设对棉花产量提升有着重要意义，完善的基础设施对于抵抗自然灾害有保障性作用，要在棉花种植的过程中增加卫星监测系统并提高棉花种植的技术。目前，我国有三大棉花种植基地，其中新疆棉区是种植面积较大区域[①]。新疆棉区棉花种植规模较大，种植集中，较内地基础设施更为健全。国内其他地区的棉花生产可以借鉴新疆棉区棉花生产方式尽早实现规模化经营，加强基础设施建设，可以增强棉花生产及经济竞争力。目前，我国棉花产量波动性大的重要原因是病虫害的经常发生，而自然灾害的出现对于棉花生产而言具备双重因素，病虫害的出现一方面影响了棉花的产量，另一方面增加了生产成本且导致棉花的最终价格上涨。因此，国家层面要针对棉花种植区域给予重点关注，加强基础设施建设，增强棉花抵御自然灾害的能力，有效抑制由于自然灾害导致的价格波动。

1. 加强农田基本建设

基础设施的建设能够显著提升棉花抵御自然灾害的能力，因此我们可以采用增加卫星监测或者提升种植技术的方式[②]。我国三大棉区因地理环境、气候条件的差异，所受自然灾害不同。新疆棉区主要是受旱灾的影响，因此，应当在不同的棉区根据各自的灾害特性实施农田基本建设[③]。对于水资源十分匮乏的新疆棉区，应当加大灌溉设施的投入，改漫灌为喷灌、滴灌，提高用水效率[④]。

[①] 李建伟：《影响棉花价格波动的因素分析及对策》，《价格月刊》2012 年第 10 期。

[②] 徐柏园：《发展绿色农业的宏观思考》，《湖北经济学院学报》2007 年第 5 期。

[③] 蒋逸民：《中国棉花产业国际竞争力形成机理研究》，硕士学位论文，南京农业大学，2008 年。

[④] 谭砚文：《近期我国棉花生产及市场波动的成因分析》，《山东农业大学学报》（社会科学版）2005 年第 1 期。

2. 加强对病虫害的防治工作，推广转基因抗虫棉

新疆棉区棉花生产过程中每年都要遭受病虫害的影响，自然灾害的发生对于新疆棉区棉花的生产和发展产生了极大的消极影响①。根据《中国农业年鉴》的相关数据显示，近年来我国棉铃虫的发病率不断增加，1997 年棉铃虫的发生面积为 7477 千公顷，造成的损失最大可达 20%。此外，棉蚜虫在新疆棉区也是主要的害虫之一，对棉花生产造成了极大的影响，研究结果显示，2013 年和 2014 年棉蚜虫的发病面积分别是 1736 千公顷和 1476 千公顷呈现逐年上升的趋势。此外，其他类型的害虫发病率也不断升高，导致棉花的损失不断增加。农业部信息中心发布的数据显示，2014 年棉花损失达 22.74 吨，而大面积的冰灾等天气成了影响棉花单产的最重要因素。

防止棉花病虫害的最有效措施是大力推广转基因抗虫棉，而我国也是美国之后尝试推广种植抗病虫转基因棉花的国家，而新疆棉区成为我国最早种植抗虫基因棉花的地区。我们在新疆棉区示范棉田中研究的基因类品种表现出了较好的效果，抗虫性和高产性能都较高，能够有效减少病虫害 60%—70%，提高亩产 23%—45%。美国的转基因抗虫棉目前已经在新疆棉区广泛种植，并且取得了突出的效果，统计结果显示，截止到 2014 年年底，我国新疆棉区抗虫棉的种植面积超过了 22 万亩，农药使用量显著降低，亩产产量明显提升，直接经济效益达 7.7 亿元。转基因抗虫棉是生物高科技产品，对于亩产产量提高和防止病虫害有显著效果，同时也降低了农药使用量，节约了生产成本，大幅提升了棉花的经济效益，对稳定棉花价格起到了重要的作用。

总而言之，对棉花生产区域加大投入，增强基础设施建设，以抗病虫害的转基因技术为契机，增加棉花科研投入，发展新的种植技术，实施节水灌溉和微滴灌技术，降低生产成本和水资源利用

---

① 杨芬等：《山西省棉花生产存在的问题及对策》，《山西农业科学》2011 年第 9 期。

率，增强棉花抵御病虫害的能力，这是稳定棉花价格的有效手段。

（三）稳定提高新疆棉区棉花单产水平和质量

保障棉花种植面积是稳定棉花产量的关键，中国棉花产量53.8%来自新疆棉区，新疆棉区特殊的地理环境不易种植其他作物，长期看来新疆棉区棉花产量及种植面积较为稳定，内地种植作物品种可选择性较多，使棉花种植面积不稳定易且随价格变化而变化，因此，必须从内地入手切实寻找提高棉花产量的有效措施。棉花价格在市场经济体系下与播种面积和单产产量之间有密切的关联性，要促进棉花价格稳定就必须实现播种面积和单产产量的相对稳定。目前在播种面积相对稳定的基础上，要以提升单产质量为突破口，实现棉花产量的逐年上升，让新疆棉区棉花满足更多工业化的需求，这也是避免出现供需缺口加大的重要因素，能够防止恶性市场竞争的出现。此外，对于棉花单产产量提升和质量改善必须加强科研投入和新技术的推广和使用。

为了满足棉纺行业和医疗行业快速发展对于棉花的需求，从而适应国际挑战，避免棉花价格波动，需要不断努力提升棉花的亩产量和质量，为达到这一目标作者提出以下建议。

1. 要加强对优良品种培育的科研投入

优良品种推广是解决目前棉花年产量低和容易受到自然灾害影响的重要方式。我国从 20 世纪 90 年代开始就进行新品种的培育，但是常规的育种方法一直没有取得突破，没有研究出优良的产品品种，因此国家要加强对棉花品种的科研投入，不断探索新的改良品种，推广并引进优质棉花品种，将新的基础理论和研究结果在育种方面加以应用，从而实现育种技术的突破，为研发高产量、高质量的棉花新品种奠定基础。此外，科研机构也要因地制宜，根据不同地区的实际生产状况制定差异化的育种目标，将常规育种和生物技术相结合，改变目前种植的棉花品种的基因，全面提升棉花的品质。

2. 给予优良品种种植补贴，统一规划种植品种和门类

在种植过程中没有实现统一规划和供种是当下新疆棉区棉花品种品质低下的重要原因，很多地区种植的品种不符合要求，为了节约成本，往往自己留种，甚至政府提供价格不一的棉种供棉农选择，农户为节约成本购买低价棉种，但是最终产品的质量差，导致各地的棉花品质参差不齐。国家要制定惠农政策以推广优质品种种植，给予种植户一定的补贴，统一为农民提供优质的种子，提高农民种植的积极性。目前国家对于农民种植棉花实施了补贴政策，从以前的每亩 150 元提高到了 250 元，并且为提高棉农的种植积极性采取了一系列的鼓励政策，并且取得了非常突出的效果，对维持棉花价格起到了重要的作用，并且实现了棉花优良品种推广，提高了棉花品质。

3. 积极推进规模化、机械化生产

相比其他地区，新疆棉区棉花的种植机械化程度高，兵团棉花生产已经达到了 90% 的机械化，远远高于全国其他地区，除机械打顶尚处于试验阶段其他生产过程均已经实现了机械化。地膜覆盖、育苗移栽、化肥深耕、中耕施肥、喷药、打顶、采摘、加工等技术的应用都需要大面积的耕种，且可增产 10%—15%。因此，规模化生产是提高棉花生产技术的重要方式，国家要大力提倡机械化生产，并且给予农业财政补贴，从播种、施肥、施药到最终的采摘，全部实现机械化作业，降低农民的工作强度，提升工作效率，提高新疆棉区棉花的质量和生产效率。目前在棉花种植方面根据棉花采收方式的不同分为机采棉和手采棉，两种生产方式在棉花农艺管理上又有所不同。机采棉与手采棉机械化水平测算与比较显示两种生产方式的机械化率分别是 90.1% 和 45.5%，此外，手工方式采摘相比于机械化的方式每亩成本价高 450 元。由此可见，机械化生产对于成本提升有相反作用，为降低生产成本必须全面实现机械化生产，而实现这个目标仍然任重道远。总之，政府部门要给予棉花种植大力扶持，以提高单产量和质量，提高棉花的国际竞争力，稳定

棉花价格。与此同时，政府部门还要给予棉花更多的科研投入，积极探索新的品种和优质类型，提高栽培技术和施肥的科学性，在其域内实现产品优化服务，提高单产数量，促进棉花质量的提升。

（四）建立国家储备——预警机制

新疆棉区棉花价格与国内、国际棉价传递效应越来越大，我国应该继续加大棉花储备，加强棉花贸易管制，稳定国内棉花供给，防止进口棉花对我国棉花造成的影响，切实维护棉农的切身利益，降低国内棉花受国际棉花价格波动的影响。为此我国应该继续实行惠农政策，根据国内的价格政策和种植情况制定更实用的补贴政策，保障我国棉花产业的稳定发展。

建立并完善存储机制，构建国家层面的预警机制。国家要针对棉花市场的储量、价格等信息建立强有力的宏观调控措施，建立健全国家预警机制，对棉花储量做基本量的要求，科学预测可能出现的棉花需求供应的巨大缺口，防止紧急情况出现对我国纺织业发展产生消极影响和对我国国民经济造成干扰。棉花库存量表示的是一个国家在某个年度之内的供给数量，期初库存量是对当年棉花价格产生影响的重要因素，这一点不管是在中国还是在美国都适用。棉花储备机制的建立是棉花生产消费大国必须建立的体系，是在市场经济条件下政府采取的对棉花价格和流通手段进行控制和干预的方式，是国家安全保障的重要战略工具。2008年实施的棉花收储政策很大程度上已经不能满足中国棉花产业发展的需求，应根据现实制定符合实际情况的政策。2014年新出台的棉花政策在一定程度上可以促进棉花市场的发展，但是对于种植农户的积极性产生了一定打击。针对新疆棉区及内地可以制定不同的棉花政策保证棉花生产。预防进口棉花价格对国内棉花价格的影响，应该建立价格传导预测机制，完善棉花价格监测体系，增强政府、棉农对价格波动的应对能力。在进口棉花价格出现大幅波动时，要尽快分析波动的原因、性质、传递效应等，采用科学的方法应对进口棉价对国内棉价的冲击，确保国内棉农种棉积极性，保护中国棉花产业。在大数据农业发展的背景下，数据监测要保证其科学性、真实性、全面性，及时将监测的数据公布，更方便地服务于数据需求者，保证价格监测预警准确，为制定政策建议提供可靠依据[1]。

（五）建立棉花期货现货交易平台

期货市场表示的是当经济发展到一定的程度，现货市场不断向外扩张和发展，因此期货市场是一定历史时期的阶段性产物。完整的棉花市场在市场经济条件下必须包括完善的国家储备体系、发达的现货市场以及灵活的进出口体系，此外还必须包括发达的期货市场。而成熟的期货市场早在 170 多年前就已经出现，当时的纽约棉花期货市场在世界范围内发挥了重要影响，是世界范围内诸多棉商、棉花合作社等组织规避风险、价格锁定和自由贸易的重要场所。

王军和樊亚利、方燕和李欣欣研究得出棉花期货价格与现货价格之间存在长期均衡关系，期货价格引导现货价格的形成。因此建议应引导新疆棉区棉农利用期货价格信息取消阻碍涉棉企业利用期货市场的有关规定、利用期货价格走势来制定新疆棉区棉花产业保护政策[2][3]。孙良斌（2011）为探讨新疆棉区棉花期货上市以来棉花期货价格与现货市场价格的相互引导关系，采用 ADF 检验、协整分析和格兰杰因果检验等计量经济学方法，分析了新疆棉区棉花现货和期货市场价格走势和影响的因果关系。结果表明，新疆棉区棉花现货市场价格与期货市场价格短期波动明显，长期趋向均衡；棉花期货市场对新疆棉区棉花现货市场价格有明显的引导作用，而新疆棉区棉花现货市场价格对期货市场价格影响不大。政府应继续完善新疆棉区棉花期货市场建设，使其价格发现功能和套期保值功能

---

[1] 岳会等：《棉花价格传导效应研究——基于国内棉与进口棉价差倒挂现象的分析》，《价格理论与实践》2015 年第 8 期。

[2] 王军、樊亚利：《棉花期货价格与现货价格关系的实证检验》，《农业经济》2009 年第 5 期。

[3] 方燕、李欣欣：《我国棉花期货与现货市场价格传导机制研究》，《价格理论与实践》2013 年第 7 期。

得以发挥，用来促进新疆棉区棉花产业的发展。

　　新疆棉区棉花价格的波动大，不仅对行业发展产生了显著影响，同时对棉农的经济收入造成了明显损害。根据实践研究的结果显示，棉花的种植周期相对较长，自然条件对棉花的生长影响显著，因此如果只采用期货市场的方式对现货价格进行指导会存在信息滞后性，无法真实反映市场状况，必然导致信息脱离实际需求，导致供需失衡和价格的频繁波动。目前，在国际棉花贸易中采取的最常见的措施就是以纽约期货交易最近棉花价格加上合理的差价来确定现货的价格，这是应用最广泛也最受欢迎的定价方式，纽约棉花期货交易所的期货价格更成了世界棉花生产和贸易的晴雨表和重要信息来源。

　　发现价格和转移风险是期货市场最重要的经济作用，在期货市场上反映的价格一般是人们对于商品的期望值，与现货的未来价值和发展方向存在很大的不同，但是能够从一定程度上反映出未来现货的价格发展方向。因此期货价格也是一个动态的过程，随着人们对市场供求信息掌握得越来越多，准确性也越来越高。在期货市场价格预测的过程中人们会不断吸纳新的信息并调整期货价格以实现其接近于现货价格，因此从整体发展趋势上看期货价格和现货价格是一致的，具备指引现货未来价格的作用[1]。此外，期货价格还具备转移经济风险的作用，期货和现货两个市场的价格变动存在关联性，比如丰厚的预期将会导致期货价格降低，抑制供货量，增加现货的供应，出现价格降低的状况。反之，则会使期货价格上涨，增加现货的需求量，导致现货的价格上涨。通过这两个方面的价格变化调节实现了生产企业风险规避的目标。在此过程中实施的期货套现保值表示的就是两个市场上具备趋同性的现货和期货存在两个相反方向的交易，从而实现风险的转移。棉花的期货市场建立要根据

---

　　[1]　孙良斌：《新疆棉花现货与期货市场价格动态关系的实证分析》，《安徽农业科学》2011 年第 8 期。

生产者、消费者和经营者的不同类型实施套期保值，降低经营和价格波动导致的风险，将价格变动导致的风险转移到期货市场中愿意承担风险以争取差价的投资者身上，保护了棉农的根本利益。期货市场虽然能够在一定程度上转移风险，但是风险并没有消失，只是从一个地方转移到了另外一个地方。期货市场为棉花生产、经营者提供了应对市场风险的措施，能够让他们更专心地从事生产经营。

期货市场还具备规避风险和发现价格的功能，棉花在国民经济发展中发挥着重要的作用，棉花市场的变动也决定了国民经济能否健康稳定发展。棉花生长具备一定的特性，抵御风险的能力相对较差，生长周期长，凭借现货市场无法应对价格波动的问题，因此期货市场的存在对于棉花加工和经营而言提供了一个良好的风险规避的方式。期货市场的存在能够实现市场调节功能，从根本上转变由于棉花价格变化导致的对市场的冲击。但期货市场的发展也有一定的消极作用，它的经济功能不能被其他机制代替。政府在期货实施之后可以利用少量的资金实现对市场的控制，并且可以针对国家储备进行保值操作以降低国家财政负担。2002 年，国务院对中国证监会对郑州商品交易所进行的期货调研工作进行了批复，并且在 2004 年经国务院和证监会批准后，6 月 1 日郑州棉花期货品种正式上市，这也标志着我国的棉花市场进入了相对完善的运行体系。棉花期货市场的建立对规范市场运行、充分发挥期货市场的套期保值及发现价格的功能有着重要作用，能够促进我国棉花产业的快速稳定发展，并且能够发挥国家的宏观调控作用以规避市场风险。新疆棉区作为我国优质棉生产基地，未来在我国棉花生产和供应上会有更重要的地位。经过多年的发展，在棉花仓储、物流等方面的设施日益完善，初步建立了功能较为齐全的现货交易系统。同时，随着新疆棉区棉花地位的不断凸显，国内棉纺企业、棉花贸易公司和其他涉棉企业也纷纷在新疆棉区设厂或建立分公司等，在新疆棉区本地建立棉花的现货、期货交易平台的需求不断增加。新疆棉区棉花生产现代化水平较内地其他棉花产区高，生产、加工、销售和仓储规模化程度最高，在新疆棉区棉花产销等方面具有举足轻重的作用。利用新疆棉区棉花生产优势建立现货、期货交易平台，有利于利用新疆棉区棉花优势和交割上的地缘优势，减少现货、期货交易转场次数和交易成本；有利于利用新疆棉区拥有持续期货交易的时差优势，为国际投资者提供不间断的交易机会；有利于西部大开发和"新丝绸之路经济带"建设。在新疆棉区棉花现货、期货交易平台建设中，应借鉴国内外现货、期货交易平台的运作模式，特别是棉花现期货交易平台的运作管理；引进国内外有实力的机构参与新疆棉区棉花现期货交易平台建设，为其提供制度、技术和人才等方面的支持；制定新疆棉区涉棉企业积极参与棉花现货、期货的制度，平衡新疆棉区棉花价格波动，稳定棉花生产，有利于中国棉花产业的稳定发展。

（六）培育和发展棉农合作组织

基于期货市场发展现状，建立棉农合作组织，有助于维护广大棉农的根本利益，实现套期保值目的。

新疆棉区小农经营者，在市场价格不断波动的形势下，会适当调整棉花种植面积。但由于受到多方面因素的影响，不同的棉农在面对市场波动时，会做出不同的反应，导致政府无法对棉花的实际产量进行准确预测，直接影响了政府宏观调控政策的效果。对此，建立棉农合作组织、鼓励棉农进行自主管理，则成了抑制价格波动，实现棉花集中经营的可靠途径。

从新疆棉区棉农经营现状来看，他们并没有合作经营的意识，也未真正建立合作组织。但实际上，合作组织在推动棉花市场稳定发展、维护棉农利益等方面，能够发挥重大作用。具体而言，其意义包括以下几点。

1. 能够促使新疆棉区棉农全面把握市场信息，了解市场发展动向，防止盲目经营，影响市场稳定

受单一信息获取渠道等因素的影响，棉农往往很难掌握全面、真实的市场信息，这直接影响到自身的可持续发展。而通过合作经

营组织的建立，个体经营者可以借助组织的力量，对市场信息进行全面、系统、准确地把握，从而为经营决策的制定，提供可靠的依据，进而增强决策的科学性、有效性。

2. 能够帮助棉农维护自身的利益，防止受到价格波动带来的不良影响

新疆棉区棉花采取的是分散式经营模式，缺乏市场竞争力和抵御风险的能力。一方面，棉花生产过程，需要耗费大量的人力与物力资源；另一方面，棉花生产有着较强的季节性特征，当遇到自然灾害时，无法采取相应的措施进行补救。新疆棉区自然条件并不优越，因而棉农在很多时候处于"靠天吃饭"状态。另外，棉花的出售价格又只能依市场发展形势而定，而不是由棉农自行决定。由此可见，新疆棉区棉农不仅要面对自然风险，而且需要面临市场风险。而在自然风险与市场风险共存的情况下，棉农的发展形势令人担忧。在这种形势下，新疆棉区棉农通过建立棉农合作组织，掌握价格话语权，有助于维护自身的利益，降低经营风险。合作组织的建立，使得棉农不需要独自面对市场，降低了经营风险发生的概率。

3. 有利于推动棉花生产持续朝着规模化、现代化方向发展，强化市场风险抵抗能力

经营过于分散，生产品种不一，是影响新疆棉区棉花质量的重要因素。很多新疆棉区棉农，往往同时种植多种棉花，导致棉花的质量无法得到有效保障，从而影响了棉花的售价。倘若能够建立起合作组织，对棉花进行统一经营与管理。同时对不同的品种、不同质量的棉花，进行分类采收与销售，就能够防止出现由于混收带来的价格差异问题。合作组织的建立，不仅实现了新疆棉区原棉质量的提高，而且增强了市场竞争力，降低了市场价格波动带来的负面影响。此外，建立棉农合作组织，还能够实现棉花的规模化、集约化、规范化经营，弥补分散式、粗放式等传统生产经营模式中的弊端。

4. 能够促进信息网络的建立，增强政府预测信息的准确度，包括棉花产量、市场价格、种植面积等

从当前形势来看，健全的信息预测系统的缺失，是导致新疆棉区棉花价格不稳定的关键因素。

2014 年实施的目标价格补贴政策，实施中遇到的最大困难就是新疆棉区的实际植棉面积，在这种情况下，目标价格政策实施起来会增加较多的成本，给政策实施带来不便，当下，新疆棉区棉花价格波动的另一个原因，在于没有一个准确的产量及面积预测系统。每年各个涉棉数据库及网站统计的数据存在较大差别，而这种数据的差别会引起棉花价格的剧烈波动。

上文分析到，新疆棉区棉花的价格波动，不仅会对新疆棉区棉花产量造成影响，而且会直接影响到全国的棉花市场。因而需要对相关信息进行准确预测。但由于各部门采取了不同的统计方法，使得最终的预测结果存在很大差距。例如，供销社在预测棉花产量时，将各地棉麻公司及农业厅提供的抽样调查结果作为依据；农科院棉花研究所，将各生产基地科技服务项目组提供的调查结果作为依据；国家统计局，则将国家原计委等部门提供的调查结果作为依据。供销社以及各地棉麻公司，都未重视产量数据，导致最终提供的预测数据存在虚假成分，很多时候只是为了应付上级部门的检查。棉花研究所通过调查得出的地区棉农生产状况，也存在片面性。国家统计局也无法准确预测棉花生产。对此，为了稳定国内外棉花市场的价格，就很有必要建立起健全的棉花产量预测系统。棉农合作组织的建立，让棉农意识到精确的棉花产量、价格预测数据，直接关乎自身的利益，因而会向数据收集者提供真实可靠的信息，增强了国家对棉花产量的预测准确度。此外，当自然气候条件不断变化时，棉农组织还可以根据实际情况，对市场价格进行有效预测，并指导棉农经营。从某种程度上而言，棉农合作组织不仅增强了棉花产量、价格、市场等信息预测的精确度，而且切实保障了棉农的利益。

（七）加强新疆棉区棉花各环节管理创新

1. 建立棉花产供销信息平台，加强数据分析

在新疆棉区农业信息化综合公共服务平台基础上，建立棉花产供销信息平台板块，加强兵团、自治区市两级信息化建设的顶层设计，与社会信息网和电子政务建设相结合，实现发改、农业、统计、财务、工商、质检等和基层单位信息共享，农户、经营单位和其他相关机构可通过信息平台了解新疆棉区棉花产供销状况，实现共建共享和互联互通。具体而言，一是搭建"1 + N"级棉花信息管理综合服务平台。做好棉花产供销全环节的信息化建设，据此应按照"标准统一、功能完善、分级联动、业务协同"的原则，全面掌握棉花种植面积、测产以及对应的公示情况与实际发放补贴情况。其中，"1"是平台建设的总控模块，主要完成各子系统的调度，共享数据库的搭建及子系统与数据库的衔接，既能分块独立运行，又能实现耦合，发挥整合优势。"N"是各部门、各师、各市及棉花生产不同环节的单位，具有相对独立性。各子系统根据相应生产活动的业务流程和功能需求进行设计和实施，完成数据采集，加工处理内部互传和应用，并与棉花产供销信息平台建立有效的链接。二是建立棉花信息数据库。分析信息资源需求，选择合理的数据库管理系统，进行数据资源的统一存储、维护和管理；确定数据资源最有效的提供者，减少数据采集的工作量，避免重复和混乱。三是加强数据分析。通过信息平台采集兵团棉花种植面积、品种、产量、质量、单产等信息，在此基础上分析新疆棉区棉花生产存在的问题并及时改进；采集收购、加工、销售、纺织等信息，结合外部信息，分析新疆棉区棉花市场形势，为决策提供支持。

2. 建立新疆棉区棉花销售管理信息系统，增强定价话语权

在新疆棉区棉花产供销信息平台基础上，重点建立新疆棉区棉花销售服务管理信息系统。从机构上，组建整合各棉麻公司的棉麻集团来加强运作；从业务上，筹建新疆棉区棉花的现货和期货交易市场，并建立信息化交易平台；同时组建新疆棉区棉花经济问题研

究中心（石河子大学已建立新疆棉区棉花经济研究中心，应该大力支持该中心的发展与运营）和棉花产销存专家委员会，加强新疆棉区棉花产业研究，在此基础上建立棉花信息发布制度，增强定价话语权。

3. 进一步加强对土地承包的管理

通过摸清棉花种植底数，进一步清理超合同的土地面积，以此为契机，规范土地承包合同，收回合同以外部分土地。发挥部门管理合力，增强利用价格杠杆和加大监管等法制方式，减少行政命令的方式，加强管理减少矛盾。

4. 对集体所有制土地要因地制宜科学施策

新疆棉区棉花生产模式中，新疆棉区兵团中有一部分集体所有制土地下的棉花生产和团属、地方棉花生产相比较，存在经营分散、管理水平低和机械化程度差等问题，成为新疆棉区棉花生产管理的盲点。基于此，应因地制宜、科学施策，促进其棉花生产现代化。一方面集体所有制土地纳入兵团棉花生产基础设施建设和高标准示范项目建设规划之中；另一方面鼓励集体所有制土地棉花的合作社建立或连片种植，能人管理等经营模式。

附　　录[*]

关于新疆棉区棉花种植成本的
调查问卷（农户）

尊敬的先生、女士：

　　您好！我们希望通过本次调查，了解新疆棉区近几年棉花成本、收益等基本信息。您的回答对我们本次调查很重要，期盼能得到您的支持和配合。

　　十分感谢您的合作！

　　调查部门：_____调查对象：

　　一、耕地总面积和棉花种植品种：

年份	2010 年	2011 年	2012 年	2013 年
耕地总面积（亩）				
棉花种植面积（亩）				
机采面积（亩）				
棉花主要种植品种				

---

　*　附录由笔者根据新疆棉区棉花经济研究中心资料、调研需要整理而得。

二、近几年棉花种植成本情况：

调查指标（每亩）	2010 年	2011 年	2012 年	2013 年
土地（承包）费（元）				
物化总成本（元）				
棉种				
地膜				
农药				
水费				
化肥				
机耕费				
其他				
劳动总成本（元）				
田间管理费				
棉花手采费				
棉花机采费				
其他				
其他（元）				
各项合计成本（元）				

三、棉花产销情况：

项目 ＼ 年份	2010 年	2011 年	2012 年	2013 年
总产量（吨）				
单产（千克/亩）				
亩均成本（元）				
主要交售等级				
平均价格（元/千克）				
总销量（吨）				
销售总收入（元）				
在您总收入中的比重（%）				

四、其他主要农作物产销情况（选择当年种植中最主要的一种）：

项目＼年份	2010 年	2011 年	2012 年	2013 年
其他主要农作物名称				
种植面积				
总产量（吨）				
单产（千克/亩）				
亩均成本（元/亩）				
平均价格（元/千克）				
总销量（吨）				
销售总收入（元）				
在您总收入中的比重（%）				

再次感谢您的协助！

关于种植结构和成本收益
情况调查问卷（农户）

尊敬的先生、女士：

您好！我们希望通过本次调查，了解新疆棉区近几年棉花种植结构、成本、收益等基本信息。您的回答对我们本次调查很重要，期盼能得到您的支持和配合。

十分感谢您的合作！

调查部门：　　　　　　　　　调查对象：

种植结构和成本收益情况：

	棉花		稻谷		玉米		小麦		* _____	
	2011	2012	2011	2012	2011	2012	2011	2012	2011	2012
播种面积（亩）										
总收获数量（千克）										
出售数量（千克）										
平均出售价格（元/千克）										
所获补贴（元/亩）										
物质成本（元/亩）										
用工量（工日/亩）										
人工成本										
总收益（元）										
平均亩收益（元/亩）										

注：* 填写主要替代作物。

棉农调查表

本调查旨在了解棉农家庭的生产经营情况和相关政策等问题，请就如下问题给出您的真实意见与看法，对于您提供的信息我们将严格保密，感谢您的支持与合作！

注：选择题除注明外都为单项选择。

调查员姓名：_____，联系电话：_____，单位：_____

调查日期：_____年_____月_____日

一 农户基本情况

1. _____省_____市（县）_____乡/镇_____村

2. 被调查人姓名_____，联系电话_____

3. 家里当家人的性别_____（1）男 （2）女，年龄_____岁。

4. 文化程度_____（1）文盲 （2）小学 （3）初中

（4）高中　　（5）大专及以上

5. 是否是村干部_____　（1）是　　（2）否

6. 是否是技术员_____　（1）是　　（2）否

7. 家庭总人口____人，劳动力____人，其中：务农劳动力____人，平均年龄____岁；外出劳动力____人，平均年龄____岁。

8. 家庭耕地变动情况：

	单位	2011 年	2012 年	2013 年
实际经营耕地面积	亩			
其中：自有土地	亩			
转入土地	亩			
转出土地	亩			
转入的土地主要种什么？				
流转费用	元/亩·年			
流转年限	年			

您家今年种植的主要作物：_____（选三项）

（1）棉花　　　（2）小麦　　　（3）玉米　　　（4）水稻

（5）油菜　　　（6）果蔬　　　（7）其他（请注明）

二　棉花生产与收益情况

（一）棉花种植历史和变化

9. 您家棉花种植面积最多的一年是_____年，共有_____亩。

10. 2010 年以来棉花种植面积主要变化趋势是_____

（1）呈增加趋势　　　　（2）呈下降趋势

（3）基本不变

11. 如植棉面积呈增加趋势，其最主要原因是_____

（1）棉花价格好　　　　（2）销售方便

（3）有棉花补贴　　　　（4）村里水茬口调整，自己没办法

（5）其他：_____

12. 如植棉面积呈下降趋势，其最主要原因是_____

（1）棉花价格低　　　　（2）棉花成本高

（3）种粮的政策补贴多　　（4）家里人手不够

（5）村里水茬口调整，自己没办法

（6）降水、气温等气象条件发生变化，不利于棉花生长

（7）其他：_____

13. 如植棉面积不变，其最主要原因是_____

（1）想增加，但是土地和劳动力有限

（2）想增加，但是资金投入跟不上

（3）想减少，但是棉花是家里的主要现金来源，还得种

（4）其他：_____

（二）种植结构和成本收益情况

	棉花		稻谷		玉米		小麦		* _____	
	2012	2013	2012	2013	2012	2013	2012	2013	2012	2013
播种面积（亩）										
总收获数量（千克）										
出售数量（千克）										
平均出售价格（元/千克）										
所获补贴（元/亩）										
物质成本（元/亩）										
用工量（工日/亩）										

注：* 填写主要替代作物。

14. 2012 年当地工价_____元/日，2013 年当地工价_____元/日。

15. 2012 年采棉雇工_____元/斤，采棉雇工支出_____元。

（三）家庭收支情况

16. 2012 年您家的家庭总收入是_____元，其中：种植业_____元，畜牧业收入_____元，副业收入_____元，外出务工收入_____元，补贴收入_____元。

17. 家庭消费总支出_____元，其中：生产资料支出_____元，生活消费支出_____元。

三　种植意愿

18. 您种植棉花的最主要目的是：_____

（1）卖了换钱

（2）主要是自家用

（3）土地、气候限制，没有其他经济作物可种

（4）家里劳动力富余，可以种植棉花

（5）随大溜，村上大多数人种我就跟着种

（6）其他：_____

19. 您家每年决定种多少亩棉花最主要取决于什么因素？_____

（1）根据去年的棉花价格

（2）根据自己推断今年的价格做决定

（3）主要看家里是否忙得过来

（4）主要看是否有购买化肥农药的资金

（5）比较棉花与其他替代作物的收益再决定

（6）其他：_____

20. 您觉得今年棉花价格每斤多少比较合理？_____（元/斤）

21. 如果今年棉花价格比您预期的高 1 成，您家明年的棉花种植面积如何变化？_____

（1）增加一成以上

（2）增加一点，一成以下

（3）不变，因为没有资金增加化肥或农药的投入

（4）不变，因为家里劳动力不足

（5）不变，因为担心大家都种，价格会下跌

（6）减少

22. 如果今年棉花价格比您预期的高 2 成，您家明年的棉花种植面积如何变化？_____

（1）增加两成或更多

（2）增加一成以上两成以下

（3）增加一点，一成以下

（4）不变，因为没有资金增加化肥或农药的投入

（5）不变，因为家里劳动力不足

（6）不变，因为担心大家都种，价格会下跌

（7）减少

23. 如果今年棉花价格比您预期的低 1 成，您家的棉花种植面积发生怎样的变化？＿＿＿＿＿

（1）减少一成以上

（2）减少一成以下

（3）不改变，因为没有其他可种的

（4）不改变，因为估计价格下降后必将回升

（5）改种其他经济作物

（6）增加

24. 如果今年棉花价格比您预期的低 2 成，您家的棉花种植面积发生怎样的变化？＿＿＿＿＿

（1）减少两成以上

（2）减少一成左右

（3）不改变，因为没有其他可种的

（4）不改变，因为估计价格下降后必将回升

（5）改种其他经济作物

（6）增加

25. 您觉得棉花价格低到多少时，您就不再种植棉花？＿＿＿＿＿
（元/斤）

26. 如果不种棉花，您将种植什么作物？＿＿＿＿＿

（1）小麦　　　（2）玉米　　　（3）水稻　　　（4）大豆

（5）油菜　　　（6）瓜果蔬菜　（7）流转土地　（8）撂荒

四　棉花种植的施肥情况

27. 请填写 2012 年您家每亩棉花地的施肥情况：尿素＿＿＿＿＿斤，复合肥＿＿＿＿＿斤，磷酸二铵＿＿＿＿＿斤，碳铵＿＿＿＿＿斤，氯化钾

_____斤，硫酸钾_____斤，农家肥_____斤，其他_____斤。

28．如果没有施用农家肥，最主要原因是_____

（1）家里没有牲口，没有农家肥来源

（2）见效太慢　　　　（3）价格太贵

（4）运输费劲，不方便　　（5）不清洁

（6）其他：_____

29．您认为施用农家肥最大的好处是_____

（1）长期来看，对改善土壤肥力有好处

（2）对保护环境有好处

（3）没啥好处　　　　（4）其他：_____

30．如果让您施用 100 斤农家肥，连肥料带运输，您愿意支付多少钱？_____元/百斤

31．购买或施用的化肥种类最主要的依据是_____

（1）根据自己的经验

（2）耕地进行了测土，根据测土结果购买配方肥

（3）农技人员推荐

（4）问村里的种植大户、种植能手

（5）跟着大家买

（6）卖化肥的推荐

（7）哪种省事就用哪种

（8）其他：_____

32．化肥施用量的最主要依据是_____

（1）根据自己的经验　　　（2）根据测土结果确定用量

（3）农技人员推荐　　　　（4）问村里的种植大户、种植能手

（5）跟着大家一样　　　　（6）卖化肥的推荐

（7）其他：_____

33．施肥的方式_____

（1）化肥撒施　　　　（2）化肥混合农家肥一起施

（3）水肥一体　　　　（4）其他：_____

34. 您认为化肥价格对您有什么影响？_____

（1）如果化肥价格更低，将施用更多的化肥

（2）只要种棉花，化肥价格再高，也得用那么多

（3）如果化肥价格太高，减少化肥用量

（4）其他：_____

五 棉花种植打药情况

35. 今年棉花地里最主要的害虫是_____（选三项）

（1）棉铃虫　　　　（2）红铃虫　　　　（3）棉蚜虫

（4）红蜘蛛　　　　（5）白粉虱　　　　（6）盲蝽象

（7）玉米螟　　　　（8）蜗牛　　　　　（9）地老虎

（10）斜纹夜蛾　　（11）蓟马　　　　　（12）其他：_____

36. 您家有没有参加病虫害统防统治？_____

（1）参加了　　　　（2）没参加　　　　（3）当地没有

37. 请填写您家棉花种植过程中常用的3—5种农药名称：_____
_____

38. 今年种植棉花，共打了几次药？_____次，花了多少钱？_____元，通常一次打药，会用几种药？_____

（1）一种　　　　　　　　（2）两种混合一起打

（3）三种混合一起打　　　（4）三种以上混合一起打

39. 您主要是依据什么来决定购买或施用哪种农药？_____

（1）根据自己经验判断用哪种药

（2）根据地里情况，请卖药的人推荐

（3）打电话问熟悉的农技人员

（4）问村里的种植大户、种植能手

（5）跟着大家买

（6）农技人员/农技站会给村里发打药通知

（7）上网搜索相关信息

（8）其他：_____

40. 您家棉花用药在哪里购买？_____

（1）村小卖部　　　　　　（2）农技站

（3）合作社统一购买　　　（4）乡/县农资店

（5）小贩上门　　　　　　（6）其他：_____

41. 为什么在那里购买？_____

（1）离家近　　　　　　　（2）价格便宜

（3）别的地方没有卖　　　（4）信得过，不会买到假药

（5）跟这里卖药的人关系熟　（6）邻居、同村人都在这买

（7）其他：_____

42. 农药每次用量如何确定？_____

（1）参考农药说明书

（2）乡镇农技站或农技人员通知

（3）参考别人家用量

（4）根据地里病虫害情况，凭自身经验确定用量

（5）卖药的人介绍

（6）其他：_____

43. 如果参照说明书或农技人员打药通知，实际用量是_____

（1）严格按照说明书或通知，让用多少就用多少

（2）作为主要参考，实际使用比说明书或通知推荐的略多
　　（1.5 倍以内）

（3）仅作参考，实际用量是说明书或通知推荐的 2 倍（或以上）

44. 用什么工具量取农药？_____

（1）药瓶盖　　　　　　　（2）凭感觉倒

（3）专用的量筒或量杯（针对水剂）

（4）天平（针对粉剂）　　（5）基本都是整包或整瓶地用

（6）其他：_____

45. 打药的方式是_____

（1）背负式手动喷雾器　　（2）背负式电动喷雾器

（2）车载式喷雾机　　　　（4）飞机喷洒

（5）其他：_____

46. 打药时，有何防护措施？_____（可多选）

（1）无任何防护措施　　　　（2）戴口罩

（3）戴手套　　　　　　　　（4）穿长袖

（5）其他：_____

47. 如果没有防护措施，原因是：_____

（1）觉得没必要　　　　　　（2）天气太热，穿戴不舒服

（3）家里没有口罩、手套　　（4）其他：_____

六　棉花排灌与气候影响

48. 您家一季棉花的灌溉次数：_____次，每次灌溉的费用：_____元/亩

49. 灌溉水源_____

（1）地表水　　　　　　　　（2）浅层地下水（地表以下60米内）

（2）深层地下水　　　　　　（4）其他：_____

50. 水源地是否有足够的水量满足灌溉？_____

（1）够用　　　　　　　　　（2）勉强够用

（3）不够用　　　　　　　　（4）受天气影响不稳定，有时够用有时不够用

51. 灌溉的方式_____

（1）大水漫灌　　　　　　　（2）畦灌

（3）沟灌　　　　　　　　　（4）膜下滴灌

（5）渗灌　　　　　　　　　（6）喷灌

（7）其他：_____

52. 每次灌溉用水量如何控制？_____

（1）无法控制，灌完为止

（2）有控制措施，但每次灌溉用水量差不多

（3）会根据棉花的生长阶段和天气状况来控制每次的灌溉用水量

53. 如果没有采用节水灌溉技术，主要原因是什么？_____

（1）没必要采用节水灌溉　　（2）没有节水灌溉条件

（3）设施投资成本较大　　　　（4）没有相关技术指导

（5）其他：_____

54. 如果灌溉使用地表水，渠系由谁来进行维护？_____

（1）无人维护　　　　　　　　（2）个人

（3）村集体　　　　　　　　　（4）个人和村级集体共同

（5）镇或县级以上政府

55. 如果灌溉抽取井水，井的深度_____米，由谁开挖？_____，现在井的所有权属于：_____

（1）自己　　　　　　　　　　（2）他人

（3）村集体　　　　　　　　　（4）公司或企业

（5）其他：_____

56. 有没有参加用水者协会？_____

（1）没有协会　　　　　　　　（2）参加了

（3）没有参加

57. 如果参加了用水者协会，协会发挥的主要作用是_____（可多选）

（1）协调灌溉次序　　　　　　（2）水费监管

（3）机井、水泵等维修　　　　（3）节水技术培训和推广

（5）其他：_____

58. 当地影响棉花生产最主要的气象灾害_____

（1）干旱　　　　　　　　　　（2）湿涝

（3）冰雹　　　　　　　　　　（4）台风

（5）冻害　　　　　　　　　　（6）风沙

（7）其他_____

59. 近五年来，棉花种植中受到气象灾害影响的次数_____

（1）没有受过气象灾害　　　　（2）1次

（3）2次　　　　　　　　　　（4）3次

（5）4次　　　　　　　　　　（6）5次及5次以上

60. 遇到气象灾害时，采取的主要应对措施_____（可多选）

（1）束手无策，听天由命

（2）参加了农业保险，部分损失可以得到保险公司赔偿

（3）有防灾的经验，可以采取一些自救措施

（4）想减轻灾害的影响，但是没有相关技术或缺乏资金

（5）其他：_____

七　棉花生产收获机械使用情况

61. 请填写您家在棉花种植过程中使用到机械的环节_____（可多选）

（1）耕地　　　　　　　（2）铺膜

（3）育苗移栽　　　　　（4）施肥

（5）喷洒农药　　　　　（6）化控、整枝、打顶

（7）采摘收获

62. 使用机械用工和人工劳动用工比较：

项目	机械用工（个/亩）	人工劳动（个/亩）
耕地		
铺膜		
育苗移栽		
施肥		
喷洒农药		
化控、整枝、打顶		
采摘收获		

63. 您家采用机械服务的主要来源是：_____

（1）自家购置机械　　　（2）个体农机户

（3）农机专业合作社　　（4）农机作业服务公司

（4）地方政府所属的农机/技站6）其他：_____

64. 您选择使用机械的最主要原因_____

（1）劳动力不足，雇工难　　（2）人工成本太高

（3）附近有提供机械服务的，方便

（4）可以提高产量　　　　（5）政府提倡推广使用机械

（6）其他：_____

65. 您对哪个环节的机械使用需求最迫切（最多选三项，按重要性排序）？_____

（1）耕地　　　　　　　　（2）铺膜

（3）育苗移栽　　　　　　（4）除草

（5）施肥　　　　　　　　（6）喷洒农药

（7）化控、整枝、打顶　　（8）采摘收获

66. 近两年您是否打算购买棉花生产用的机械和机具？_____

（1）是　　　　　　　　　（2）否

67. 您所购买的棉花农机具，是否得到了政府补贴？_____

（1）是　　　　　　　　　（2）否

68. 购买过程中有什么困难？_____

（1）价格太高，资金不够　　（2）购买不方便，渠道太少

（2）想买，但无合适的能满足要求的机械

（4）其他：_____

69. 您在选购棉花生产机械时的最主要信息来源_____

（1）销售人员推销　　　　（2）农机技术人员指导

（3）朋友乡亲介绍　　　　（4）合作社推荐

（5）电视广告、专业杂志　（6）展览会或现场机械演示会宣传

（7）其他：_____

70. 您在棉花机械使用及维修保养中遇到的最主要问题是_____

（1）操作复杂，技术要求高　（2）售后服务困难

（3）配套机具少或价格高　　（4）其他：_____

71. 您是否参加过棉花机械方面的培训？_____

（1）是　　　　　　　　　（2）否

72. 如果参加过，培训主要由谁提供？_____

（1）销售厂家　　　　　　（2）地方主管部门

（3）农机服务组织　　　　（4）农机学校

（5）合作社　　　　　　　（6）其他：_____

73. 是否需要此类相关的培训？_____

（1）需要　　　　　　　　（2）无所谓

（3）不需要

八　销售和市场情况

74. 您家棉花的最主要出售渠道是_____

（1）在家里等待收购商或经纪人

（2）自己送到棉花收购点出售

（3）自己在集市上摆摊出售，随行就市

（4）与企业签了种植合同订单，按合同由企业收购

（5）参加棉花专业合作社，合作社代办出售

（6）其他：_____

75. 您的棉花价格信息主要从哪来？_____

（1）从电视、广播或报纸收购价格信息

（2）与村民邻居交流获得价格信息

（3）自己去集市上观察打听价格信息

（4）自己到收购站轧花厂询问价格

（5）听棉花经纪人或商贩收购价格信息

（6）家里有电脑在网上查找信息

76. 您家一般在什么时候集中销售棉花？_____

（1）棉花刚收获后　　　　（2）春节前

（3）小孩上学前　　　　　（4）购买生产资料前

（5）其他：_____

77. 您认为异性纤维（如人畜毛发、化纤袋残留纤维等）是否会影响棉花质量？_____

（1）会　　　　　　　　　（2）不会

（3）不清楚

78. 在您卖棉的过程中，您认为棉花质量是否会影响你的棉花

出售价格？_____

(1) 会　　　　　　　　　(2) 不会

(3) 不清楚

79. 您在生产中主要采用了哪些措施保证棉花质量？_____

(1) 使用棉布帽、棉布袋等措施

(2) 分开晾晒　　　　　　(3) 挑拣三丝

(4) 不采取任何措施　　　(5) 其他：_____

九　相关政策及其他

80. 近年来，您家获得了哪些支持政策？_____

(1) 粮食直补　　　　　　(2) 粮食良种补贴

(3) 粮食生资综合补贴　　(4) 农机补贴

(5) 棉花良种补贴　　　　(6) 粮食的其他项目支持（请说
　　　　　　　　　　　　　　明）：_____

(7) 棉花的其他项目支持（请说明）：_____

81. 如果您享受到棉花良种补贴，该补贴是否会影响您对棉花品种的选择？

(1) 有影响，会购买品质更好的种子

(2) 影响不大　　　　　　(3) 不清楚

82. 您家种植棉花用了几个品种？_____

(1) 1 个　　　　　　　　(2) 2 个

(3) 3 个及以上

83. 您在购买棉花种子时，选择的根据是什么？_____

(1) 买以前种过产量较高的品种

(2) 问村里的种植大户、种植能手

(3) 卖种子人的推荐

(4) 农技人员或农技站推荐

(5) 跟着大家买

(6) 当地统一育苗，不需要自己购买种子

(7) 其他：_____

84. 您家有没有参加棉花保险？_____

（1）参加了　　　　　　　（2）没有参加

85. 如果参加棉花保险，每亩棉田您需要支付的保费是多少？_____

每亩的保障额是多少？_____

86. 如果您参加了棉花保险，您觉得棉花保险对您稳定棉花种植面积、确保收入有作用吗？

（1）有作用，至少有个保底收入

（2）保障额太低，作用不大

（3）对于棉花种植面积没有什么作用，是否种植棉花主要看棉花价格而定

87. 您知道国家的棉花临时收储政策吗？_____

（1）知道　　　　　　　　（2）不知道

88. 从您自己去年卖棉的经历看，您觉得国家的棉花临时收储政策对稳定籽棉价格有作用吗？_____

（1）有作用　　　　　　　（2）没有作用

89. 您认为国家棉花临时收储政策对您的种植面积是否有影响？_____

（1）有　　　　　　　　　（2）没有

（3）不清楚

90. 您最希望得到以下哪些棉花生产扶持政策？（可多选，按重要性排序）_____

（1）提高棉花良种补贴额度　　（2）棉花喷防补贴

（3）棉花最低收购价　　　　　（4）棉花生产资料综合补贴

（5）棉花生产机械购置补贴　　（6）其他：_____

91. 您是否参加棉花专业合作社？_____

（1）参加　　　　　　　　（2）没参加

（3）当地没有

92. 参加棉花专业合作社或者棉农合作社是否需要缴纳会

费？_____

（1）缴纳　　　　　　　　（2）不缴纳

93. 如果需要缴纳，需缴纳_____元。

94. 如果有合作社，您认为合作社在组织农民进行棉花生产与销售方面有没有作用？_____

（1）有　　　　　　　　　（2）没有

（3）不知道

95. 如果没有合作社，您觉得有没有必要在本村或本乡成立一个棉农合作社？_____

（1）有必要　　　　　　　（2）没必要

（3）没想过

参考文献

《规避棉花价格波动风险——访"全国棉花交易市场"市场总监孙娟女士》，《纺织导报》2012年第3期。

艾先涛、李雪源、王俊铎、郑巨云、沙红、吐尔逊江、多力坤、莫明：《北疆陆地棉育成品种表型性状遗传多样性分析》，《分子植物育种》2011年第1期。

阿依米沙·吾布力、单小红：《新疆棉区棉花价格影响因素及调控对策分析》，《新疆棉区农业科技》2008年第6期。

白雪梅、吴德：《我国生产者价格和消费者价格的传导机制研究》，《财经问题研究》2009年第12期。

贝小为：《中国棉花国际贸易对世界棉花价格的影响》，《价格月刊》2014年第12期。

毕玉江、朱钟隶：《人民币汇率变动的价格传递效应——基于协整和误差修正模型的实证研究》，《财经研究》2006年第7期。

蔡荣、虢佳花、祁春节：《棉花价格体制运行中存在的问题、原因及对策分析》，《价格理论与实践》2007年第6期。

曹俊琴：《结构模型解析法在棉花价格影响因素分析中的应用》，《中国制造业信息化》2009年第19期。

常清：《理性看待棉花价格上涨现象》，《价格理论与实践》2010年第10期。

陈锡文：《当前中国的粮食供求与价格问题》，《中国农村经济》1995年第1期。

陈玉萍、吴海涛：《我国棉花生产成本及其对棉花价格的影响分析》,《现代农业科技》2010 年第 21 期。

陈阵、苏振东、王小红:《对我国棉花国际定价权缺失的研究——基于国内外棉花价格关系的视角》,《价格理论与实践》2011年第 3 期。

程杰、武拉平:《我国主要粮食作物生产波动周期研究:1949—2006 年》,《农业技术经济》2007 年第 5 期。

储甲松:《棉花价格波动大,盲目种植难增收》,《人民政协报》2012 年 7 月 30 日第 B02 版。

代成宏:《新疆棉区手摘棉、机采棉与美国棉花的成本收益比较分析》,硕士学位论文,新疆大学,2008 年。

杜运苏:《汇改后中国出口价格传递弹性的实证分析》,《经济问题探索》2014 年第 5 期。

范卫青:《汇率价格传递效应理论的发展》,《中国货币市场》2010 年第 7 期。

冯云:《中国粮食价格波动的实证分析》,《价格月刊》2008 年第 2 期。

付莲莲:《国内农产品价格波动影响因素的结构及动态演变机制》,博士学位论文,南昌大学,2014 年。

高芸:《农产品纵向市场价格传递的研究综述》,《农学学报》2012 年第 10 期。

高运福、钱志刚、许俊生、吉永星:《浅议影响棉花价格波动的几个因素》,《经济师》2000 年第 9 期。

龚新蜀、马骏:《棉花价格对我国纺织行业出口贸易的影响及对策》,《武汉纺织大学学报》2014 年第 5 期。

郭利京、韩刚、胡联、孔小红:《信息不对称、纵向市场特征与猪肉价格传递非对称性》,《农林经济管理学报》2014 年第 4 期。

郭书田:《消除农产品价格与通货膨胀关系上的错觉》,《中国农村经济》1995 年第 1 期。

郭书田、闫耀良:《粮食政策:理论与实证——中国农业部与世界银行的报告》，新华出版社 1995 年版。

国家发改委学术委员会办公室课题组：《新形势下我国棉花价格问题研究》，《经济研究参考》2013 年第 7 期。

霍远、张敏、王惠：《新疆棉花成本及经济效益分析》，《干旱区地理》2011 年第 5 期。

洪曼峰：《棉花价格波动大服装企业运营难》，《潮州日报》2011 年 7 月 24 日第 B02 版。

胡少华、邱斌：《棉花产出增长中的政策、制度、技术与区域因素》，《中国农村经济》2004 年第 3 期。

胡冰川、程国强：《论棉花滑准税的政策影响——一个全局的视角》，《中国农村经济》2008 年第 6 期。

胡东林：《1978 年以来中国棉价波动与市场避险途径选择研究》，博士学位论文，北京工商大学，2006 年。

胡华平、李崇光：《农产品垂直价格传递与纵向市场联结》，《农业经济问题》2010 年第 1 期。

黄季焜、胡瑞法、Hans van Meijl、Frank van Tongeren：《现代农业生物技术对中国未来经济和全球贸易的影响》，《中国科学基金》2002 年第 6 期。

黄训芳、曹弦等：《谈新疆棉区棉产业可持续发展问题》，《新疆棉区农业科学》（增刊）2003 年第 40 期。

江左、陈颖琦：《剖析棉花价格之变化》，《江苏纺织》2010 年第 7 期。

蒋乃华：《中国粮食生产与价格波动研究》，博士学位论文，南京农业大学，1998 年。

矫健、穆钰、付会期等：《完善我国棉花目标价格政策的思考和建议》，《中国棉花》2015 年第 2 期。

解运亮、赵燕：《当前棉花价格形势与对策》，《中国物价》2013 年第 5 期。

柯炳生：《我国粮食市场上的价格信号问题》，《中国农村经济》

1991 年第 6 期。

　　柯炳生、唐仁健：《农产品价格上涨、通货膨胀与宏观调控》，《中国农村经济》1995 年第 7 期。

　　李秉龙、何秋红：《中国猪肉价格短期波动及其原因分析》，《农业经济问题》2007 年第 10 期。

　　李桂芹、王丽丽：《蔬菜全产业链价格传递机制研究》，《农业经济问题》2012 年第 11 期。

　　李国祥：《农业产出波动对农产品价格波动互相关分析》，《调研世界》2001 年第 9 期。

　　李辉：《中国新疆棉区棉花产业国际竞争力研究》，博士学位论文，华中农业大学，2006 年。

　　李吉东、陈安宁：《关于棉花价格波动的实证研究与数学分析》，《期货日报》2004 年 11 月 26 日第 B01 版。

　　李建伟：《影响棉花价格波动的因素分析及对策》，《价格月刊》2012 年第 10 期。

　　李鹏程、董合林：《2014/2015 年度世界棉花价格将持续走低》，《中国棉花》2015 年第 1 期。

　　李琴、孙良媛：《棉花价格进口及库存的互动关系》，《中国农村经济》2005 年第 7 期。

　　李圣军：《我国城乡市场价格传递机制的实证分析》，《湖北经济学院学报》2009 年第 6 期。

　　李圣军、李素芳、孔祥智：《农业产业链条价格传递机制的实证分析》，《技术经济》2010 年第 1 期。

　　李闻一、管君秋：《棉价波动对纺织产业链上市公司财务绩效影响的实证分析》，《价格理论与实践》2013 年第 3 期。

　　李岳云：《我国农产品贸易逆差成因及诱发因素分析》，《国际贸易问题》2005 年第 11 期。

　　李志翠：《农产品和工业品产业链价格传递动态路径与我国物价水平波动研究》，《科学决策》2014 年第 6 期。

栗树和、梁天征、曾湘泉：《经济增长、货币供应与价格水平——建国以来我国物价总水平变动分析》，《管理世界》1988年第1期。

林毅夫：《中国农业：当前问题和政策抉择》，《经济导刊》1996年第1期。

刘芳、何忠伟：《果蔬产品产销间价格传导机制研究》，《农业技术经济》2012年第1期。

刘涵、李想：《构建新型棉花价格形成机制的思考与建议》，《农业展望》2014年第8期。

刘桓、赵娜：《我国棉花价格调控机制实施效果分析》，《中国物价》2014年第6期。

刘惠：《棉花价格波动未影响纺织业的提升》，《中国经济导报》2004年9月11日第A01版。

刘杰：《影响新疆棉区棉花价格波动的因素及应对的对策分析》，博士学位论文，新疆农业大学，2013年。

刘杰、滕国玲：《影响新疆棉区棉花价格波动的因素分析》，《经营管理者》2013年第1期。

刘俊杰、周应恒：《我国小麦价格波动的地区特征与传递效应分析》，《价格理论与实践》2012年第2期。

刘锐、杜珉、陈洁：《我国棉花生产的技术进步分析》，《农业技术经济》2010年第11期。

刘向辉、顾水根：《农行新疆棉区兵团分行棉价波动新疆棉区棉花市场现隐忧》，《中国城乡金融报》2011年10月12日第B04版。

刘晓雪、张悦：《我国棉花价格异常波动原因的实证研究——基于库存信息和货币流动性视角》，《价格理论与实践》2012年第4期。

刘永胜、张世真、张淑荣：《我国棉花价格波动特点及影响因素的实证分析》，《价格理论与实践》2014年第12期。

刘中一：《中国粮食的生产与流通》，中国发展出版社 1997 年版。

刘重：《利用棉花期货市场规避价格风险》，《辽宁经济管理干部学院学报》2009 年第 1 期。

隆国强：《大国开放中的粮食流通》，中国农业发展出版社 1999 年版。

卢现祥：《论我国市场化的"质"——我国市场化进程的制度经济学思考》，《财贸经济》2001 年第 10 期。

卢锋：《比较优势结构与开放型棉产业发展——中国棉花贸易政策面临十字路口选择》，《管理世界》2006 年第 11 期。

吕剑：《人民币汇率变动对国内物价传递效应的实证分析》，《国际金融研究》2007 年第 8 期。

罗锋、牛宝俊：《国际农产品价格波动对国内农产品价格的传递效应——基于 VAR 模型的实证研究》，《国际贸易问题》2009 年第 6 期。

罗知、郭熙保：《进口商品价格波动对城镇居民消费支出的影响》，《经济研究》2010 年第 12 期。

马建蕾、韩一军、刘岩：《对棉花价格剧烈波动的分析及建议》，《中国棉麻流通经济》2011 年第 6 期。

马晓河：《当前农产品价格上涨成因分析——兼论农产品价格与通货膨胀关系》，《中国农村经济》1995 年第 1 期。

马晓河、马建蕾：《猪肉市场波动及政策调整对养殖户的影响——基于河北和山东农村养殖户的案例分析》，《宏观经济研究》2008 年第 1 期。

马瑛、蒲春玲、郝亚涛等：《政府政策对棉农生产及环境变化的影响——以新疆棉区南疆为例》，《技术经济与管理研究》2012 年第 1 期。

马宇：《人民币汇率对出口价格传递率的实证分析：以家电行业出口为例》，《经济科学》2007 年第 1 期。

倪天麒、田长彦、胡文康：《新疆棉区棉花生产中的重大问题与可持续发展对策》，《干旱区研究》2002 年第 9 期。

聂凤英：《中国粮食安全预警理论研究》，博士学位论文，中国农业科学院，1998 年。

牛俊英：《农产品价格影响因素的文献综述》，《科技和产业》2014 年第 12 期。

潘苏、谭砚文：《主要棉花生产国棉花补贴政策的比较分析》，《世界农业》2007 年第 12 期。

潘苏、熊启泉：《国际粮价对国内粮价传递效应研究——以大米、小麦和玉米为例》，《国际贸易问题》2011 年第 10 期。

彭利、张立杰：《中美棉花消费与国际棉花价格的协整分析》，《中国商贸》2013 年第 15 期。

彭美秀：《我国棉花价格波动的原因及其稳定措施研究》，《中外企业家》2012 年第 21 期。

戚光远、张妍卓：《浅析我国农产品价格影响因素》，《行政与法》2015 年第 4 期。

邵永同、高旺盛：《中美小麦期货价格与现货价格传递关系的比较研究》，《技术经济》2008 年第 1 期。

单小红：《新疆棉区棉花价格影响因素及调控对策分析》，《新疆棉区农业科技》2008 年第 6 期。

曙光、乔光华：《猪肉价格波动周期实证分析》，《北方经济》2008 年第 8 期。

斯樊锋：《食品供应链管理》，《物流科技》2005 年第 29 期。

孙洁：《棉花价格波动对我国纺织品出口贸易的影响及其对策》，《价格月刊》2015 年第 2 期。

孙良斌：《棉花价格波动与市场有效性实证分析》，《合作经济与科技》2011 年第 4 期。

孙良斌：《新疆棉区棉花现货与期货市场价格动态关系的实证分析》，《安徽农业科学》2011 年第 3 期。

孙林、孟令杰：《中国棉花生产效率变动：1990—2001——基于 DEA 的实证分析》，《数量经济技术经济研究》2004 年第 2 期。

孙世芳：《对我国棉花价格的历史回顾及流通体制改革方向的探讨》，《古今农业》1996 年第 3 期。

谭砚文：《中国棉花生产波动研究》，博士学位论文，华中农业大学，2004 年。

谭砚文、凌远云、李崇光：《我国棉花技术进步贡献的测度与分析》，《农业现代化研究》2002 年第 5 期。

谭砚文、温思美：《中国棉花价格波动分析》，《价格理论与实践》2004 年第 10 期。

谭砚文、温思美、李崇光：《中国棉花国际贸易对国际市场棉花价格影响的实证分析——对中国棉花"贱卖贵买"现象的质疑》，《中国农村经济》2005 年第 1 期。

唐海荣：《棉花价格波动的影响因素分析》，硕士学位论文，北京交通大学，2010 年。

田国强、王莉、杜珉：《棉花生产要素变化和经济效益分析》，《中国棉花》2012 年第 5 期。

田伟、李明贤、谭朵朵：《中国棉花生产技术进步率的测算与分析》，《中国农村观察》2010 年第 2 期。

田永强：《应对棉花价格风险的若干思考》，《调研世界》2005 年第 4 期。

童莉霞：《棉花价格的异常波动与政策调控》，《宏观经济管理》2014 年第 10 期。

童莉霞：《新时期中国棉花价格波动的特征与政策调控》，《经济研究参考》2014 年第 51 期。

万广华、周章跃、陈良彪：《我国水稻市场整合程度研究》，《中国农村经济》1997 年第 8 期。

汪希成、汤莉、严以绥：《膜下滴灌棉花生产的经济效益分析与评价》，《干旱地区农业研究》2004 年第 2 期。

王延琴、杨伟华、许红霞、周大云、匡猛、冯新爱：《中国棉花生产成本与收益调查及分析》，《中国农村小康科技》2010 年第 12 期。

王玉霞、高维全：《影响我国棉花价格波动的因素及对策分析》，《价格理论与实践》2010 年第 11 期。

王芳、陈俊安：《中国养猪业价格波动的传导机制分析》，《中国农村经济》2009 年第 7 期。

王芳、王钰棋、孙建明：《国内外棉花价格波动关联的实证分析》，《经济研究导刊》2012 年第 11 期。

王风芹、田永强：《应对棉花价格波动的信贷管理策略》，《金融理论与实践》2003 年第 5 期。

王金凤、李平、杨秀艳：《中国与世界棉花价格的长期均衡关系研究》，《统计与决策》2011 年第 18 期。

王晶晶、钱小平、陈永福：《我国生猪产业链价格传递的非对称性研究——基于门限误差修正模型的实证分析》，《农业技术经济》2014 年第 2 期。

王军、樊亚利：《棉花期货价格与现货价格关系的实证检验》，《农业经济》2009 年第 5 期。

王力荣、周曙东：《国内外棉花市场价格的动态关系分析——基于 VECM 模型》，《国际贸易问题》2009 年第 11 期。

王利红、许合利：《基于人工神经网络的棉花价格动态模型分析》，《河南理工大学学报》（自然科学版）2008 年第 3 期。

王明利、王济民：《本轮生猪市场波动暴露的问题及启示》，《中国畜牧杂志》2007 年第 11 期。

王庆国、仝义贵、马明霞：《关于棉花价格上涨对棉纺织及加工企业影响的调查》，《山东经济战略研究》2010 年第 7 期。

王伟国、支小军：《基于 EMD – ARMA 模型的我国棉花价格预测方法研究》，《新疆农垦经济》2012 年第 11 期。

王伟国、支小军：《我国棉花价格波动及其成因分析》，《新疆农垦经济》2013 年第 5 期。

王小鲁：《中国粮食市场的波动与政府干预》，《经济学》2001
年第 10 期。

王孝松、谢申祥：《国际农产品价格如何影响了中国农产品价
格》，《经济研究》2012 年第 3 期。

王秀清、H. T. Weldegebridl、A. J. Eryner：《纵向关联市场间的
价格》，《经济学》2007 年第 3 期。

王玉霞、高维全：《影响我国棉花价格波动的因素及对策分
析》，《价格理论与实践》2010 年第 11 期。

王兆阳、辛贤：《大国开放条件下棉花市场价格决定研究》，
《中国农村观察》2004 年第 3 期。

温厉、温铁军：《中国粮食供给周期与价格比较分析》，《中国
农村观察》1997 年第 5 期。

温铁军：《粮食涨价并不是粮食生产的问题——中国粮食的生
产周期和供给周期分析》，《改革》1996 年第 2 期。

温铁军：《中国 50 年来 6 次粮食供求波动分析》，《山东省农业
管理干部学院学报》2001 年第 2 期。

巫国兴：《我国农产品价格波动研究》，《农业经济问题》1997
年第 6 期。

吴兴华：《我国棉花价格波动的原因分析》，《商场现代化》
2007 年第 2 期。

武拉平：《农产品地区差价和地区间价格波动规律研究——以
小麦、玉米和生猪市场为例》，《农业经济问题》2000 年第 10 期。

武拉平：《中国农产品市场行为研究》，中国农业出版社 2002
年版。

肖坚、李春丽：《棉花价格上涨对下游产业的影响与对策研
究》，《价格月刊》2011 年第 10 期。

辛贤：《生猪和猪肉价格形成研究》，博士学位论文，中国农业
大学，1999 年。

邢新廷：《我国大宗农产品价格影响因素分析》，《经济学动态》2010 年第 9 期。

续竞秦、杨永恒：《中国棉花生产技术效率及其影响因素分析》，《技术经济与管理研究》2012 年第 7 期。

徐春华、李辉：《新疆棉花期货套期保值的有效性实证分析》，《新疆农垦经济》2010 年第 5 期。

徐文修：《新疆绿洲耕作制度演变规律及棉花生产可持续发展研究》，博士学位论文，河北农业大学，2008 年。

许文丽：《新疆棉花供给、需求及收入弹性分析》，博士学位论文，新疆财经大学，2009 年。

阎晓军、邓蓉、孙伯川：《中国畜产品成本与收益分析》，中国农业出版社 2007 年版。

杨莲娜、田秀华：《我国棉花价格与国际市场价差的影响分析——基于棉花产业安全的视角》，《价格理论与实践》2014 年第 5 期。

杨子山、雷亚平：《近 3 个年度我国棉花价格动态与 2012/2013 年度展望》，《中国棉花》2012 年第 8 期。

于婷、赵宏：《中国棉花价格形成及政策研究》，《天津经济》2012 年第 10 期。

喻闻：《市场改革与中国粮食市场的整合程度》，博士学位论文，中国农业科学院，1997 年。

张辰利：《中国棉花价格指数波动特征分析》，《农业技术经济》2013 年第 9 期。

张娟、杨素芳：《农产品价格影响因素的协整分析》，《北方经济》2013 年第 2 期。

张军：《棉花价格波动对纺织服装行业的影响——兼谈棉期货的上市》，《北京纺织》2004 年第 5 期。

张立杰：《棉花价格研究及预测》，博士学位论文，天津大学，2012 年。

张立杰、寇纪淞、李敏强等：《棉花流通体制改革后国际贸易对国内棉花价格影响分析》，《农业技术经济》2012 年第 7 期。

张立杰、彭利：《中国棉花价格波动特征及趋势分析》，《中国棉花》2012 年第 9 期。

张立杰、王宾：《中国棉花价格与产量及生产成本相关性研究》，《湖北农业科学》2013 年第 16 期。

张立杰、朱新杰：《我国棉花价格长期走势与短期预测——基于差分自回归移动平均模型（ARIMA）的分析》，《价格理论与实践》2012 年第 6 期。

张雯丽、李秉龙：《市场开放以来中国棉花价格周期性波动分析》，《价格月刊》2009 年第 1 期。

张雯丽、李秉龙：《我国棉花短期价格波动研究——基于时间序列》，《技术经济》2009 年第 4 期。

张雯丽、李秉龙：《中国与国际市场棉花价格波动特征及趋势探讨》，《中国物价》2009 年第 1 期。

张小建、王永斌：《棉花价格影响因素分析》，《北京农业》2015 年第 8 期。

张晓敏、周应恒：《基于易腐特性的农产品纵向关联市场间价格传递研究——以果蔬产品为例》，《江西财经大学学报》2012 年第 2 期。

张正：《我国禽肉价格波动研究》，博士学位论文，沈阳农业大学，2006 年。

赵明霞：《国内外棉花价格上涨的影响研究》，《价格月刊》2014 年第 9 期。

郑芝奖：《对我国棉花价格体制改革的探讨》，《安徽农学通报》2001 年第 1 期。

支小军、王伟国、王太祥：《我国棉花价格景气指数构建研究》，《价格理论与实践》2013 年第 1 期。

中国农业经济学会课题组：《农产品价格波动、机理分析与市场调控》,《农业技术经济》2012 年第 10 期。

钟甫宁、胡雪梅:《中国棉花生产区域格局及影响因素研究》,《农业技术经济》2008 年第 1 期。

周俊兰:《浅析棉花价格波动对我国棉纺出口企业的影响》,《中国商贸》2009 年第 10 期。

周俊兰:《浅析棉花价格波动对我国棉纺出口企业的影响》,《中国商贸》2009 年第 19 期。

周琳:《棉花价格波动减小》,《经济日报》2012 年第 4 期。

周曙东:《中国棉花长期波动的规律及深层次原因》,《农业经济问题》2001 年第 6 期。

周望军、葛建营、王小宁、侯守礼:《价格传导问题综述及量化分析》,《北京交通大学学报》(社会科学版) 2008 年第 2 期。

周小云、李华耕:《价格传递机制的经济学分析——以中国物价变动为例》,《经济论坛》2008 年第 9 期。

朱厚岩、梁青青、刘振中:《国内外棉花现货价格与期货价格的互动关系研究》,《价格理论与实践》2012 年第 11 期。

庄岩:《我国农产品价格传递实证研究》,《商业时代》2014 年第 18 期。

邹杨:《金融因素对我国大宗农产品影响的价格传递效应研究》,《中国商论》2015 年第 16 期。

Baxter, M. and R. G. King, "Measuring Business Cycles: Approximate Band Pass Filters for Economics Time Series", *Review of Economics and Statistics*, 1999, Vol. 81, pp. 575 – 593.

Blanchard, O. J., and J. P. Fitoussi. "Croissance et chômage", Post – Print, 1998.

Brorsen, B. W., Chauas J. P., Grant W. R., et al., "Marketing Margins and Price Uncertainty: The Case of the U. S. Wheat Market", *American Journal of Agricultural Economics*, 1985, 67 (3): pp. 521 – 528.

Caporale, G. M. , Katsimi, M. , Pittis, N. , "Causality Links Between Consumer and ProductPprices: Some Empirical Evidence ", *Southern Economic Journal*, 2002, No. 3, pp. 703 – 711.

Clark, T. E. , "Do Producer Prices Lead Consumer Prices ", *Economic Review*, 1995, No. 3, pp. 25 – 39.

Cushing, M. J. , McGarvey, M. G. , "FeedbackBbetween Wholesale And Consumer Price Inflation: A Re – examination of The Evidence", *Southern Economic Journal*, 1990, No. 4, pp. 1059 – 1072.

Darren Hudson, Don Ethridge, Jeff Brown, "Producer Prices in Cotton Markets: Evaluation of Reported Price Information Accuracy", *Agribusiness*, 1996, No. 4, pp. 353 – 362.

Englerf, "A ut or Egressive Condit ion al Het er os Kedast icity with Est imat es of The Varian ce of U. K. Inflation", *Economics*, 1982, Vol. 50, pp. 987 – 1008.

Fisher, B. S. , "Rational Expectations in Agricultural Supply Analysis", *American Journal of Agricultural Economics*, 1982, Vol. 64, pp. 260 – 265, 117.

Fisher, B. S. , "The Impact of Changing Marketing Margins on Farm Prices", *American Journal of Agricultural Economics*, 1981, pp. 261 – 263.

Gardner, B. L. , "The Farm Retail Prices Spread in a Competitive Industry", *American Journal of Agricultural Economics*, Vol. 57, pp. 399 – 409, 1975.

Hodrick, R. and E. C. Prescott, "Postwar U. S. Business Cycles: An EmpiricalInvestigation", *Journal of Money, Credit and Banking*, 1997, Vol. 29, pp. 1 – 16.

Holloway, G. J. , "The Farm Retail Prices Spread in a Imperfectly Competitive Food Industry", *American Journal of Agricultural Economics*, 1991, Vol. 73, pp. 979 – 989.

Huang, J., R. Hu, S. Rozelle, F. Qiao, and C. E. Pray, "Transgenic Varieties and Productivity of Smallholder Cotton Farmers in China", *Australian Journal of Agricultural and Resource Economics*, 2002, Vol. 46, pp. 367 – 387.

Maria, Fischer, and et al. Rapid Actin – Based Plasticity in Dendritic Spines, Neuron, 1998, 20 (5): 0 – 854.

Masters, W. A., and A. Winter – Nelson, "Measuring the Comparative Advantage of Agricultural Activities: Domestic Resource Costs and the Social Cost – Benefit Ratio", *American Journal of Agricultural Economics*, 1995, Vol. 77, pp. 243 – 250.

Mohamadou L. Fadiga, Samarendu Mohanty, and Suwen Pan, "The Impacts of U. S. Cotton Programs on the West and Central African Countries Cotton Export Earnings", *Agricultural Economics Review*, 2005, No. 2, pp. 50 – 61.

Nerlove, M. "Adaptive Expectations And Cobweb Phenomena", *Quarterly Journal of Economic*, 1958 (2): 356 – 365.

Wohigenant, M. K., "Competitive Storage, Rational Expectations and Short Run Food Price Determination", *American Journal of Agricultural Economics*, 1985, Vol. 67, pp. 739 – 748.

Wohlgenant, M. K., "Demand for Farm Output in A Complete System Of Demand Functions", *American Journal of Agricultural Economics*, 1989, Vol. 71, pp. 241 – 252.

后　记

　　本书是在我的博士论文基础上完成的，进行了数据更新后最终有了这样一个结果。如果说本书对棉花生产供销及其各环节对价格影响的相关研究有一点借鉴意义的话，这一份劳动和快乐理应与关怀我的师长、同学和朋友们一起分享。

　　感谢我的博士导师祝宏辉教授，感谢您在我整个博士学习和论文写作阶段孜孜不倦的教诲，感谢您在论文选题、论文提纲拟定、论文发表，以及论文修改和最后定稿各环节倾注的大量心血和精力。祝老师严谨的治学态度、精辟的学术见解、高度的敬业精神令我受益终生，在我眼里祝老师不光是恩师，更是给予我生活许多帮助的亲人。在此谨向敬爱的祝宏辉教授、师母及家人致以最诚挚的感谢和衷心的祝福。

　　感谢石河子大学各位老师，感谢杨兴全教授、李豫新教授、李万明教授、张红丽教授、龚新蜀教授、王生年教授、张军民教授、白俊教授、王永静教授；感谢王力教授、赵新民教授、张杰教授、胡宜挺教授等棉花研究中心的老师们给我调研机会获取一手资料；感谢赵捷老师、陈红梅老师、张乐丹老师、马卫刚老师、雍会老师、陈江春老师、郭学军老师、胡斌教授对书中内容提出的宝贵意见和给予的帮助！

　　感谢硕士阶段与攻读博士学位以来的各位同学。感谢2010级农业经济管理专业的同学，硕士阶段的研究生生活因为有大家而备感丰富多彩；感谢2012级博士班的同学在博士研究生期间对我的帮助和鼓励；也感谢同门师兄妹们研究生期间在学习上的相互鼓励和互相促进、共同提高；感谢王博、穆焕焕、耿蕾对本书资料收集的帮助。这些已化成美好的回忆，我们彼此的友谊长存。祝愿各位万事如意、前程似锦。

感谢接受调查访问的农民朋友们，在他们耐心的配合下获得研究所需要的资料，同时我也受到深刻的教育，体会到农民工作的艰辛，更加坚定我服务"三农"的信念。感谢新疆维吾尔自治区农业局、兵团科技局、各师、团、加工厂、棉麻公司等有关领导以及区内各地州市等相关部门领导、企业和有关人员的热情帮助，在此对你们表示诚挚的感谢。

感谢父母对我的默默支持和奉献，感谢公婆对家庭的照顾。感谢两位妹妹对我生活的关心和学业的支持；感谢年幼的女儿，你那突发奇想的问题总使我开心。感谢老公彭强吉先生，感谢你对我工作和学习的全力支持与帮助，感谢你与我讨论问题时虽然争吵得面红耳赤亦无怨言地包容，我俩相互鼓励，共同为家奋斗，相信会有美好的明天。

岳　会

2020 年 8 月